KB143393

부동산 경매로
365일 월세를 꿈꾸는 사람들

부동산 경매로 365일 월세를 꿈꾸는 사람들

김종성 지음

프롤로그

제2의 인생은
고통을 받아들이는 사람만이 가능하다

솔개의 수명이 70년이라고 한다. 사람과 비슷하다.

솔개는 대략 40년 정도 살면 부리가 커지고, 발톱이 너무 자라 구부러져 사냥을 할 수 없다. 이때 주어진 현실을 숙명처럼 받아들이는 솔개가 있는 반면, 새로운 삶을 개척하는 솔개가 있다.

이런 솔개는 새로운 삶을 살기 위해 부리로 자기 털을 다 뽑아버린다. 그리고 부리도 바위에 쪼아 뭉그러뜨린다. 새로운 삶을 위해서 고통스러운 과정을 거쳐 새 부리와 새 날개를 얻어 두 번째 인생을 시작하게 된다.

어떤 사람은 태어나면서부터 삶의 무게가 가벼운 사람이 있는 반면, 어떤 사람은 그 짐이 너무 무거워 그 짐만 평생 지고 살아가는 사람도 있다. 어쩌면 당신은 그 짐을 벗어버리고 싶어 이 책을 집어 들었을 것이다.

당신은 지금 솔개처럼 새로운 인생을 위해서 부리가 부러지고, 털을 뽑아내야 하는 새로운 도전 앞에 서 있다. 지금까지 살아왔던 가치관에 대해서 고민스러울 수 있다. 착하게만 살아왔다고 말하면서, '거친 경매를 어떻게 할까'라고 걱정이 될 것이다. 지금까지 살아오면서 남에게 싫은 소리 한 번 안 하고 살았다고 자랑스럽게 말한 당신의 사고가 변하지 않는다면 그냥 지금의 삶에 만족해야 한다. 변화를 싫어하면서, 자신의 고정관념을 바꾸고 싶지 않다면서 행복을 꿈꾸는 것은 결코 이루어질 수 없는 일이다.

당신이 하는 일은
당신을 경제적 자유로 초대하지 않는다

4년 전에, 회원 중 한 분이 필자가 운영진으로 있는 '좌포의 부동산 경매 더리치' 카페에 와서 경매 교육을 받았다. 그런데 교육을 받는 중에도 경매에 대해 크게 마음이 동하지 않아 떠났다가 4년이 지난 2016년 봄에 다시 필자를 찾아왔다. 그 후로는 카페 회원 전체를 통틀어서 이 회원만큼 열심히 공부하고, 투자하는 회원이 없을 정도가 되었다. 그래서 필자가 물었다. "왜 4년 전에 그렇게 열심히 하지, 지금에 와서 그렇게 하느냐?"고 했더니, "직장에서 열심히 일하면 그 성과가 나에게 주어질 줄 알았어요. 그런데 성과를 내면 낼수록 몸만 힘들어지고, 죽을 것만 같았어요. 그러다 부정적으로 생각했던 4년 전에 매입한 집값이 오른 것을 보고 좌포님이 생각나서 찾아왔어요" 하는 것이다.

이 회원은 카페에 와서도 한 우물만 파고 있었다.

그래서 다시 필자가 질문했다.

"왜 그렇게 하느냐?" 했더니 필자의 책《부동산 경매 필살기》에서 제안한 방법대로 하고 싶어서 그렇다는 것이다.

"그 책이 제시한 방향은 탁월하지만, 응용할 줄 알아야 한다. 그 책을 쓸 때는 부동산 침체기였지만 지금은 시장 흐름이 바뀌었기 때문에 그 흐름을 알아야 한다"고 했지만 그때 그는 필자의 말을 듣지 않았다.

그리고 6개월이 흐른 이후에는 방향을 수정해서 갭 투자 물건을 열심히 찾고 있기에 "왜 그러냐?"고 했더니 이제 부동산이 조금 보이는 것 같다는 말을 한다. 그리고 2017년 6월에 다시 한 번 필자에게 "연봉 4,000만 원, 매일 월세를 받도록 했어야 했다"며 지난 시간들이 후회된다고 말했다.

우리는 어떤 일에 빠지면, 그리고 그 일에서 조금의 성과가 나면 그 일이 전체인 줄 안다. 자신이 살아온 과거가 지금의 자신을 규정지어버린 결과다.

당신의 옆자리에 있는 10년 직장 선배를 보라.

좋은 대학 나와서 열심히 일하지만, 당신이 보기에 행복해 보이는가?

30평대 아파트, 멋진 자동차, 주말이면 아이들과 공원을 산책하며 CF에 나오는 그런 그림이 그려지고 있는가?

필자가 보기에 당신이나 그 선배나 출근 시간에 쫓겨 회사에 와야 하고, 상사에게 업무 보고하고, 실적 내고, 저녁에는 지친 몸을 끌고 집에 가야 할 평범한 샐러리맨일 뿐이다.

착한 콤플렉스에서 벗어나라

어릴 때부터 교회를 열심히 다녀서 남의 것을 탐하지 않습니다. 집, 회사, 집, 회사만 알고 살았습니다. 과소비하지 않았고, 외식을 해도 소박하게, 물건을 사도 아울렛 같은 곳에서 사면서 건전한 소비와 아낄 줄 아는 모습을 아이에게 가르쳤습니다. 무거운 수레를 끌고 가는 사람을 보면 뒤에서 밀어주었고, 길에서 주은 지갑은 파출소에 맡겼던 사람입니다.

남에게 싫은 소리 한번 안 한 사람입니다.

남의 청을 들으면 거절할 줄 모릅니다.

그러고는 스스로 착한 사람이라고 규정해버린다. 하지만 나는 이런 사람이 착하다고 말하고 싶지 않다. 심리학자들은 이런 유형을

'상호 의존증'이라 말한다. 상호 의존증은 자신의 정체성을 찾기 위해서 외부의 어떤 대상에게 의존하는 것을 말한다. 이런 사람은 착하다기보다는 지금 자기가 누구인지, 자신이 원하는 것이 무엇인지, 자신의 미래가 어떨 것인지 식별해내지 못하며 평생 자신의 앞가림을 못하는 사람이 된다.

이런 사람들은 말 속에 '자기가 알고 있는 사람이 누구누구다'라는 표현을 잘 한다. 즉, 유명하고 지위가 높은 사람과 친분이 있다는 투로 이야기하는 것은 결국은 자신이 그 무리에서 권력을 추구하고 있기 때문이다. 착한 것이 아니라 남이 알아주길 바라는 '착한 콤플렉스'가 있다는 것이다. 착함은 결코 밥 먹여주지 않는다.

지혜는 무엇과도 바꿀 수 없다

하느님이 솔로몬에게 갖고 싶은 것을 말하라고 할 때 그는 돈, 명예, 권력보다 지혜를 달라고 말했다.

이솝 우화를 봐도 모든 장르가 지혜에 관한 내용이다.

우리나라 대다수의 사람들이 선택하는 재테크가 적금이나 주식이다. 물론 예전에는 금리가 좋아서 나름대로 일리가 있었지만, 지금 금리는 1~2%대이며 물가상승을 생각하면 마이너스라 봐도 된다. 그런데도 원금을 지키고 싶어서 이 방법을 선택하고 있는 사람들이 절대다수다.

투자자의 원칙

투자를 하기 위해서는 다음과 같은 원칙을 세워보길 바란다.

- 내가 원할 때 팔릴 수 있는 물건인가?
- 이 물건을 보유하고 있을 때 리스크가 생기더라도 감당할 수 있는 물건인가?
- 이 물건을 투자할 때 발생할 수 있는 손해가 짐작되는가?
- 이 물건을 투자할 때 원금은 보전될 수 있는가?
- 이 물건이 내가 투자하는 방향과 맞는 물건인가?
- 이 물건이 종국에는 나에게 얼마나 수익을 가져다 줄 것인가?
- 이 물건의 투자 수익이 기회비용보다 큰가?

앞의 질문과 달리 투자한 물건이 내 인생을 바꿔줄 수 있는 부동산이라면 한 번쯤 더 고민해보기 바란다. 부동산으로 한 방에 인생을 바꿀 수 있는 것은 당신에게 행복보다는 불행을 줄 수 있다. 행복은 어느 날 뚝 떨어져서 오는 것이 아니라 한 땀 한 땀, 정성 들인 노력으로 이루는 것이기 때문이다.

당신의 꿈의 종착점은 어디인가?

기억이 잘 나지 않지만 어떤 책에 이런 내용이 있었다. 닉네임을 천사라고 쓰는 사람이 있었는데 천사에게 이렇게 질문했다.

질문자 : 천사는 무슨 일을 하나요?
천사 : 남을 행복하게 하는 일을 합니다.
질문자 : 그럼 왜 세상에는 불행한 사람들이 많지요?
천사 : 아무도 내게 행복을 빌지 않기 때문입니다.

이 대화를 생각하면서 필자도 여러분에게 질문을 해보고 싶다.

지금 내 앞에 천사가 나타나서 행복하게 해준다면 그것을 믿고, 움직일 거냐고 말이다.

행복을 얻고 싶다면, 천사에게 명확히 말하고, 당신이 발로 뛰어야 한다.

그런데 이 천사는 다른 말도 했다. 즉, 너무나 바쁘기 때문에 작은 소원을 들어주기 어렵다는 것이다.

단순히 자신의 욕구를 만족시키는 정도라면 그것은 작은 소원이다. 천사가 말하는 소원은 한 번에 많은 사람을 행복하게 해주는 것을 말한다.

우리는 어떤 소원을 말하는가?

한번 정도 내 소원에 대해서 고민해보자.

당신도 매일 월세를 받을 수 있다

개인의 행복이 사회 전체에 영향을 미치기도 하고, 사회가 개인의 행복에 영향을 미치기도 한다. 그래서 우리의 행복은 나만의 행복이 아니라 함께 가꾸어가는 행복이어야 한다.

내 노력으로 이룩한 부와 내 가정만 꿈꾸는 행복이 사회와 이질적인 부분이 존재한다면, 그 행복은 오래갈 수 없기 때문이다.

돈은 행복의 필수조건은 아니다. 그런데 돈이 있다면 선택의 폭이 넓어지는 것은 분명한 사실이다.

이 책에 등장하는 회원들은 지금도 매일 월세를 받는 꿈을 꾸고 있다. 종잣돈이 없어서 그 속도가 빠르지 않지만, 멈추지 않고 365일 월세를 받기 위해서 달리고 있다. 월세용 아파트 30개만 있다면 충분하기 때문이다. 여러분들도 이 책에 나오는 사람들을 닮아보길 권한다. 그래서 이 책을 세상에 내놓았다.

많은 사람들이 경매 투자를 하면서 기술만 배우면 그 목적을 달성할 것으로 생각한다. 그런데 1차적으로 경매의 기술이 필요하고, 그 다음에는 부동산이란 것을 알아야 한다. 부동산이란 것을 알면서 투자자의 마인드가 확립되어야 부동산으로 성공할 수 있고, 행복할 수 있다. 필자는 이 책을 쓰면서 가급적이면 부동산을 투자하면서 1차적으로 가져야 하는 투자 방향에 대해서 언급했다.

이 책은 1년여 시간을 두고 썼다. 그런데 2017년 8월로 접어들면서 부동산 시장에 많은 변화가 예상되고 있다. 따라서 이 책으로 부동산을 이해하는 데 한계가 있으니 좀 더 적극적으로 부동산에 대한 시장 흐름에 대해서 공부해보길 권한다.

이 책이 세상에 나오기까지 많은 사람들의 도움을 받았다.

필자가 진행하는 팟캐스트 '좌포의 부동산 경매 필살기와 지금 그러나 아직'에 출연했던 수많은 회원들, 이 책에 나온 여러 회원들, '좌포의 부동산 경매 더리치' 카페 운영진들의 도움이 없었다면 이 책은 세상에 나오지 못했다.

그리고 두말할 필요도 없는 필자의 짝 김미경님과 이제 초등학교 5학년인 사랑스런 아들 김산하군의 도움과 이해가 없었다면 이 책을 쓸 수도 없었다.

이 책이 세상에 나올 수 있도록 항상 물신양면으로 신경 써주고, 격려해주는 출판사 관계자 분들에게 깊은 감사를 드린다.

이 책을 읽는 독자 여러분, 성공의 자리, 정상에서 만나길 기원하면서 먼저 그 자리에서 기다리고 있겠습니다.

김종성

365

목차

목차

PART 2. 많이 남는 물건보다 쉽게 팔 수 있는 물건이 좋다

PART 3. 임장의 핵심과 낙찰 이후

365

행복으로 초대하는
투자 마인드

01

한 방에 큰돈 꿈꾸는 것보다
매월 월세 받는 것을 꿈꿔보라

1. 경매를 통해서 이루고자 하는 꿈

경매에 막 입문한 사람들에게 이루고자 하는 꿈이 무엇인가를 물었을 때 다양한 이야기 중에 가장 많이 나오는 대답은 실거주다.

경매 책을 몇 권 읽은 사람들은 월세로 노후를 준비해보겠다며 머니 파이프라는 시스템을 구축하고자 하는 경우도 있고, 징글징글한 직장 생활을 때려치우고 경제적 자유를 갈망하는 사람들도 있다. 경우에 따라서는 월 1,000만 원 소득을 얻는 것이 목표인 사람도 있고, 빌딩부자를 꿈꾸는 사람도 있다.

이렇게 막연한 대답을 뒤로 하고 좀 더 분석해보면 다음과 같은 답들이 나온다.

- 30-40대 : 주 목적 실거주, 부 목적 재테크
- 40대 가장 : 투자(정년 전 부에 대한 꿈)
- 50대 이상 : 노후준비(한 방에 큰 이익이 남을 수 있는 투자)

군이 구분을 하자면 연령대별 이런 흐름을 볼 수 있다.

그렇지만 현실에서는 다른 경우가 많이 나타난다.

실거주를 목적으로 경매에 발을 들여놓지만 아이들 학교 때문에 쉽게 주거를 옮기지도 못하고 설령 낙찰받는다고 해도 직장 때문에 이사 다니기가 쉽지 않다. 이런 현실에도 불구하고 대부분의 경매 투자자들은 실거주 또는 단타(낙찰 후 임대를 놓지 않고 파는 것)를 통해서 그 꿈을 이루어보고자 한다.

경매 관련 책을 읽고 지금 당장 경제적 자유를 이룰 수 있다는 꿈을 안고 경매 투자의 세계로 들어오지만, 들어온 숫자만큼 경매 시장을 떠나기도 한다. 그런 과정 안에서 호되게 고생하는 사람들도 많다. 부푼 꿈처럼 돈이 부풀어주지 않기 때문이다. 어렵게 마련한 종잣돈이 고스란히 묶여버리고, 다시는 경매에 '경'자도 꺼내고 싶지 않다고 한다.

2. 무엇이 문제일까

많은 사람들이 경매를 배우는 과정에서 낙찰에 대한 갈증을 느낀다. 이 책을 읽는 독자들은 그렇지 않을 수 있겠지만, 오프라인 강의에 참석해보면 그 느낌을 느낄 수 있다. 주위에서 낙찰받는 모습을 보면서 초조해지기 시작한다.

경매 초보자들은 어렵게 첫 임장을 가보면서 물건에 그만 마음을 빼앗긴다. 이 물건을 낙찰받으면 대박이 날 것 같다는 생각이 든다. 비슷한 시기에 경매를 시작한 동기나 고만고만한 실력의 사람들과 상의하면서 의욕을 불태운다.

수도권에 있는 사람들은 지방을 가기 싫어하고, 지방에 있는 사람들은 수도권만 바라본다. 너 나 할 것 없이 수익 나는 물건에 몰린다. 고수, 중수, 하수, 실거주 목적, 임대 목적, 단타 목적의 사람들이 수도권에 있는 돈이 될 만한 물건에 모두 몰린다.

3. 팔기 쉬운 물건을 선택하라

경매를 시작하는 목적은 돈을 벌기 위함으로 모두 똑같다. 그렇지만 '어떻게', '무엇으로'라고 질문하면 이야기가 달라진다. 그래서 필자는 사기 쉽고 팔기 쉬운 24~34평대 아파트를 해보라고 한다.

많은 사람들이 가지는 공통점이 있다. 목 좋은 곳에 월세 빵빵하게 나오는 건물 하나 가지고 싶다고. 그러나 필자는 반대한다. 이제 경매에 입문하는 당신이, 부동산이란 것이 무엇인지 간을 보는 지금 그런 꿈은 꿀 필요가 없기 때문이다.

20억 원짜리 물건 하나를 소유하려면 경영자가 되어야 한다. 많은 사람들은 자산을 관리할 수 있는 훈련이 안 된 상태에서 자산가가 되고, 그러다 보니 끝이 안 좋은 경우가 많다. 따라서 20억 원대 건물을 소유하고 싶으면 지금부터 1억 원짜리 20개를 소유하는 방법으로 하라고 권하고 싶다. 20개를 매입하고 임차인 들이고 수리하고 관리하고 매도하다 보면 부동산을 보는 눈이 밝아질 것이고, 그런 과정 안에서 자연스럽게 관리하는 훈련이 된다.

지금 당장 20억 원짜리 건물 1개보다 1억 원짜리 20개로 머니 파이프라는 돈이 흐르는 시스템을 만들어보는 것이다.

덩치가 큰 물건 하나에 모든 것을 올인하지 말고 임대 목적 부동산을 통해서 파이를 키워보라. 다만 임대 목적 부동산은 주기적으로 호황과 불황의 그래프를 그린다. 그렇기 때문에 임대 목적 부동산을 통한 투자는 지역도 분산하고 물건도 분산하고 팔기 쉬운 종목을 선택해야 한다.

임대를 목적으로 하는 부동산도 몇 가지로 나눌 수 있다

- 월세 목적 부동산
- 임대 + 시세차익을 겸한 부동산
- 보유 후 시세차익형 부동산

비슷비슷한 내용처럼 읽혀질 것이다. 부동산 투자를 좀 해보면 그때 가서 이 이야기가 무슨 말인지 구분이 가지만, 부동산 초보자인 경우에는 구분이 쉽지 않다.

필자의 전작 《경매 학교종이 땡땡땡! 어서 모여라!》에서 보면 저녁 종례시간 파트에 포트폴리오에 대해서 기술해놓았다. 이 책에서 투자 유형을 구분해놓았는데 가격대별 낙찰에 따라서 자금이 묶이고 묶이지 않은 경우와 레버리지를 통한 극복방법을 설명해놓았다. 완벽하지는 않지만 이런 방법을 잘 응용하면 경매 인생이 길어지고 성공하는 경매의 길로 갈 수 있다.

4. 부동산으로 머니 파이프를 만들어라

지금은 저금리시대다. 물론 미국 금리가 인상될 것으로 예상되고, 우리나라도 금리를 올릴 것으로 예상(이미 대출 금리는 올라가고 있음)

되지만, 그래도 우리가 한 번도 경험해보지 않은 저금리 시대인 것만은 분명하다.

10억 원을 은행에 넣으면 이자가 얼마나 될까? 연 2%를 계산하면 년 2,000만 원이 되고 한 달에 160만 원 정도의 이자 수익이 발생한다. 한 달에 160만 원으로 살아갈 수 있을까? 10억 재산에 월 소득이 160만 원이라면 결코 넉넉한 생활을 할 수 없다.

옛날에는 국민연금에 대한 부정적인 시선이 많았지만, 최근에는 자진해서 국민연금을 불입하는 사람들이 늘고 있다. 그 이유는 고령화 시대를 대비하고 저금리를 생각해서 국가가 운영하는 시스템에 자산을 안전하게 지키면서 죽을 때까지 연금을 받고 싶어서다.

그렇다면 연금처럼 매달 부동산에서 연금을 받으면 어떨까? 원금을 잃지 않으면서 매월 현금이 나올 수 있는 시스템 말이다. 소형 아파트 30개면 365일 매일 월세를 받을 수 있다. 필자는 이를 '머니 파이프'라 말한다.

일자리는 줄어들고 일자리가 있다 해도 물가를 따라갈 수 없는 세상이 얼마 안 가서 오게 된다. 노동을 통해서 생활비를 벌고 살았다면 앞으로는 시스템에 의해서 머니 파이프를 구축해야만 살아갈 수 있다. 필자의 전작 《부동산 경매 필살기》에서 연봉 4,000만 원에 대한 플랜을 제시했다. 소시민들이 도전해볼 만한 시스템이다.

필자가 운영진으로 있는 다음 카페 '좌포의 부동산 경매 더리치' 회원들은 소액으로 투자하는 사람들이 많다. 투자 방향도 시세차익보다는 머니 파이프를 구축하는 월세 세팅을 중심으로 하고 있다. 그런데 지금은 7,000만 원, 8,000만 원 하는 아파트가 별로 없다. 많이 올라버렸다. 그럼에도 불구하고 매달 대출 이자를 갚고 월 300만 원 이상 월세 소득을 올리는 회원들이 늘어나고 있다. 우리 회원들의 경우 이미 머니 파이프를 완전하게 구축한 사람도 있고, 설계만 한 사람도 있고, 어느 정도 진척이 된 회원들도 있다. 그러기 위해서는 부자가 되는 연습을 지금부터 하라. 원래 부자가 아니었다면 부자가 되는 연습부터 해야 한다.

사람들은 시세차익을 거두는 것이 부동산 투자라는 생각을 한다. 많은 사람들이 부동산을 통한 투자는 한 방에 돈을 버는 것으로 생각한다. 그런데 절대로 그렇지 않다. 지금 소형 아파트 한 채씩, 한 채씩 준비해보자. 30개까지는 금방 늘어난다. 부동산을 통해서 고생한 사람은 시세차익을 노린 투자를 했던 사람들이다. 이런 투자는 현금이 묶이는 경우가 발생한다. 종잣돈이 적은 소액 투자자들은 이런 투자 유형을 보고 망설이고, 돈이 묶이고 고생한 사람들을 보고 투자를 못하는 경우가 많다.

그래서 필자는 소액 투자자들에게 소형 아파트에 투자하길 권한다. 소형 아파트는 무피 투자도 가능하고, 월세를 통한 현금 흐름을 원활하게 해서 일상생활에서 돈 때문에 서글퍼지는 경우를 차단시킨다.

도전해보라. 현금 흐름이 좋은 소형 아파트는 당신의 삶에 윤활유 역할을 할 것이다. 매월 들어오는 월세는 결코 무시할 수 없다.

02

혼자 가면
멀리 못 간다

1. 멘토를 만들어라

2016년 9월에 공매로 낙찰받고 11월에 명도가 완료되었다.

그 집에 살고 있었던 점유자는 전액 배분을 받는 분이라서 전화로 명도를 합의했고 배분기일 2일 전에 집을 방문해서 필자의 인감증 명서가 첨부된 명도확인서를 드렸다.

그분은 이사할 때 집 청소까지 깨끗이 하고 떠났다. 낙찰받고 매각 허가결정이 떨어질 때 사과 한 상자를 택배로 보냈고, 명도확인서를 드릴 때 쌀 한 포와 김 한 박스를 드린 것이 전부다.

이 집은 1억 3,200만 원에 낙찰받고 1,000만 원 들여서 수리를 했다. 대전에 사는 새싹반 27기 반장님이신 하기님이 직접 수리를 진행해줘서 돈이 덜 들었다. 이 아파트는 17년 1월에 1억 4,500만 원에 전세를 놓았다.

그리고 2017년 상반기에 매물이 하나 나왔는데, 1억 7,500만 원으로 시장에 나왔다. 돈 한 푼도 들어가지 않은 상태에서 가상 수익으로 3,000만 원을 벌었다.

2016년 여름에 카페 회원 11명이 소형 아파트 11개를 낙찰받았다. 어떤 집은 비어 있었고, 어떤 집은 연로한 노인들이 계셨다. 또 어떤 집은 세입자가 집주인에게 월세를 한 푼도 내지 않으면서 자기가 다른 사람에게 전대를 주며 명도를 거부한 물건들이 있었지만, 모두 명도를 완료하고 임대까지 놓았다. 5,200여만 원에 낙찰받아서 보증금 1,000만 원, 월 25만 원에 임대를 놓았으니 잘한 투자다. 이 물건은 경매 초보자들이 많이 합류해서 진행했는데, 모두 잘 처리되었다.

전대란?

'임차한 물건(부동산)을 다시 타인에게 임대하는 것'을 말한다.
즉, 재임대를 의미하는 것으로, 전대 혹은 전전대로 표현한다.

사람들은 책 몇 권을 읽고 당장 경매로 돈을 벌 수 있다고 생각한다.

하지만 앞에서 언급한 필자의 경험이나 11개를 낙찰받은 경매 초보자들의 경험은 그냥 이루어진 것들이 아니라, 보이지 않은 수고로움이 많다.

필자는 책 몇 권 읽고 나서 부푼 꿈을 안고 경매 투자를 시작했다.

필자가 처음 임장을 간 물건은 지상권이 성립되지 않을 것 같은 물건에 땅만 나온 것이었다. 그 집에 가서 점유자와 이런 저런 이야기를 나누었고, 입찰을 포기했다. 딱한 사정을 듣고 마음이 약해져 입찰을 할 수가 없었다.

이렇게 임장이라는 것을 시작하면서 경매 세계에 들어서게 되었고, 공개강좌 한 번 듣지도 못한 상태에서 경매 투자와 인연을 맺었지만, 쉽지가 않았다. 그래서 관련 책을 읽고 저자가 진행하는 오프라인 강좌를 들으면서 처음엔 남의 옷처럼 어색했던 경매 투자가 차츰 몸에 맞는 옷이 되었다.

지난날 경매 투자에 매우 부정적이었던 필자가 지금 이렇게 전문가가 된 걸 보면 경매의 진입 장벽은 참 낮은 것 같다. 이 책을 읽고 있는 여러분도 혹시 얼마 전까지는 부정적이지 않았을까? 이제 한 번 더 용기를 내어서 경매 법정에 가보자. 놀랍게도 젊은 사람부터 노인, 생전 법원에 와볼 일이 없을 것 같은 평범한 아주머니들까지 정말 다양한 사람들을 만날 수가 있다.

경매 기초를 배우고 실전에 임하면서 생각보다 낙찰이 쉽지 않고,

또 낙찰이 되었다 해도 수익이 기대치에 미치지 못하면 실망하기 쉽다.

'혹시 내가 너무 섣불리 덤벼든 건 아닐까?'

누구에게나 이런 고비가 찾아오는데, 이때를 잘 넘기면 성공하고, 못 넘기면 주저앉는다. 성공에 이르기 직전의 문턱이 가장 높은 법이다. 이때 만일 혼자가 아니라 옆에 경매에 대해 함께 나눌 수 있는 친구가 있다면, 또 위에서 내 손을 잡고 당겨줄 멘토가 있다면 얼마나 큰 힘이 될까?

그래서 경매 투자에서 성공하려면 혼자 하는 것보다 함께해야 하고, 수평적 멘토인 친구와 수직적 멘토인 선배 또는 스승이 필요하다. 이렇게 만난 인연은 오랜 경매 인생에서 아주 중요한 자리를 차지할 것이다.

멘토가 모두 인격적으로 완벽하지 않을 수 있다. 상식적이지 않고 보기와는 달리 욕심이 많고, 틈만 나면 돈을 밝히고, 컨설팅을 하려고 하는 경우도 있다. 그 전에는 괜찮은 사람으로 봤는데 권리분석이나 물권분석에 대해서 자문을 구하려 하면 쉽게 대답해주지 않고, 또 무슨 비밀이 그리 많은지 지역을 잘 말하지 않고 두리뭉실하게 말하기도 한다.

이때 여러분은 어쩔 수 없이 선택의 기로에 서게 된다.

'나는 이 사람을 떠날 것인가? 아니면 아니꼽지만 경매 기술을 배울 동안 참고 가야 할까? 그러나 분명한 것은 그 사람이 여러분을 원하는 것이 아니라 여러분이 그 사람을 필요로 한다는 점을 잊어서는 안 된다. 세상의 많은 전문가들이 쉽사리 당신의 편이 되지는 않는다. 당신이 그 사람을 믿지 않듯이 그 사람도 당신을 믿지 못하는 것이다.

경매라는 시장에서 인생을 뒤집어보려고 인터넷 검색을 통해서 알게 된 경매 강의장은 불나방처럼 몰려온 초보자들로 장사진을 이룬다. 이 강의를 들으면 이곳이 좋은 것 같고, 신문이나 종편TV에 나온 사람들 이야기를 들으면 그곳이 좋은 것 같아 갈팡질팡한다.

여러분들이 이렇게 마음을 잡지 못하고 있을 때 경매 투자의 고수들은 매수와 매도의 타이밍을 잘 조절해서 수익을 낸다. 이들은 경매 투자만 잘하는 것이 아니라 부동산의 전체적인 식견을 가졌기 때문이다.

어느 지역에서 들은 중개업소 사장님의 하소연이다.

"작년에 하루가 멀다 하고 아파트 가격이 오르는 것을 지역 사람들만 몰랐어요. 외지 사람들이 계속 들어오면서 아파트를 사고 있는데 중개를 하면서도 무척 불안했어요."

지금은 너무나 올라버린 아파트를 보면서 그때 매입하지 않은 자신이 어리석었다고 생각하면서도 지금도 계속 오르는 것을 보면서 과연 지금 매수를 해야 하는지 갈피를 잡지 못하겠다고 말한다.

2017년 들어서서 24평형대 아파트가 10억이 넘어서고 있다

소형 아파트가 인기를 끌면서 서울에서 10억 원이 넘는 전용면적 59㎡(옛 24평형) 아파트가 늘고 있다. 주로 강남 재건축 아파트들이다. 앞으로 강남에서 나올 새 아파트에는 '전용 59㎡ 가격 = 10억 원'이란 공식이 통할 것으로 보인다.

최근 분양을 마친 래미안 블레스티지(개포 주공2단지)는 전용 49㎡, 59㎡의 3.3㎡당 평균 분양가는 각각 4,495만, 4,190만 원이었다. 59㎡가 10억 원이 넘었다. 그런데도, 8일 만에 조기완판됐다. 정당 계약기간(11~14일)에 3.3㎡ 당 분양가가 소형보다 더 싼 99㎡, 113㎡ 등 중대형 일부와 소형 저층이 팔리지 않아 16일 사전예약자와 17~18일 내집마련 신청자에게 순번을 넘겨 100% 계약을 마쳤다.

헤럴드경제, 한지숙 기자

그 지역의 가장 전문가라고 하는 지역 중개업소 사장님들조차도 미래 전망을 할 수 없어서 투자에 망설이고 시장을 읽지 못할 때 경매 전문가들은 수많은 제자들을 이끌고 투자에서 성공을 거둔 것을 보고 선택의 기준을 삼으면 되지 않을까?

많은 사람들이 필자에게 수많은 이메일과 전화, 문자로 자문을 구하지만 그 대부분이 인연으로 연결되지 않고 일회용으로 끝나버리고 만다.

"얼마 전에 물건 하나를 낙찰받았습니다. 그런데 점유자가 이사비로 500만 원을 요구해요. 제가 생각할 때 과도한 이사비라 생각이 드는데 어떻게 하면 좋을까요?"

그래서 나름대로 성실하게 답을 보낸다.

그러나, 이후 그 물건의 명도가 어떻게 되었는지 알 수 없다.

어려움이 있을 때는 연락하다가 해답을 듣고 난 다음에는 일방적으로 인연을 끊어버린다.

이 책을 읽는 여러분들도 이런 일이 있었는지 한번 생각해보라.

동호회가 운영하는 카페 같은 곳에서 궁금한 것을 Q&A로 올린 다음에 해답을 듣고 난 이후에도 계속 눈팅만 하고 있는지 한번 보라.

만약 그런 일이 있었다면 관계를 다시 잘 회복해보라. 내가 필요할 때만 전화하는 자판기 선배를 두는 것보다 항상 연락할 수 있는 인맥의 관계를 만들어야 한다. 경매뿐만이 아니라 가끔은 술 한잔 하자고 찾아가는 관계를 맺어보라. 이렇게 맺은 멘토(mentor)와의 관계가 당신을 경매 전문가로 만들어줄 것이다.

2. 인맥을 만들어라

언젠가부터 멘토란 말이 유행이다.

현대인은 여러 가지 이유로 멘토(mentor)에 대한 갈증이 심하다. 하지만 사람과의 관계보다는 물질에 대한 관계가 우선시되다 보니 멘토 자체도 물질적 대상을 향한 수단으로 전락하기도 한다. 경매에서의 멘토는 더더욱 그런 경향이 크다.

나보다 먼저 시작한 경매 고수들. 많은 사람들은 그 사람을 통해서 경매 지식도 쌓고 대박의 꿈을 이루기 위해 멘토의 인간성보다는 그 사람의 경매 노하우를 보면서 좇아가고 멘토로 삼고 싶어 한다.

언젠가 우리 카페의 어떤 회원이 경매에 입문하면서 카페 규모가 크고 언론에 나오는 사람이 운영하는 곳이 안정적이고 검증되었을 거란 생각에 큰 카페를 선택해서 경매 강의를 들었지만, 카페지기를 만나기가 쉽지 않고 분위기도 너무 삭막해서 적응하기 힘들었다는 이야기를 들려준 적이 있다.

이처럼 사람들이 멘토를 선택할 때 경매의 기술을 보고 판단하는 경향이 많다. 물론 이것이 잘못되었다는 것은 아니다.

그렇지만 한번 맺은 인연을 쉽게 끊지 못하기 때문에 처음에 멘토를 만날 때 심사숙고하는 것도 경매 투자로 성공하는 지름길이다.

초보자들은 경매의 기술들을 가장 우선시하지만, 길게 보면 경매의 기술보다 옆에서 자신을 지속적으로 성장시켜줄 사람이 필요하다는 걸 느끼게 된다.

우리는 누구에게 멘토 역할을 하기도 하고 또 자신의 삶에 조언을 해줄 멘토를 찾기도 한다.

현대 생활에서 주고 받는 멘토링(mentoring)은 인간 생활의 일부가 되었다. 그렇기 때문에 멘토링은 항상 아쉬움이 있을 수 있다. 주는 사람과 받은 사람 사이에 예기치 못한 상처, 실망, 원망, 미움 등이 나타날 수도 있고 선한 뜻을 가지고 잘 해보려고 해도 잘 안 되는 경향이 있다. 특히 정보가 너무나 많다 보니 쉽게 사람을 비교하는 경향이 있어서 더 그렇다.

멘토라는 말의 기원은 그리스 신화에서 유래되었다고 하는데 사전적 의미로는 '다른 사람을 돕는 상담자, 조언자, 교사, 후원자'라 하고, 멘토가 하는 일을 '멘토링'이라고 하며, 멘토링을 받는 사람을 '멘티'라고 한다.

누군가의 삶에 관여한다는 것은 결코 쉬운 일이 아니다.

그러나 경매에 처음 발을 들여놓은 사람들은 누군가의 조언 없이는 미로 같은 경매 세계에서 그 목적을 달성하기가 쉽지 않다.

멘토를 선택하기 위해서는 몇 가지 마음가짐이 필요하다

- 멘토를 선택하는 첫 번째 기준은 존중하는 마음이다.
- 멘토링 관계를 오랫동안 이어가고 싶다면 믿음을 잃지 말아야 한다.

- 어떤 사람을 멘토로 생각하고 있다면 자신에게 정직하게 물어봐야 한다. '과연 이 사람을 본받고 싶을 만큼 존경하고 있는가?'
- 나중에 나도 멘토처럼 경매 강의를 할 것인가? 멘토와 활동영역이 겹칠 때 어떻게 할 것인가 판단해야 한다.
- 모든 상황에는 그 원인이 있다.

멘토와의 관계에서 문제가 생길 때 우선 나 자신에게 먼저 질문해 보자. 나에게 무엇이 문제인가? 살다 보면 어쩔 수 없이 실수도 하고, 실패도 있고, 마음이 왔다 갔다 할 수도 있다. 그래서 멘티는 멘토를 향한 감사한 마음을 간직해야 한다. 감사하는 마음은 사람들이 자신감을 갖고 성공하도록 이끌어주기 때문이다. 아무것도 가진 것이 없다는 빈곤감이 있으면 쉽게 성공하지 못한다. 그 감사가 자신감에서 나오기 때문이다.

경매 투자를 이제 막 시작하는 사람은 고수라고 생각하는 사람들과 인맥을 형성하고 그 인맥을 통해 경매의 기술을 배우고자 한다. 초보자는 무작정 많은 것을 얻으려고 하고, 고수는 해줄 말이 별로 없다고 한다. 고수들은 자리를 깔아주지 않으면 말을 잘 하지 않는다.

중수라고 생각하는 사람은 자신의 경험, 무용담, 아슬아슬한 낙찰기, 임장에서 스릴 있었던 수많은 이야기들을 잘 들려준다. 자신이 알고 있는 지역에 대한 이야기도 해주고 적당한 물건을 추천도 해준다. 그러나 이들은 경매를 전문적으로 하지 않기 때문에 초보자를 위해서 시간을 할애하고 이런 저런 조언을 주기에는 여러 조건들이 충분하지 않다.

이러한 두 부류를 보면서 초보자들은 사람을 비교하기 시작한다. 그러면서 소중한 인맥 쌓기가 실패로 끝나기도 한다. 초보가 인맥을 형성하려고 투자한 시간이 대략 6~8개월. 약간의 사람들을 알아갈 즈음에 이미 인의 장막이 초보자의 눈을 가려버릴 수 있다. 진짜로 자신에게 도움을 줄 사람이 누구인지 모른 상태에서 편이 갈린다.

사람과의 관계는 참 묘한 점이 있다. 어떤 사람은 그렇게 공을 들여도 제대로 된 물건 하나 낙찰받지 못하는 경우가 있는가 하면, 어떤 사람은 우연히 함께한 자리가 낙찰까지 연결이 되는 경우가 있다.

인도의 데레사 수녀님께 평생 동지가 한 분 있었다고 한다. 수녀님이 가난한 사람들을 위한 일을 하면서 어느 갑부에게 찾아가 기부를 부탁했는데 이때 그 갑부가 수녀님 얼굴에 침을 뱉으면서 "꺼지라"고 했다는 것이다. 수녀님은 "이 침은 나에게 준 선물로 받아들이겠다. 이제는 가난한 사람을 위한 선물을 달라" 이렇게 해서 이 분은 평생 수녀님의 후원자가 되었다고 한다.

우리가 누군가와의 관계에서 도움을 받으려면 그 사람에게 정성을 들여야 한다.

경매 세상도 인생의 축소판이기 때문이다.

03

행복을 낚는
새싹들의 함성

    필자가 운영진으로 있는 '좌포의 부동산 경매 더리치' 새싹반은 수평적 멘토를 지향하고 있다. 서로가 멘토, 멘티로서 정보를 교환하고 임장을 함께하고 명도를 도와주면 경매 동반자로 함께 꿈을 이루어간다.

    우연히 만난 경매 강의장에서 공동 목표점을 발견하게 되어 십년지기보다 더 성숙한 관계로 발전하고, 이런 인맥을 통해서 성장해가는 새싹들의 함성을 들어보자. 이분들의 이야기를 담으려고 이 책을 썼다. 이분들은 아직 월세를 365일 받는 분들은 아니다. 그러나 365일 월세를 받으려고 노력하는 사람들이다.

태생 흙수저의 삶

정창범 비오님

하얀 목련을 보면 그때가 생각난다.
단칸방 신혼집 마당에 다소곳이 피어나던 그 목련.
추운 겨울, 모두들 꼼짝 않고 있을 때
성실한 목련은 봄을 준비하며 봉오리를 키운다.
노란 개나리, 분홍 진달래도 예쁘지만
나뭇가지 위에 작은 새 마냥 앉아 있는 순백의 목련은
범접 못 할 기품으로 우리를 매료시킨다.

늘 가난했지만 대학을 졸업하고 취직했을 때만 해도 내 앞에는 분홍빛 미래만 펼쳐질 줄 알았다. IMF 직전, 회사 다닌 지 3년이 조금 넘었을 무렵, 재계 30위권에 들었던 회사가 하루아침에 부도나고 설상가상으로 아버지마저 뇌졸중으로 쓰러지시자 집안 형편은 끝없는 낭떠러지로 추락했다.

집안에 누군가 중증 환자가 생기면 이건 전쟁에서의 발목 지뢰와 같은 파급효과를 가져온다. 발목 지뢰는 걸을 수 없게끔 발목에 부상만 입히기 때문에 다른 병사 2명이 부축해야 해서 결국 3명을 꼼짝 못하게 만드는 것이다.

집안에 환자가 있으면 환자뿐만 아니라 간병하는 가족까지도 꼼짝할 수 없게 된다. 막 사회에 적응을 할 즈음에 나는 이렇게 발목을 잡히고 말았다.

세상을 원망하지는 않았다. 다행히 건강했으므로 급한 대로 대리운전과 공공근로 방범대원을 하며 생활비를 벌었다. 사실 회사 부도 뒤 타 기업이 인수를 해서 그 회사로 전보해갈 기회가 있었고, 또 퇴사 후에는 입사 제의도 있었지만 함께 회사를 다니던 친한 선배가 사업을 하자고 했기에 취업을 하지 못하고 기다릴 수밖에 없는 상황이었다. 하지만 그 약속은 1년 만에 수포로 돌아갔고 나는 계속 아르바이트를 하며 일자리를 구해야 했다.

우리는 성당에서 나눠주는 불우이웃돕기 김장김치와 쌀을 얻어먹기도 했다. 환자를 간병하는 어머니는 너무 힘이 드셔서 아버지보다도 먼저 돌아가실까 봐 걱정스러운 그런 날들이 지속되었고, 그 끝이 보이지 않았다.

그 와중에 나는 다행히 취직을 하게 되었다. 이번에도 행운의 여신이 손을 잡아준 것이다. 원래 그 일은 보통 젊은 사람보다는 40대 이상을 요구하는데, 어쩐 일인지 30대 이상으로 모집 공고가 났고 5:1의 경쟁을 뚫은 끝에 내가 뽑힌 것이다.

자신이 좋아하는 일을 하면서 돈도 많이 벌 수 있다면 좋겠지만 현실은 그렇지 못했다. 예전 대기업 다닐 때와 비교하면 여러모로 대우가 나빴다. 하지만 하고 싶었던 일이었고, 보람이 컸기에 만족했다. 또 IMF 여파로 사회가 불안정한 상황에서의 취업이라 더 기뻤다.

뇌졸중 환자는 '3일을 넘기면 3개월, 3개월을 넘기면 3년'이라고 하더니 정말 아버지는 3년 만에 돌아가셨다. 평생 고생만 하시던 아버지는 그렇게 우리만 세상에 남겨놓고 하늘나라로 가셨다.

6.25 전쟁 때 피난을 나온 그 시대의 많은 아버지들이 그러했듯이 자식들 키우는 것만으로도 힘들었고 아무것도 남겨놓지 못하셨다.

다행히도 신앙심이 강한 아버지는 가톨릭 성모병원에 시신기증을 신청해놓으셔서 임종 즉시 그 병원에서 모셔갔고, 장례도 그곳에서 무료로 치렀다. 그 덕에 장례비를 많이 아낄 수 있었고 양지바르고 번듯한 묘원에 모실 수 있었다.

천생연분을 만나다

인연은 그렇게 만들어지나 보다.

그 직장은 사람을 많이 대하는 곳이었는데, 내가 젊고 친절해서 그랬는지 특히 어르신들이 나를 많이 좋아하셨다. 게다가 미혼인 걸 아시고는 여기저기서 중매가 들어왔다. 하지만 나는 언제나 사양할 수밖에 없었다. 집안을 챙기느라 내 앞가림을 전혀 하지 못했기 때문이다. 그러던 중 한 분이 유독 나를 잘 보셨는지 하루는 자신의 친동생을 만나보라고 하셨다. 다른 분들의 제안은 모두 거절했지만 자신의 친동생이라 하니 예의상 도저히 거절할 수가 없었다. 그때는 아직 핸드폰이 대중화되기 전이라 달랑 이름과 직장 전화번호만을 받았고, 전화해서 약속을 잡았다. 그렇게 해서 얼굴도 모른 채 전철역 인근 롯데리아에서 처음 만났다.

동갑내기에다가 종교도 같고 비슷한 동아리 활동을 했었기에 우리는 처음부터 말이 잘 통했다. 또 집안에서의 처지도 비슷했다. 그쪽은 언니, 동생이 한참 전에 시집가서 혼자만 남아 있는 상태였고. 나역시도 동생들 모두 결혼하고 나만 남아 있었다.

다행히 그쪽 어르신들은 돈보다는 사람을 중요시하는 분이라 우리의 교제를 반대하시지 않았다. 그렇게 나는 30대 중반의 나이에 기적처럼 결혼했다.

결혼자금이 없어서 300만 원을 대출받아 그 안에서 해결해야만 했다. 결혼식을 치를 성당 대관료로 50만 원, 하객들을 대접할 잔치국수와 그 밖의 먹거리로 1인당 8,000원이 들었다. 신혼여행은 제주도로 다녀왔는데 다행히도 동생네 회사 콘도를 하루 3만 원에 이용할 수 있어서 적은 비용으로 결혼식을 올릴 수 있었다. 지금 생각하면 기적 같은 일이 아닐 수 없다.

어머니와 함께 살던 반 지하 전셋집에 우리는 그렇게 신혼집을 차렸다. 개미굴처럼 좁아 가구 놓을 자리도 없었기에 아내는 침대와

TV, 냉장고만 사왔다. 말이 신혼집이지 그 집에는 아무도 초대할 수 없었다.

둘만의 보금자리

우리는 1년 만에 아내 직장 근처로 분가를 했는데 걸어서 10분이면 출근할 수 있는 아주 가까운 곳이었다. 우리 형편에 맞추다 보니 구할 수 있는 건 겨우 방 하나에 손바닥만 한 주방과 화장실이 달린 월세방이었다.

그 집 마당에는 커다란 목련 나무가 한 그루 있었는데 주방 창문으로 보이는 하얀 목련이 그렇게 고울 수가 없었다. 아내는 아직도 그 집의 목련을 추억하곤 한다.

그 뒤로 우리는 월세에서 탈출해 전셋집을 구했다. 반지하였지만 방이 2개나 되었으므로 처음으로 가족들을 초대해 집들이를 했다. 해가 들지 않고 바람 불면 길바닥의 먼지가 그대로 들어왔지만, 단칸방에서 방 2개로 넓혀왔다는 데 위안을 삼았다.

1년 반이 지났을 때 처형이 아파트로 입주하면서 살던 집이 비게 되었다. 전형적인 주택가의 다세대주택으로 4개 층에 총 7가구가 사는 큰 집이었다. 월세 가구가 많아서 전기요금, 수도요금을 격월로 걷고 고장이 나면 가서 봐줘야 했기에 누군가는 이 집을 관리해야 할 일손이 필요했고, 그래서 우리가 살면서 그 일을 하기로 했다. 우리가 살 곳은 3층으로 방은 2개였지만, 거실과 주방이 넓고 옥상을 사용할 수 있어서 나는 텃밭도 가꿀 수 있었다.

이 집의 세입자들은 대부분 중국교포였다. 가족의 행복을 위해 고향을 떠나 머나먼 타국에서 고생하는 분들이라 항상 친절하고자 노력했다. 공과금을 받으러 갈 때도 빈손으로 가지 않고 과일 몇 개라도 들고 갔다. 어떤 집은 아예 화장실에 전등이 없어서 내가 직접 전선을 끌어와 달아주기도 했다.

아이를 기다리다

30대 중반에 결혼했으므로 바로 아이를 가졌어도 결코 빠른 게 아닌데, 워낙 빈손이었으므로 2세를 생각할 겨를이 없었다. 그러다 보니 어느덧 40대 중반을 향하고 있었다. 아내는 치과에서 하루 종일 서서 일을 하고 있어서 육체적, 정신적으로 힘든 일이라 이참에 그만두고 임신에 전념하기로 했다. 그러나 나이 탓이었을까? 임신이 쉽게 되지 않아 결국 우리는 인공수정, 시험관을 했다. 이 역시도 쉽지 않았지만 오랜 기다림과 노력 끝에 겨우 성공할 수 있었다.

귀한 딸을 위해

우리 가족이 살고 있는 지역은 환경이 열악했다. 골목길을 갈 때도 바닥을 잘 보고 더러운 것들을 피해 다녀야 할 정도이니 말이다. 이런 길을 유모차 끌고 갈 수 있을까? 아이를 안고 다니면 아이도 담배연기를 맡게 될 것이었다. 게다가 3층까지 유모차를 들고 다니기도 힘들 터였기에 귀한 딸을 위해 우리는 공짜로 살던 넓은 집과 옥상 텃밭을 포기하고 아파트로 이사 가기로 했다.

가진 돈을 모두 모았다. 이 집으로 올 때 남았던 전세 보증금, 알뜰히 모았던 저축에 퇴직금도 중간정산 받고 결혼 10주년 때 유럽여행 가려고 모았던 적금도 사용했다. 처갓집에서 3,000만 원이란 거금도 보태주셨다. 이렇게 저렇게 모으니 1억 원이 조금 넘었다.

예전엔 1억 원만 있어도 억대 부자라고 했는데, 내 수중에 그만한 돈이 생겼다는 사실이 매우 신기했다. 하지만 이 돈으로는 서울에서 집을 구할 수 없었기에 서울과 가깝고 교통이 좋은 역곡이란 동네로 가보았다. 동생이 시집갈 때 시댁이 역곡이라고 해서 굉장히 먼 곳인가 했었는데 막상 가보니 그리 멀지 않았다. 그만큼 내가 살던 곳만 알던 우물 안 개구리였던 것이다.

차를 타고 가다가 큰길가에 처음 보이는 중개업소에 들어갔는데 마침 1억 5,000만 원짜리 집이 2채 있었다. 첫 집은 나홀로 아파트 7층인데, 앞이 틔여 전망이 매우 좋았다. 하지만 한 동짜리 아파트라 망설여졌고, 아이 때문에 이사를 하려고 했는데 한 쪽 귀퉁이에 초라하게 숨어 있는 놀이터가 맘에 걸렸고, 그 놀이터에 모래가 깔려 있어서 더더욱 망설여졌다. 모래 놀이터는 아이들 놀기에는 좋지만, 개나 고양이의 배설물도 섞이고 먼지도 많으므로 위생상 좋지 않을 것 같았다.

두 번째 집은 첫 번째보다 나았다. 'ㅁ'자 형태로 4동이 서 있는데, 조경이 매우 아름다웠다. 철쭉이 지고 난 후였지만 신록이 주는 상쾌함이 좋았고, 동과 동 사이에는 하얗게 자태를 뽐내는 자작나무들이 서 있었다.

현관 위 2층이었지만 아파트에 살아본 적이 없는 우리로서는 너무나 좋았다. 게다가 거실에 아트월도 있고 할로겐 조명이 비추는 등 인테리어도 고급스러워 우리는 그 집에 한 눈에 반했다. 컴컴한 반지하에 비하면 이 아파트는 오성급 호텔 펜트하우스나 다름없었다. 그래서 우리는 이 집으로 이사를 했고, 우리 아이가 첫 걸음마를 했다. 평생 잊지 못할 추억거리를 이 집에서 만든 것이다.

사실 신혼 때 우연히 이곳을 지날 일이 있었다. 주차장 입구가 검정색 대리석으로 마감되어 있었고 건물도 깨끗해서 언젠가 우리도 이런 아파트에 살면 좋겠다는 생각을 했었는데, 뜻밖에도 정말 그 집에 살게 된 것이다.

아파트에 눈뜨다

아이의 돌이 다가오자 우리는 잔치를 어떻게 할지 고민이 되었다. 몇 살 터울의 조카는 넓은 뷔페에서 떠들썩하게 했었지만 우리는 간소하게 치르기로 결정했다. 마침 당시에 '생애 첫 기부'라는 것을 알게 되었는데, 돌잔치 비용을 아기 이름으로 기부하는 것이었다. 그래서 양가 가족들만 초대해서 식사를 하고 50만 원을 기부했다. 기부를 많이 하시는 분들에 비하면 보잘 것 없지만 우리로서는 결코 적은 돈이 아니었다.

처음엔 이 아파트가 더할 나위 없이 좋았지만, 살다 보니 이런 저런 단점이 눈에 들어오기 시작했다.

조경이 좋은 아파트는 그만큼 관리를 잘 한다는 이야기다. 여름철에 소독을 자주 하는데 5층 이하는 창문을 닫아야 했고, 외출할 때도 일일이 베란다 창문을 잠가야 했다. 현관 바로 위다 보니 담배를 피면서 걸어온 사람이 현관 앞에서 피우던 담배를 마저 피우고 또 꽁초를 그 자리에 버리고 들어갔다. 담배연기 때문에 그 방 창문은 항상 닫아놓아야 했다.

건물이 'ㅁ'자로 배치되어 있고 정가운데 놀이터가 있다 보니 아이들 노는 소음이 아파트 전체에 쩌렁쩌렁 울렸다. 그렇다고 놀지 못하게 할 수도 없는 노릇 아닌가. 베란다 앞에 바로 차도가 있는데 언덕길이라 2층인 우리 집 높이로 차들이 다녔다. 언덕이다 보니 엑

셀을 힘껏 밟고 올라오는데, 소음도 소음이지만 매연이 그대로 집 안으로 들어왔다. 앞으론 매연, 뒤로는 담배연기라니… 또 해가 잘 들지 않아 낮에도 불을 켜야 했다. 그러나 가장 큰 문제는 겨울이 되면서 드러났다.

처음에는 아래층이 경로당이라는 사실이 윗집에 어떤 영향을 끼칠지 전혀 생각도 못 했었다. 그런데 350여 세대밖에 되지 않는 작은 아파트에 노인분이 얼마나 되겠는가. 경로당은 거의 비어 있었다. 아래층이 난방을 하지 않으니 우리 집이 아무리 보일러를 가동해도 따뜻해지지 않았고 한 달 가스비가 40만 원이 넘게 나왔다. 이렇게 추운 집에서 겨울을 나느라 얼마나 고생을 했는지 말도 못 한다. 우리는 두 번 다시 그 집에서 겨울을 나고 싶지 않았다.

역곡으로 이사 온 후 처제가 사는 광명으로 가는데 새 아파트들이 늘어서 있고 도로도 넓고 깨끗한 동네를 지나게 되었다. 알고 보니 '부천 범박 지구'였다.

우리가 살고 있는 역곡의 첫 아파트는 주택가 한가운데에 아파트만 달랑 지어놓은 것이었는데, 여기는 다른 세상이었다. 눈이 휘둥그레진 우리는 이 동네 살면 정말 좋겠다고 생각했었다. 그래서 이사를 결심하고 바로 알아보았다. 여기는 전반적으로 30평대 이상이 주류를 이루고 있어서, 우리 형편에 맞는 20평대는 세대수 자체가 적었고 또 매물로 나와 있는 것이 없었다.

그런데 행운의 여신이 또 한 번 도와주셨다. 중개업소에 전화를 해보니 바로 그날 아침에 나온 집이 있다는 것이다. 그래서 놓칠세라 회사를 조퇴하고 단걸음에 달려갔다.

동이 14개에 700세대가 넘는 단지다. 아파트 뒤쪽으로는 자그마한 동산도 있어서, 우리가 본 15층 아파트에서 바라본 전망은 최고였다. 게다가 베란다가 있는 29평이다 보니 그렇게 넓어 보일 수가 없었다. 나보다 앞서 보고 간 사람이 있었기 때문에 놓칠까 봐 망설일 여유가 없었다. 바로 계약을 하자 하니 그 집 주인도 매우 놀랐다. 그날 아침에 내놓았는데 저녁에 계약을 하게 되었으니 말이다.

나보다 어린 집주인

주인은 나보다 나이가 한참 아래였다. 유모차 타는 아기가 한 명 있었는데, 3년 전에 결혼하며 신혼집으로 이 집을 샀다고 했다. 내가 가시밭길을 걸어왔다면 이 사람은 꽃길을 걸어온 행복한 사람이고 부자였다. 대출이 끼어 있긴 했지만 젊은 나이에 이렇게 좋은 집을 소유했다는 것만으로 나에게는 한없는 부러움의 대상이었다.

계약을 하고 돌아오는 길에 부모님 생각이 났다. 우리 부모님도 전셋집을 구할 때마다 이렇게 주눅들고 자존심이 상했을 것이다.

첫 집보다 비쌌으므로 대출을 조금 더 받았다. 이자 부담이 늘기는 했지만 이 집에서 누리는 행복에 비하면 충분히 그럴 만한 가치가 있었다. 특히 아파트 고층에서 바라다 보이는 파란 하늘은 참 좋았다. 2층에서는 결코 볼 수 없었던 풍경이다. 단점이라면 전철역까지 버스를 타야 해서 그만큼 통근시간이 늘었다는 것과 지하주차장이 연결되지 않아 비나 눈이 올 때는 우산을 씌우고 추울 때는 담요로 꼭꼭 아이를 싸서 다녀야 했던 점이다. 마트에서 장을 봐올 때도 짐 들고 걸어야 하는 거리가 상대적으로 멀었다. 누려보지 않았으면 몰랐겠지만 첫 아파트는 지하주차장이 연결되어 우산 쓸 일이 없었는데, 여기로 오니 상대적으로 불편했다. 중개업소 사장님이 "돈은 정직하다"고 했는데, 정말 싸고 좋은 집은 찾을 수 없고 비싸면 그만한 이유가 있는 것이다.

이 집에서 우리 아이가 두 돌을 맞이하게 되었다. 기념사진은 마트에 있는 사진관에서 3만 원 주고 찍었다. 어떤 집은 백일, 돌 등 포함해서 100만 원이 넘는 패키지 사진을 찍기도 하던데 우리에게는 그런 일은 커다란 사치였다.

이 집에 살 때 근처 사는 친한 직원이 책을 한 권 빌려주었는데, 바로 좌포님의 첫 번째 작품 《경매 학교 종이 땡땡땡! 어서 모여라!》였다. 경매는 내게 너무도 생소한 분야였고 이미지도 좋지 않았다. 보통 경매라고 하면 하루아침에 집에서 쫓겨나 거리로 나앉는 모습이 생각나니 말이다. 결국 그 책은 '꿔다놓은 보릿자루'처럼 우리 집에서 먼지만 뒤집어쓰고 있다가 두 달 만에 책 주인에게로 돌려주었다.

맹모삼천지교

서울 살던 막내 동생이 사십 여년의 긴 서울 생활을 청산하고 인천 청라 신도시로 이사를 갔다. 높게 뻗어 올라간 아파트들, 깨끗하고 넓은 도로, 넓은 호수공원과 카누가 떠다니는 커널웨이… 지금까지 살던 거주지역과는 너무도 달라 간판만 영어로 바꾼다면 외국이라 해도 믿을 것 같았다.

놀러갔던 날 동생의 결정적인 한마디가 나를 움직였다.

동생에게는 중학생과 초등학생 아이들이 있었는데, 좀 살아보니 이곳이 아이 키우기에 그렇게 좋을 수가 없다는 것이다. 그러면서 아이들이 더 어렸을 때 왔으면 얼마나 좋았을까 하고 아쉬워하는 것이 아닌가.

우리에게는 아직 기회가 있었다. 전세 만기가 다가오는데 마침 주인이 집을 팔았고 매수인은 실거주 목적이어서 우리는 또 이사를 해야 했기에 과감하게 청라로 가기로 했다. 시세는 부천보다 싸서 같은 값에 32평을 구할 수 있었다. 집은 넓고 깨끗했으며 모든 아파트가 지상에 차가 없고 조경과 환경이 훌륭했다. 특히 넓은 호수공원은 마음을 탁 트이게 만들었다.

그러나 문제는 출퇴근이었다. 처음 아이가 태어났을 때는 회사까지 걸어서 15분 걸리는 곳에 살았는데, 그게 1시간으로 늘어나더니 이제는 거의 2시간이 걸렸다. 그러나 가족들을 좋은 환경에서 살게 하기 위해 가장이 그 정도는 감수해야 했다. 매제 역시 같은 이유로 양재동까지 1시간 40분 걸려 출퇴근하고 있었다.

더리치와의 인연

'피할 수 없으면 즐겨라'라는 말대로 나는 거의 하루 4시간에 달하는 통근 시간을 활용하기로 했다. 먼저 휴대폰 요금제를 데이터 무제한으로 바꿔 유튜브 동영상을 쉬지 않고 시청했다. 자기계발, 재테크를 주로 들었는데 그중에 경매가 있었다. 전에 직원이 책을 빌려주었을 때는 관심이 없었는데, 그사이 생각이 달라졌다. 나이는 점점 들어 벌써 정년을 준비해야 하는 때가 되었지만, 아이는 아직도 어리고 모아놓은 재산도 없었다. 빈손으로 시작해서 겨우 전세를 살고 있는데 그나마도 부족해서 대출까지 받고 있는 상황이었으니 말이다.

일단 관심이 생겼으니 그 직원에게 방법을 물어보았다. 마침 정회원을 대상으로 하는 공개강의가 있어 그걸 권유받았다. 2015년 5월에 청라로 이사하고 바로 그 다음 달의 일이었다.

공개강의가 있기 전 날, 찾아가는 길을 다시 확인하려고 공지를 다시 열어보는데, 전에는 보지 못했던 이상한 점이 눈에 띄었다. 댓글이 엄청나게 많이 달려 있던 것이다. 뭔가 싶어 읽어보니 수강신청은 이미 성황리에 마감되었고, 그 후로 입금한 사람에겐 환불이 되고 있었는데 그것도 모르고 나는 덜컥 입금을 해버린 것이다. 당황한 나는 그 직원에게 달려가 이야기했고 그 직원은 바로 좌포님께 전화를 드렸다. 천만다행히도 좌포님은 "그냥 오라고 해~"라고 쿨하게 답해주셨다. 좌포님께서 너그러이 허락해주신 덕에 나는 다음날 공개강의를 들을 수 있었다.

사실 재테크 강의, 그것도 부동산 경매 강의는 생전 처음이었지만 나는 그 강의에 빠지고 말았다. 새롭게 인생을 준비해야 하는 문턱에서 이렇게 경매란 것을 만났고, 충분하지는 않지만 적은 자본으로 시작할 수 있다는 희망을 발견하고 바로 며칠 뒤에 시작하는 새싹반에 등록하게 되었다. 그렇게 해서 더리치와의 인연이 시작되었다.

행운의 여신은 언제나 내 곁에

시기 적절하게 공개강의를 듣고 연이어 새싹반을 수강한 것도 행운인데, 카페 운영진도 마침 그때 모집하고 있었다. 정확히 무슨 일을 하는지는 몰랐지만, 대학 때부터 동아리나 단체의 임원 역할을 많이 했고 또 회사에서도 관리 일을 하기 때문에 뭔가 내가 기여할 수 있는 일이 있을 것 같았다. 또 이제 막 들어온 사람으로서 회원들도 빨리 사귀고 더 많이 배울 수 있을 거라 생각해서 운영진 신청서를 제출했는데 정말 뽑힌 것이다.

생애 첫 부동산 취득과 셀프수리

새싹반 강의가 후반부로 넘어가던 시기에 좌포님께서 공매 프로젝트를 진행하셨다. 참가 자격은 운영진과 연회원에게만 주어지기에 내가 만일 새싹반만 하고 있었다면 자격이 없었을 텐데, 행운의 여신이 미리 알고 나를 운영진에 넣어주셨나 보다.

충남 태안, 전체 40개의 물건이 공매로 진행되고 있었고, 좌포님이 이미 임장을 다녀오셔서 진행하는 것인데 우리 회원들이 33개를 낙찰받았다. 그중에 나도 있었다. 그렇게 투자자로서 생애 처음으로 부동산을 취득하게 되었다.

좌포님께서 임장부터 명도까지 모든 과정을 대행해주셨으므로 우리는 공들이지 않고 열쇠를 넘겨받았다.

수리도 회원들과 함께했다. 부지런한 분들은 새벽부터 내려가서 일을 시작했지만, 나는 부족한 재료가 있어 도중에 마트까지 들르다 보니 점심시간이 되어서야 도착했다. 벌써 일행 분들은 점심식사를 위해 막 나오던 참이어서 나는 식사부터 하게 되었다. 김치찌개를 맛있게 먹고 점심값을 내야 하는 시점에 새싹반 13기 반장인 선택님이 나서서 계산했다. 고맙기도 하고 한편으론 열댓 명 먹은 적지 않은 식사비를 선뜻 낼 수 있는 경제적 능력이 부러웠다. 나중에 알고 보니 돈이 많아서라기보다 카페를, 다른 회원을 사랑하는 마음에서 우러난 것이었다.

여럿이 함께하다 보니 앞집, 옆집 품앗이도 해주고 연장도 빌려주며 즐겁게 했다. 17평의 방 2개짜리 아파트였지만 전등, 콘센트, 스위치를 교체하는 데 제법 시간이 걸렸다. 특히 베란다 천정의 빨래 건조대를 다는 일이 힘들었는데, 콘크리트가 얼마나 단단한지 깨나 고생했다. 무선 드릴로는 어림도 없어서 선친께서 남겨주신 유선 콘크리트 드릴을 사용했다. 이렇게 선친의 도움을 받을 줄이야….

페인트칠을 셀프로 한 분들도 계시지만 빨리 수리를 끝내고 임대를 놓아야 한다는 조바심에 외주 처리하기로 했다. 똑소리 나는 엘리님이 박리다매 전술로 저렴하게 업체를 선정해주었기에 나는 편하게 송금만 했다.

두 번째로 주말 수리하러 내려가기 전날, 혹시나 싶어 페인트 업체에 전화해보니 글쎄 우리 집을 안 했단다. 셀프로 할까 하고 갖다 놓은 페인트 통을 보고서 직접 하려나 보다 하고 우리 집을 건너 뛴 것이다. 페인트칠이 완료된 후 몇 가지만 마무리하고 사진을 찍어 중개업소에 돌리려고 했는데 그럴 수가 없게 되었다. 할 수 없이 며칠 안으로 잘 해달라며 전화를 끊었다.

연로하신 분들에게 화를 낼 수도 없는 일 아닌가. 그래도 예정대로 다음 날 아침 일찍 길을 나섰다. 그런데 이게 웬일일까? 현관문이 활짝 열려 있는 것이 아닌가. 들여다보니 선생님 두 분이 열심히 페인트칠을 하고 계셨다. 미안한 마음에 작업 일정을 바꿔 우리 집부터 하고 계신 거였다. 게다가 원래 작업 내용에 포함되지 않은 중문까지 서비스로 해주셨다. 그 중문은 칸칸이 작은 유리가 끼워져 있어 작업하기 까다롭기 때문에 애초부터 작업 범위에서 제외시켰는데 그것까지 해주신 것이다.

이렇게 고마울 수가…. 만일 내가 그때 그분들에게 화를 냈더라면 서비스는커녕 작업도 앞당겨해주시지 않았을지도 모른다. 덕분에 나는 그날 월세로 중개업소에 내놓을 모든 준비를 마치고 멋지게 사진을 찍어올 수 있었다. 그 물건은 현재 2년이 넘지 않았지만 약 1,500만 원 이상의 시세차익을 보이고 있다. 낙찰을 6,900만 원에 받았고, 전세를 7,000만 원에 놓아서 투자금이 들어가지 않는데 시세가 올라주었으니 얼마나 기쁜 일인가.

이런 물건을 찾아서 회원들에게 나눠준 좌포님께 감사할 따름이다.

▲ 칠하기 까다로운 중문

천당에서 지옥으로, 자이로드롭 같은 쌍둥이 낙찰

충북에 있는 한 아파트에 두 집이 동시에 경매로 나와 연회원반에 추천되었다. 산업단지 옆이라 임대수요가 좋다고 하고, 주위 회원들도 괜찮다고 해서 응찰하기로 했다. 이번엔 임장을 가지 않고 정보지를 근거로 낙찰가를 예상했다. 입찰은 여행의 도중님(대구에서 다니는 새싹반 동기)이 대리로 입찰해주었는데 결과는 기쁘게도 둘 다 낙찰이었다.

여행의 도중님이 영수증을 받고 물건지로 가보았다.

아, 이럴 수가….

한 집의 미납관리비가 무려 600만 원이라는 충격적인 사실이 전화기를 통해 들려왔다. 그제서야 생각해보니 정보지에 '관리소 직원이 일찍 퇴근해서 관리비 추후 문의'라는 문구가 있었는데 나는 그 중요한 정보를 간과해버린 것이었다. 2위와는 거의 500만 원 차이가 났는데, 아마도 그분은 관리비 정보를 알고 입찰했던 것 같다. 당일 아침이라도 전화를 해보았더라면 하는 뒤늦은 후회가 들었지만 이미 소용없는 일이었다.

관리비 등 체납내역 (조사일 2015.08.21 현재)	*금요일 3시 기준, 전직원 퇴근하였으므로 추후 문의하라고 함.(경비)

▲ 정보지의 관리비 내역

그 집에는 그 아파트 건설사 직원이 생활하고 있었는데, 회사가 부도가 나자 모든 살림살이를 그냥 버려둔 채 몸만 싹 빠져나간 상태였다. 놓고 간 짐을 읊어보자면 철제 침대와 옛날 무거운 장롱 세 짝, 냉장고, 솜이불, 냄비와 후라이팬류, 각종 조미료, 뜯지도 않아 빵빵하게 부풀어 오른 우유팩, 빈 생수통 50여 개 등등. 여행의도중 님이 보내주는 사진들을 보며 이게 차라리 꿈이였으면 하는 생각이 들었다. 오죽했으면 킥킥님이 내 낙찰 소식을 듣고 축하해주기는커녕 자신은 임장을 다녀왔다며 측은한 얼굴로 바라보았을까….

▲ 철재 침대와 장롱, 금간 유리창, 싱크대 위 집기와 냉장고

　사진에서는 싱크대 위에 몇 가지 안 보이지만, 싱크대 서랍마다
뭐가 다 들었다고 생각하면 된다. 2명이서 이틀간 짐을 내다버렸
다. 비용을 생각하니 사다리차를 부를 수 없어서 일일이 엘리베이터
를 이용해서 실어 날랐다. 아파트 치고는 복도가 매우 길었는데, 하
필이면 끝집이고 14층이었다. 다행히도 대형가전은 복도에만 내놓
으면 무상 수거를 해갔다. 대형폐기물 스티커는 주말이었지만 면사
무소 당직자가 발급해주어서 받아올 수 있었다. 안 그랬다면 평일에
다시 다녀와야 했을 것이다.
　짐을 다 빼고 나니 이제는 수리할 차례였다. 싱크대는 곧 무너질
것 같아서 시트지 리폼은 생각조차 할 수 없는 상태였다. 화장실 문
짝은 아래가 모두 썩어 교체를 해야 했고, 전등, 스위치, 콘센트 교
체와 페인트 칠은 우리가 직접 하고 싱크대와 신발장은 주문했으며
도배, 장판도 했다. 변기도 교체하니 적잖은 비용이 들었다. 24평
방 3개짜리 2채를 동시에 하려니 혼자는 도저히 할 수 없어서 하루는

새싹반 동기 재방님이 또 하루는 초코마로님이 도와주었다.

미납 관리비 600만 원 중 연체료와 2년 넘은 것을 제하고 나니 절반으로 줄었다. 두 집 모두 비어 있었기 때문에 명도가 필요 없었고 당연히 이사비도 들지 않아 그것으로 위안을 삼았다. 이 물건들은 처음에 2채를 한 번에 내놓는 바람에 하나가 석 달 공실이 되었지만 그 후로는 거의 공실 없이 세가 잘 들어오고 있다. 공단과 바로 붙어 있기 때문에 회사 기숙사로 선호되기 때문이다.

임장이란?

부동산을 취득(매입 또는 낙찰)하기 위해 부동산이 있는 곳에 직접 가서 보고 해당 부동산에 관한 정보를 확인하는 활동이다. 부동산은 거래되고 등기를 하며 이해당사자가 거주 또는 이용하고 관리된다. 그러므로 해당 부동산이 얼마나 효율적으로 사용되고 있으며, 나의 목적에 부합하는지 확인하기 위해 그 지역을 조사해야 한다. 부동산은 개별성이 강하고 지역성과 부동성을 가지고 있으며 한 번 취득하면 쉽게 팔 수 없고 보유세금과 거래비용이 수반되기 때문에 임장을 통해서 현재의 가치뿐만 아니라 미래의 가치까지도 확인해야 하는 것이 임장활동이다.

임장은 2가지로 나눌 수 있다.

첫 번째는 집에서 손품을 팔아서 부동산의 가치를 측정해보는 것이다.
최근에는 다양한 정보를 확인할 수 있어서 이것이 필수다.
'좌포의 부동산 경매 더리치' 카페 투자 준비반에서 아이언맨님이
나무를 보고, 숲을 보는 방법을 강의해주고 있는데 이때 손품을 파
는 방법을 알려준다.
두 번째는, 발품을 파는 것이다.
이것은 직접 해당 부동산을 방문해서 부동산의 상태, 점유자 유형,
손품을 판 지역적 특성 등을 확인하는 것이다.

첫 매매 물건

쌍둥이 낙찰 후 나머지 절차가 진행되고 있는 동안 다음 물건을
찾았다. 경기도 화성시에 소재한 추천 물건이었다. 말로만 듣던, '모
르는 집에 가서 초인종 누르기'를 해볼 기회였다. 사실 그에 대한 두
려움은 없었다. 서울에도 도시가스가 없던 대학 시절, 가스배달업체
에서 아르바이트를 했었는데 그게 그런 일이었다. 모르는 집에 초인
종 누르고 들어가서 가스레인지를 청소해주고 난 후 '우리 집 가스
써주십시오~' 하고 스티커 붙이는 일이다. 어림잡아 하루에 스무 집

이상을 방문해야 했었다.

먼저 아파트 단지 안 슈퍼마켓에서 음료수를 한 상자 샀다. 그래도 남의 집에 처음 가는데 뭐라도 들고 가야 예의가 아닐까 싶었기 때문이다. 긴장되는 가운데 초인종을 눌렀는데 다행인지 불행인지 기척이 없었다. 열려 있는 창문으로 대충 집안을 살펴보니 정리가 잘 되어 있는 평범한 살림집 같았다. 그냥 돌아설 수는 없어서 10분가량 문 앞에서 기다렸더니 마침 옆집 사는 새댁이 들어가길래 말을 붙여 그 집에 사는 가족 얘기를 들을 수가 있었다.

그래도 마냥 복도에서 기다릴 수는 없는 일이기에 아쉬움을 남겨두고 나와 아파트 구석구석, 지하주차장까지 돌아보며 사진을 찍었다. 아파트 단지를 빠져 나오는데 중개업소가 하나 있어서 들어가 보기로 했다. 역시 이 중개업소도 첫 방문이므로 아까 샀던 음료수 상자를 들고 들어가니 중년의 여사장님이 깜짝 놀라셨다. 지금까지 중개업소를 운영하면서 선물을 사들고 온 사람을 처음 봤다는 것이다. 사장님은 친절하게 지역 설명을 해주셨고 충분히 들은 후 내 연락처를 드리고 나왔다.

그 물건에 입찰을 하기로 하고 좌포님께 피드백을 받았다. 입찰은 초코마로님의 부인이 대신 해주었다. 결과는? 낙찰이었다. 그런데 기쁨도 잠시, 입찰 서류에 찍힌 도장이 인감이 아니어서 무효가 된 것이었다. 이게 무슨 일일까? 아내 명의로 입찰을 하면서 아내의 인감증명서를 대리로 발급받았는데 그때 사용했던 도장이 인감도장이 아니었던 것이다. 참으로 아까운 무효였다.

　그런데 얼마 뒤 그 중개업소에서 매물이 나왔다며 연락이 왔다. 결론적으로 전에 썼던 낙찰가보다 더 낮은 금액으로 사게 되었다. 음료수 한 상자가 가져다준 행운이었을까? 매매 계약을 하던 날 나는 감사의 표시로 중개업소 사장님께 롤케익을 선물했다. 그분은 지금도 가끔 안부를 주고받는 든든한 조력자이시다. 특히 그 사장님은 마냥 투자자 편은 아니고 세입자의 권리도 꼭 지켜주셨다. 그분은 과거 자신도 고등학교를 못 갈 만큼 가난한 시절이 있었기 때문에 그들의 처지를 이해해주시는 것이다. 그래서 나 역시도 그렇다고 사장님 편을 들었다. 사실 나는 아직도 가난한 사람이고 불과 몇 년 전에는 월세를 살았기에 그 마음을 잘 안다.

빈손으로 나간 임차인

　충북 진천의 20평짜리 아파트를 회원으로부터 소개받아 매매했다. 둘이 동시에 매매하고 수리도 같이 해서 비용도 절감할 수 있었다. 임대도 같이 내놓았는데 미안하게도 내 집이 먼저 나갔다. 그 회원이 소개해서 알게 된 물건이니 그 집부터 나가는 게 마음이 편했을 텐데 말이다. 하지만 인생은 '새옹지마'라고 했던가, 나는 임차인을 잘못 만나 마음 고생을 많이 했고 그 회원 집은 나중에 나갔어도

2년 계약 – 지방 소형 물건은 1년 짜리 계약도 많다 – 에 보증금이 많이 들어와 투자금이 회수되었으며 월세도 잘 들어오고 있다.

계약서상 임차인은 30대 초반의 남자였다. 보증금이 500만 원이 었는데 당장 부족하니 300만 원만 먼저 주고 다음 달과 그 다음 달에 100만 원씩 보내주기로 했다. 그 사이 월세는 100만 원 당 1만 원씩 더 주기로 했기에 그걸로 위안 삼았다. 그런데 그 이후로 추가 보증금은 들어오지 않았고, 설상가상으로 몇 달이 지나자 월세마저 밀리기 시작했다. 기다리고 기다리다 드디어 연락을 했다. 그런데 살고 있는 사람은 계약했던 그 남자가 아니라 그 사람의 여동생이었다. 오빠가 동생 집을 대신 얻어준 것이다.

사연을 들어보니 딱했다. 장래를 약속한 남자친구와 이 집에서 살림을 먼저 시작했는데 그만 헤어지고 만 것이다. 둘이 벌면서 월세를 내려고 했던 계획이 어긋나 혼자 월세를 감당하기 어려워진 것이다. 결국 아가씨도 장만했던 집기류를 그냥 두고 몸만 원룸으로 옮겼다. 300만 원 보증금도 거의 까먹은 상태로 말이다. 임차인은 매번 약속을 어기게 되어 매우 미안해했다. 나도 딱한 처지를 헤아려 보증금이 남아 있는 한도 내에서 기다려주었다. 그러다 결국 보증금조차 남아 있지 않게 되어 집을 비우게 되었다.

▲ 임차인과의 카톡 일부

다행히 밀린 관리비는 임차인이 납부했다. 문제는 남은 짐이었다. 원룸으로 옮기다 보니 세탁기, 가스레인지도 가져갈 수 없었다. 중고장터에 팔 것을 권했지만 시세가 거의 없다며 그냥 두고 갔다. 나머지 짐도 무척 많았다. 원래는 사람을 사서 버리려고 했는데 막상 현장에 와서 보더니 짐이 너무 많다며 돈을 더 요구했단다. 못 준다고 했더니 그냥 가버린 것이었다. 그 피해는 고스란히 나에게 왔다. 보증금이 충분히 남았다면 원상복구 의무를 요구할 수 있었을 텐데 그러기엔 남은 돈이 너무 적었다.

나는 또 한 번 버려진 짐과의 전쟁을 치르러 진천으로 내려갔다. 도착해서 주차를 하는데 누군가 나를 불렀다. 바로 여행과 소풍님

부부였다. 주차장에서 만나기로 약속을 했어도 같은 시간에 도착하기 어려웠을 텐데 어쩜 이리도 우연히 여기서 만날 수 있는지···. 이들 부부도 같은 아파트에 물건이 있었다. 자신들의 집은 조금만 하면 끝난다며 이내 우리 집으로 와서 도와주었다. 혼자 하면 종일 걸릴 일이었지만 3명이 함께하니 금방 끝나버렸다.

그런데 화장실이 말썽이었다. 이 임차인이 애완견을 키웠는데, 화장실에 개 냄새가 진동하고 털 때문에 그만 하수도가 막힌 것이다. 도구를 이용해도 전혀 뚫리지가 않았다. 여행님은 소매를 걷어붙이고 맨손으로 뚫어보려 애썼다. 이 착한 사람들은 마치 자신의 일인 것처럼 헌신적으로 도와주었다.

결국 설비업체를 수소문하고 혹시나 싶어 관리사무소에도 이야기를 했다. 그랬더니 고맙게도 관리사무소 직원 분께서 뚫어주셨다.

그렇게 마무리를 하고 세를 놓았는데 여행님께 들으니 그 집도 벌써 몇 달째 공실로 있다고 했다. 게다가 그 집은 탁 트인 앞동 8층이라 전망이 좋았지만, 우리 집은 뒷동 4층이라 불리했다.

얼마 뒤 온라인 사이트에 올린 광고를 보고 집을 보겠다는 전화가 왔다. 그래서 나는 여행님 집의 동, 호수와 비밀번호도 알려주며 두 집을 비교해보라고 했다. 물론 내 집을 보겠다고 걸려온 전화니까 내 것만 보여줘도 문제는 없겠지만, 도의적으로 그럴 수 없었다. 그 분은 결국 우리 집을 선택했다. 내가 짐작하기로 우리 집 가구가 좀 더 새 것이고 드럼세탁기와 가스레인지가 있었기 때문인 것 같다.

또 청소를 마치면서 입주 선물로 사놓고 온 쌀포대와 화장지도 한 몫 하지 않았나 싶다.

여행님에게도 입주 선물을 미리 사다놓으라고 했다. 아무래도 집 보러 왔을 때 선물이 놓여 있으면 좋지 않을까? 사실 물질적인 가치는 몇만 원 안 되지만 이 집 주인은 세입자를 배려한다는 좋은 인식도 심어줄 수 있을 것이다. 좌포님으로부터 배운 매우 좋은 팁이다.

생전 처음으로 내 집에 살기

나는 종잣돈이 한 푼도 없었고 신용대출로 투자를 시작했다. 그러다 보니 이제는 한계에 다다랐다. 그래서 실거주 아파트를 장만하고 대출을 최대한으로 받은 후 그 차액으로 종잣돈을 삼는 레버리지 투자법을 이용하기로 했다. 경매와 달리 일반 매매는 내가 원하는 아파트를 원하는 시기에 골라 살 수 있는 장점이 있다.

그래서 전셋집에서 실거주로 갈아타려고 좌포님에게 상담을 했더니, 사탕먹을래님 얘기를 해주셨다. 그분도 실거주를 얻기 위해 좌포님과 많은 상담을 했고 청라에 보금자리를 마련했다는 것이다.

마침 사탕먹을래님 회사는 우리 회사 건너편에 있었다. 점심을 함께하면서 많은 정보를 얻었고, 내가 봐야 할 단지를 3개로 압축해서 집중적으로 분석하고, 10개가 넘는 물건을 보고 고른 것이 결국 사탕먹을래님과 같은 아파트였다. 같은 단지에 살며 직장도 가깝다니 대단한 인연이 아닐 수 없다. 게다가 첫 프로젝트였던 태안 물건도 함께했으니 말이다.

이 아파트는 청라에서 몇 안 되는 20평대 아파트 중에서 제일 인기 있는 단지로 교통이 편리하고 마트 등 모든 인프라가 걸어서 갈 수 있을 만큼 가까이에 있다. 마당이 매우 넓고 조경이 잘되어 있어서 아이들 뛰어놀기에도 좋았다.

무엇보다 기쁜 건 2년마다 이사 가지 않아도 되는 내 집이 생겼다는 사실이다. 대출이자는 월세 수입으로 충당되고도 남았으며 매매가가 계속 오르고 있어 시세차익이 생기고 있다.

▲ 아름다운 단지 조경

시기적절한 매수 타이밍 – 1년여 만에 5,000만 원 상승

직원 중에 집이 일산인 사람이 있었는데, 경의선을 이용하니 출퇴근 시간이 얼마 걸리지 않았다. 그래서 투자하기 좋은 곳이겠다는 생각이 들어 그 지역에 가보기로 했다. 손품으로 사전 조사를 마치고 좌포님께 그 지역에 가본다고 말씀드리니 중개업소 한 곳을 소개시켜주셨는데 이분은 정말 우리 같은 투자자에게 큰 힘이 되는 조력자 중의 조력자셨다.

결론부터 말씀드리면 2억 3,000만 원 중반에 매입해 500만 원 갭으로 전세를 놓았다. 그러기 위해서는 올 수리를 해야 했는데 중개업소 사장님이 직접 업체들을 수배해 700만 원이라는 매우 좋은 가격으로 끝낼 수 있었다.

수리 업체를 나도 개인적으로 몇 군데 알아보았지만, 대부분 1,000만 원이 넘어 사장님이 뽑아오신 그 금액으론 맞출 수가 없었다. 그 사장님에게는 매매 때 한정식을 대접했고, 전세 계약 때 롤케익을 사드렸다. 이 물건은 1년 남짓한 사이에 5,000만 원의 시세차익을 보이는 효자 중의 효자 물건이다. 지역을 고른 건 나였지만 좋은 부동산을 알게 된 덕에 일이 잘 풀렸으니, 좌포님의 소개는 '화룡점정'이 아닐 수 없다.

▲ 나의 매입 후 시세변동 - 원 안쪽

생애 첫 분양권 획득

그동안 아파트 모델하우스는 나에게는 '그림의 떡'이었다. 분양받을 능력이 안 되기 때문에 애써 외면했다. 그런데 부동산 투자자가 되고부터는 자신감이 생겨 당당하게 구경을 갈 수 있었다. 하루는 아내와 함께 집 근처의 모델하우스를 구경하고 나오는데, 홍보하시는 실장님들 여러 명이 연락처를 적어달라며 주위를 감싸셨다. 모두 거절했는데 차까지 따라오시던 한 분에게는 미안한 마음에 전화번호를 남겨놓았다.

두어 달도 더 지났을 것 같다. 문자 한 통이 왔는데 그 실장님이시다. 근처 어디어디에서 분양 중인데 한번 와보라는 것이다. 차로 10분도 안 되는 거리여서 바람 쐴 겸 아내와 함께 가보았다. 가서 막상 설명을 들어보니 그렇게 좋을 수가 없었다.

1,500여 세대 대단지고 녹지 비율이 높았으며 수영장도 있었다.

분양가도 1,000만 원 미만으로 근처에서 가장 저렴했다. 문제는 자금이었다. 한 달 내로 분양가의 10%를 내야 했는데 내 돈만으론 부족했다. 손위 동서 형님에게 전화를 걸어 자초지종을 말씀드리니, 선뜻 돈을 빌려주신다고 하셨다. 이미 내가 부동산 투자를 하고 있다는 사실을 알고 계셨기에 긴 설명이 필요 없었다. 움직인 덕에 기회가 생긴 것이다. 그렇게 처음으로 아파트 분양권을 획득했고 이제 입주를 1년 남겨놓고 있다. 아파트 현장이 출퇴근 길에 있기 때문에 지나다니며 하루하루 모습을 갖춰가는 걸 흐뭇하게 지켜보고 있다.

어떻게 알았는지 인근 중개업소 여러 곳에서 분양권 팔라는 문자가 일주일에 서너 통씩 온다. 그런 문자 받는 일도 귀찮기는커녕 매우 즐겁다. 예전에 겪어보지 못했던 일이기 때문이다. 아직은 프리미엄이 많이 붙진 않았지만 인근 지역에 개발이 이뤄지고 있어서 입주 시점에는 훨씬 더 많은 프리미엄을 기대할 수 있을 것 같다. 일단 입주해서 몇 년 살고 나중에 팔지 말지 고민해볼 생각이다.

사실 친한 친구가 그 아파트를 계약했다는 말을 그전에 들었었다. 하지만 그때는 가보고 싶은 생각이 전혀 없었는데, 그 실장님의 문자를 받고 마음이 움직인 것이다. 그때 전화번호를 적어준 하찮은 일이 지금의 행운을 가져다주었다. 게다가 그 주변은 오래전에 재개발 지역으로 지정되어 토지 정리가 끝난 상태로 남아 있다가 우리가 분양받고 몇 달 후에 공사가 시작되었으니, 이 또한 호재가 아닐 수 없다. 지하철도 분양받은 3달 후에 개통되었다.

▲ 분양 받은 아파트

입주할 무렵이면 동네가 제법 모양을 갖추고 수요도 많이 늘어날 것이다. 입주자 협의회에서는 7,000만 원 정도 프리미엄이 붙을 것으로 예상한다고는 하나 그건 더 지켜볼 일이다. 지금 살고 있는 집을 전세 놓으면 여기 입주 잔금을 충분히 맞출 수 있을 것 같다.

그동안의 실수들

임장도 안 가고 미납관리비도 확인하지 않았던 쌍둥이 물건을 통해서 많이 배웠지만 그 외에도 몇 번의 실수들이 더 있다.

화성 물건 매매할 때 집주인이 보일러 이야기를 했다. 경고등이 들어오긴 하는데 사용하는 데는 문제 없다고 해서 나는 곧이곧대로 믿었다. 그러나 세입자를 들인 직후 바로 보일러가 고장 났다는 전화가 왔다. 그제서야 확인해보니 보일러가 입주할 때 설치했던 15년 된 퇴물, 아니 거의 골동품 수준이었다. 보일러의 수명은 일반적으로 5~7년이라던데 어떻게 그렇게 오래 쓸 수가 있었을까? 진작 확인했더라면 적어도 보일러 교체 비용만큼은 더 깎았을 것이다. 그래서 그 후로는 보일러 설치 날짜를 꼭 확인하고 있다.

충북 음성의 물건이 하필 11월에 계약 만료가 되어 12월, 1월 초까지 공실이었다. 드디어 세입자를 구하고 입주를 일주일 앞둔 시점에서 문제가 생겼다. 이어지는 한파에 그만 수도계량기가 터진 것이다. 복도에 창문이 달려 있고 계량기 함도 스티로폼과 헌 옷으로 막아놓아 견딜만했지만, 문제는 공실이다 보니 물의 흐름이 없어 얼어버린 것이다. 그 연락이 다음 날 출근해야 하는 일요일 밤 11시 30분에 왔다.

거기까지는 아무리 빨리 가도 2시간 반이 걸린다. 나는 염치 불고하고 그 지역에 사는 새싹반 24기의 수채화님에게 전화를 걸어 도움을 청했다. 수채화님은 잠옷 바람으로 차를 몰고 그 집에 도착해 현장을 확인한 뒤 다시 연락을 해왔다. 사태가 심각해서 내가 내려와야 한다는 것이었다. 머뭇거릴 틈이 없었다. 나는 청소도구를 챙겨 단숨에 내려갔다. 안 그래도 주말 동안 운영진 워크숍을 다녀오느라 잠이 부족하고 피곤했지만 물불 가릴 처지가 아니었다.

복도 쪽 벽 안에 있는 계량기에서 터져 나온 물이 벽을 통해 방 안쪽으로 흘러들어갔고 방 문지방을 넘어 거실로 넘어가고 있었다. 새벽 3시에 도착해보니 수채화님이 쓰레받기로 열심히 물을 퍼내고 있었다. 고맙다는 인사를 드린 후 수채화님을 돌려보내고는 2시간 동안 물을 퍼내고 닦아냈더니 거의 마무리가 되었다. 방바닥이 마르도록 장판을 걷어놓고 다음 날 연락해 계량기를 교체했다. 보일러를 틀어놓고 말려 이틀 후에 다시 수채화님이 장판을 덮어주었다. 수채화님이 초기 대응을 잘 해준 덕에 아랫집에 누수가 되지 않았고, 내가 다시 내려가보지 않을 수 있었다. 역시 부동산 투자는 혼자 하는 게 아니다.

각 지역에 살고 계신 회원님들과 중개업소 사장님들이 없다면 아마도 힘들어서 못 할지도 모른다. 수채화님께는 명절에 작은 선물로 고마운 마음을 전했다. 처음 수도계량기가 터진 것을 연락해주신 분은 옆집 사시는 분이었는데, 이분과는 낙찰받고 수리하며 알게 되어 서로 전화번호를 주고받은 적이 있었다.

그분은 그날 밤에 술 한잔 하시고 11시 반에 들어오시다가 그 앞에서 미끄러져 넘어지셨다. 터져 나온 수돗물 일부가 벌써 얼어붙었던 것이다. 그분에게 내 연락처가 없었거나 또는 이미 집에 계셔서 사태를 발견하지 못했다면 수돗물은 밤새 흘렀을 것이고, 사태는 걷잡을 수 없을 만큼 커졌을 것이다. 그분은 집이 비었을 때 자기한테 얘기했더라면 오며가며 봐줬을 건데 안 했다고 야단을 치셨다. 나는 다음에는 꼭 그러겠다고 했다. 다음에 그곳에 갈 때 꼭 이분을 찾아 뵙고 보답을 할 생각이다.

경험이 없어서 일어난 이런 일들은 미연에 충분히 방지할 수 있는 일들이었다. 즉 애초부터 1년 만기가 11월이라면 어떻게든 계약기간을 늘려 3, 4월에 맞춰서 임대를 놓았다면 한 겨울 동파나 공실도 미연에 방지할 수 있었을 것이다. 이것은 실전님으로부터 배운 노하우다.

충남 홍성의 물건 하나가 기간 만기가 되었는데 알아보니 그 지역 시세가 내려갔다. 그래서 나는 내려간 시세대로 5만 원 깎아줄 테니 계속 사시는 걸 생각해보시라고 했다. 얼마 후 그러겠다는 연락이 왔다. 나는 중개수수료를 아끼고 공실 위험을 덜어 좋다고 생각했는데 나중에 하늘땅님 강의를 듣다가 한 가지 부족했다는 걸 깨달았다. 하늘땅님은 월세를 올릴 때 얼마를 올리면 임차인이 이사비, 복비 고려해서 그냥 연장할까를 따져보셨다. 이사하려면 그 세입자 역시 적잖은 이사비용이 들기 때문에 내가 5만 원이 아니라 2~3만 원만 제시했어도 아마 받아들였을 것이다. 역시 다른 회원들의 노하우가 공개되는 공개강의를 잘 들어야 한다.

고생스러운 셀프수리

우리 카페에 오는 투자자들은 넉넉한 형편이 아닌 사람들이 많다. 그러다 보니 부부가 함께 오는 사람들도 많고, 부모와 자식이 오는 경우도 많다.

어떻게든 지금의 현실을 극복하고, 행복이란 두 단어, 경제적 자유라는 꿈을 실현해보고자 적은 종잣돈으로 부동산 경매를 하려고 오는 사람들이 많다. 그러다 보니 우리 회원들은 한 푼이라도 아끼기 위해서 셀프수리를 많이 한다.

스위치, 콘센트, 전등 교체를 하고 싱크대나 신발장을 시트지로 씌운다. 몰딩, 방문, 베란다는 주로 흰색 페인트로 칠하는데, 깨끗하고 넓어 보이기 위해서는 흰색만 한 게 없기 때문이다. 조금 내공이 쌓이면 현관 바닥이나 주방 타일도 시공하는데, 현재 있는 타일 위에 그대로 붙이는 소위 '덧방'을 한다. 사실 이렇게 몇 줄 간단히 쓰긴 했지만 이 모든 작업이 결코 만만한 게 아니다. 게다가 주로 혼자 하기 때문에 정말 외롭고 힘든 싸움이다.

화성 물건 수리 때의 일이다. 그때는 월요일이 공휴일인 3일 연휴였는데 놀러가는 인파를 뒤로하고 나는 수리를 하러 갔다. 마치 까만 바둑알 통에 생뚱맞게 들어간 하얀 알 같은 기분이었다. 오전에 일을 보고 출발해 막히는 길을 뚫고 현장에 도착하니 오후 3시. 식사하러 나오는 시간도 아껴야 하기에 삼각김밥과 빵을 사가지고 들어갔다. 쉬지 않고 일을 했는데 첫째 날은 오후 3시부터 밤 11시까지 하고, 그 다음 날은 역시 오후 3시부터 그 이튿날 새벽 5시까지 했다. 페인트 칠은 두세 번 해야 하고 한 번 칠한 뒤 마르는 시간이 필요하기 때문에 작업 순서를 잘 정해야 한다. 전등을 교체할 때는 차단기를 내려야 하므로 어두워지기 전에 어떻게든 끝내야 한다. 수리를 하다보면 규격이 맞지 않거나 페인트가 부족하거나 하는 일들이 생기는데 그날이 일요일이면 구하기가 어려워할 수 없이 일주일 뒤에 다시 가야 하는 일도 생긴다. 수도권이라면 그나마 나은데, 멀리 충청도, 전라도, 강원도라면 정말 힘들어진다. 수리 후에는 청소도 해야 하는데 24평 아파트를 혼자 대청소한다고 생각하면 시작부터 한숨이 난다. 특히 회사 기숙사로 사용하던 집들은 일반 가정집에 비해 2배 이상 더럽고 외국인 근로자들이 사용했던 집은 더하다.

또 가족들의 협조도 절대적으로 필요하다. 이런 경우 남들은 놀러가는 연휴에 나는 수리를 하러 가다보니 아내는 꼼짝 못 하고 아이를 보고 있어야 한다. 부동산 투자에 대해 합의가 안 된 집이라면 이럴 때 분명 싸움이 날 것이다. 다행히 아내는 자신의 눈으로 확인해서 그런지 전폭적인 지지를 보내주고 카페 일이라면 무사통과시켜주고 있다.

향기 나는 삶

나는 초등학교 때부터 어머니를 따라 성당에서 청소를 했다. 물론 누가 시키지도 않은 순수한 자원봉사였다. 대학 시절에도 청소봉사를 많이 했는데 남들이 꺼려하는 화장실 같은 곳을 도맡아 했다. 여름방학이면 쉬지 않고 농활을 다녔다. 심지어 군 입대 후 1년 만에 황금 같은 첫 휴가를 나와서도 또 회사 여름휴가 때도 농활을 갔다. 대략 10번 정도 되는 것 같다. '봉사'라면 그래서 지금도 기회가 닿을 때마다 참여하려고 한다. 작년에 카페에서 처음으로 봉사활동을 갈 때 준비를 맡기도 했다.

내가 어렸을 때는 동네에 걸인들이 많았다. 하루는 걸인 할아버지가 구걸을 오셨는데 어머니는 돈 몇 푼 드려 보낼 수도 있었지만 정중히 방으로 모셔 밥상을 차려주셨다. 거의 40년 전의 일이지만, 그 모습이 생생하게 기억난다. 그런 걸 보고 배운지라 나도 바로 따라 했다. 당시에 우리 반 친구가 마침 우리 집에 신문 배달을 했다. 무더웠던 어느 여름 날 나는 시원하게 오렌지 주스를 준비해놓고 기다렸다가 주었다. 친구는 단숨에 마셨다.

소소하지만 몇 군데 후원도 하고 있다. 안양역에서 'Save the Children' 직원들이 후원자를 모집하고 있었는데, 가벼운 마음으로 가입해 14년째 지속하고 있다. 처음에는 나 혼자 월 3,000원씩 했지만 나중에 아내와 아이 이름으로도 똑같이 후원하기 시작했고 투자자가 된 후 각 1만 원으로 상향 조정했다. 우리 아이는 자신의 첫 돌 때 생애 첫 기부를 했고, 지금도 자신의 이름으로 기부를 하고 있는 것이다. 아이가 중학생이 되면 스스로의 용돈으로 후원하도록 할 생각이다.

그 외에도 교도소에 신문을 보내고 있다. 교도소 안에서는 읽을 거리가 매우 부족하다고 하는데, 교화에 작게나마 도움이 되고 있을 것이다. 그리고 20대 나이에 장기기증과 시신기증을 신청했는데 나는 최대한 건강히 살다가 죽을 때 장기를 나누고 싶다. 어느 뇌사자가 장기기증을 통해 대여섯 명의 생명을 살렸다는 기사를 보면 그렇게 감격스러울 수가 없다. 안구도 그렇다. '몸이 천 냥이라면 눈이 구백 냥'이라는 말처럼 우리 몸 중에서 눈은 굉장히 중요하다. 평생 시각장애인이었던 분이 안구를 기증받아 볼 수 있게 된다면 그 기쁨은 말로 표현할 수 없을 것이다.

어느 날 퇴근을 하기 위해 준비하고 있는데 좌포님으로부터 한 통의 전화가 왔다. 퇴근하고 만나자는 것이다. 그래서 좌포님이 계시는 충정로역쪽으로 갔다.

이날 각자가 살아온 여정에 대해 많은 얘기를 나누었고, 좌포님도 자신이 살아온 이야기를 들려주었다. 나도 이 글에서 쓴 이야기처럼 어릴 적 생활부터 지금까지 살아온 이야기를 들려드렸다. 이렇게 만남은 나에게 또 다른 인연이 기다리는 기회가 되었다.

한때 사회적으로 떠들썩했던 이른바 '땅콩회항' 사건이 터지자 좌포님은 나를 떠올리시고는 한 가지 제안을 하셨다. 새싹반 6주차에 '향기 나는 삶'이란 제목으로 내 얘기를 해달라는 것이었다.

좌포님 말씀은 이러했다.

"부동산 경매로 돈을 벌 수 있다. 그런데 돈이 목적이 된다면, 땅콩 회항 사건처럼 사람보다는 돈의 기준으로 사리를 판단할 수 있다."
"돈을 버는 데는 필연적으로 스토리가 있어야 한다. 그 스토리에는 인생의 향기가 나야 하는데 비오님 인생에 나타난 향기를 이제막 시작하는 경매 초보자들에게 들려주면 좋겠다"라고 제안을 하신 것이다.

나는 기쁘게 그 제안을 받아들었다. 지금 막 시작하는 회원들에게 돈이 먼저가 아니라 사람이 먼저라는 것을, 그리고 돈에 대한 희망에는 반드시 인생의 향기가 묻어나야 한다는 것을 이야기해주고 싶었다.

나는 새싹반 회원들에게 어려서부터 고생한 얘기, 나도 가난했지만 더 가난한 사람을 위해 기부하는 얘기, 장기기증과 시신기증을한 얘기, 빈손으로 시작해서 지금에 이르기까지의 과정 등을 자세히 공개했다. 강의를 들으며 어떤 회원은 눈물을 훔치기도 했다.
'땅콩회항'의 주인공이 '온실에서 곱게 자랐지만 향기 없는 꽃'이라면 우리 카페에는 '비바람 부는 들판에서 힘들게 꽃을 피운 향기 깊은 야생화' 같은 회원이 많다.

수많은 경매 학원 중에 우리 카페같이 '사람 냄새'가 나는 곳이 없다고 한다. '근묵자흑(近墨者黑), 근주자적(近朱者赤)'이라고 아무래도 가까이 있으면 닮게 마련인가 보다.

카페지기부터가 '아낌없이 주는 나무'이다 보니 자연히 회원들도 그런 성향을 가진 사람들이 모이고, 몰랐던 사람도 협동과 나눔을 배운다. 우리 카페에서는 '천원행복/나눔기쁨'이란 코너를 통해 회원들의 기부금을 모으고 있는데, 목표한 금액이 모이면 아프리카에 학교를 짓는 일에 쓰일 예정이다. 작년에는 오갈 곳 없는 이주민 모자에게 월세집을 얻어주기도 하고 양로원을 찾아 청소를 해드리기도 했다. 이런 봉사활동은 앞으로 더 확대될 것이다.

나는 작년에 처음으로 재산세를 내보았다. 우리 부모님은 평생 내보지 못한 바로 그 세금이다. 사람들은 돈 나갈 일에 미간을 찌푸렸지만, 나는 감격스러워 기쁜 마음으로 냈다.

이제 투자를 한지 만 2년이 되었다.

처음 투자를 할 때 종잣돈이 없어서 마이너스 1,000만 원으로 시작한 투자가 지금은 한 달에 100만 원이 넘으니 성공한 투자라고 말하기는 부끄럽지만 내 형편에는 성공한 투자라고 생각한다. 이미 종잣돈이 많이 떨어졌고, 2018년에 분양하는 새 아파트로 이사도 해야 해서 투자의 속도는 느리지만, 매일 월세가 들어오는 날을 꿈꾸어본다. 그때가 되면 퇴직에 대한 두려움도, 아이 학원비에 대한 두려움도 많이 걷혀 있을 것이다.

아직도 적잖은 사람들이 2년 전의 나처럼 내 집 마련의 꿈조차 꾸지 못하고 하루하루를 절망과 시름 속에 살고 있을 것이다. 그런 분들, 또 노후가 막막한 사람들이 '더리치'에 와서 방법을 찾고 희망을 찾아 하루빨리 경제적 자유를 얻었으면 좋겠다.

목련꽃을 닮은 비오님은 신사다. 항상 긍정적이고, 작은 것에 대한 배려심이 많은 분이다.

종잣돈이 없어 신용대출 1,000만 원으로 시작했지만 이미 자산이 10억 원이 넘어버렸다. 물론 절대금액이 아직은 빚이다. 그런데 매월 들어오는 월세도 이자를 공제하고 100만 원이 넘는다.

또 그동안 취득한 물건들이 몇 천씩은 올라주었다. 비오님은 매월 월세가 들어오길 목표로 뛰고 있다. 이미 가지고 있는 부동산이 10개가 넘었으니 조금 있으면 30개에 도달할 것이다. 그때가 되면 365일 월세 받는 남자가 될 것이다.

큰 욕심 내지 않으면서도, 꾸준히 투자하는 비오님. 목련꽃보다 1년 내내 푸른 대나무였으면 좋겠다.

누가 내 인생을 책임져줄 것인가

장대용 장때님

쓰리 잡 하는 장때

으악! 나는 그냥 비명을 지르며 쓰러지고 말았다. 토요일 웨딩 촬영하고, 일요일 임장을 다녀온 것이 그만 몸에 무리가 되었던 것이다. 비명을 듣고 아침을 준비하던 옆지기 불루큐빅님이 득달같이 달려왔다. 출근하기 위해 씻고 나오다 쓰러진 나를 부축하며 침대에 눕히면서 순간 그녀의 눈가에 눈물이 고였다.

나는 그냥 평범한 비정규직 직장인이다. 비정규직이지만 하는 일이 전문적이라 잘릴 일은 크지 않지만 급여가 형편이 없다. 그래서 주말에는 부업으로 웨딩촬영을 한다.

급여가 적다 보니 미래가 불안했기에 약 5년 전인, 2012년도에 다른 사람 밑에서 웨딩 영상 일을 배우면서, 새로운 주말 부업을 시작하게 되었다.

보통 토요일에 결혼식을 하는데, 하루에 4~5건 촬영이 잡히면 대략 10시간 정도 일을 하고, 한 달에 50만 원도 채 못 받았지만, 아이들과 외식이라도 한 번 더하고, 대학원 학비에 큰 보탬이 되었다. 하지만 몸을 너무 혹사하다가 큰 무리가 와서 어쩔수 없이 그만두었다.

웨딩일로 모은 돈으로 일본에서 비디오플레이어를 구입해 오래된 아날로그 비디오테이프를 디지털화하는 쇼핑몰을 운영했다. 플레이어가 고장 나서 못 보는 오래된 비디오테이프를 가진 분들의 비디오테이프를 CD 혹은 USB에 저장해주는 일이다.

기계가 하는 일이라 육체적으로 큰 부담을 주지 않았지만, 작업시간 대비 인건비가 너무 안 나와서 좀 더 효율적인 일을 해야겠다고 생각하고 결국 선택한 것은 고급 웨딩영상 촬영이다.

5년 전에 보급형 웨딩영상으로 시작했을 때는 너무 단가가 낮아서 몸만 혹사당했지만, 지금은 고급웨딩영상으로 진행하다 보니 기존 웨딩 영상 대비 투자 시간은 1/10이고, 한 달에 경비를 제하고 대략 150만 원을 벌 수 있어서 우리 가정에 큰 도움이 되고 있다.

그런데 이 일은 블로그(http://blog.naver.com/purefilm1)를 운영해서 영업을 해야 하고, 촬영장에서 발로 뛰어서 진행해야 하는 일인데 그만 족저근막염이 생겨버린 것이다.

족저근막염이란?

발바닥에 있는 근육에 염증이 생겨서, 통증을 유발하는 질환으로 심할 경우에는 깨진 유리조각을 신발에 넣고 다니는 기분으로 걸음을 걷는 느낌을 가지게 된다. 임장 시 많이 걸어다녀야 하는 경매 투자자들에게는 흔한 질환 중 하나다.

그렇다고 해서 회사를 그만 둘 수 없었다. 아직은 부업으로 진행하는 일들이 생활의 주 수입원이 아니기에 아픈 다리를 끌고 회사에 출근할 수밖에 없었다. 이 땅에 살고 있는 수많은 젊은 아빠들, 수많은 미생들의 삶이 이러지 않을까? 다만 다른 사람과 내가 다르다는 것은 젊음을 무기로 좀 더 유난스럽게 돈을 찾아 고군분투하는 것일 것이다.

나에게는 나름대로 경제적 철학이 있었다. 부업으로 번 돈은 절대로 안 쓴다는 것이다. 이 돈은 내 미래를 위해 투자해야 하기 때문에, 차곡차곡 모아서 미래를 위해 투자할 때 종잣돈으로 이용하기 위함이었다. 아이를 키우는 부모들의 고민은 커가는 아이의 키만큼 들어가는 비용이 비례한다.

큰 아이 태권도비가 없어서 그만둬야 하나 말아야 하나 고민이 되었다. 가급적이면 집 밥을 먹으려 했고, 외식 한 번을 하더라도 오만가지 생각을 다 한다. 그래도 본업에서 버는 돈만으로 가계를 꾸려나갔다. 그러다 보니 박봉으로 두 아이를 키워내야 하는 블류큐빅 님의 고생이 말이 아니다.

짠돌이 같은 내 경제관념에 100% 동의를 해주고 있지만, 매 순간 선택의 순간에는 갈등도 생기고 부부간의 의견이 충돌하기도 했다. 하지만 웨딩영상에서 번 돈은 절대로 손을 대지 않았다. 그 이유는 족적근막염을 앓면서 부업으로 번 이 돈은 우리 가족의 미래를 위해서 남겨놓아야 했기 때문이다. 그래서 우리 부부는 이를 악물고 종잣돈을 한 푼 한 푼 모았고, 이 돈을 지켰다.

하늘이 도와서 만나게 된
좌포님의 《부동산 경매 필살기》

우리는 가진 것 없이 새로운 삶을 출발했다. 그래서 열심히 일을 해야 했고, 덜 써야 모을 수 있는 형편이었다. 어떻게든 더 벌고, 어떻게든 더 아끼고, 덜 써서 미래를 기약해야 했다. 형편은 조금씩 조금씩 나아지는 것은 분명하지만 육체노동을 그만둔다면 모든 것이 무너지는 현실 앞에 항상 고민이 많았다.

그래서 자연스럽게 내 인식에 자리 잡고 있었던 것이 어떻게든 종잣돈을 모아서 현금 흐름을 만드는 시스템을 구축하는 것이었다.

하지만 당장 종잣돈이 없으니, 생각만 하다가 지나가고 생각만 하다가 지나가고, 회사일이 바쁘면 거기에 집중하다가 시간만 지나면 잊혀지는 패턴이 반복되면서 그냥 시간이 흘러가고 있었다.

돈이란 한계, 직장인이란 한계가 나를 한 발자국도 전진하지 못하게 했다.

지금 생각해보면 경매 투자를 좀 더 일찍 시작 못 한 것이 상당히 후회스럽고 그 시간을 되돌릴 수 있다면 하는 아쉬움이 너무 크다.

틈틈이 재테크에 대한 방법을 찾아나섰다. 한 방에 큰돈을 버는 그런 투자가 아닌, 육체노동을 안 해도 현금 흐름을 만드는 그 무엇이 있을 것만 같았다. 또 가진 돈이 없으니 소액으로 할 수 있는 일이 무엇일까를 고민하면서 어떻게든 1,000만 원을 만들어보려고 무던히도 애썼다.

이렇게 해서 종잣돈 1,000만 원을 만들었다. 그리고 1,000만 원으로 할 수 있는 구체적인 방법을 찾아 나섰다.

인터넷과 유튜브를 이 잡듯이 뒤졌다. '1,000만 원 소액투자', '1,000만 원 주식', '1,000만 원 부동산' 온갖 키워드로 온라인을 떠돌았지만, 딱히 이거다 싶은 게 눈에 들어오지 않았다. 그래서 인터넷으로 찾는 것은 한계가 있지 않을까 하는 생각이 들어 책을 보기로 하고 도서관으로 향했다. 다른 사람들이 그렇게 하지 말라는 주식책이 눈에 들어왔다. 그리고 인테넷과 유튜브로 봤던 NPL 책과 경매 책을 집어들었다.

이때 내가 집어든 책이 좌포님의 《부동산경매 필살기》다.

책을 빌리려고 하는데 그만 신분증이 보이지 않는 것이다.

많은 사람들이 습관적으로 집에서 밖으로 나갈 때 지갑을 가지고 나가고, 당연히 지갑 속에 신분증이 있는데, 어쩐 일인지 그만 지갑을 가지고 오지 않은 것이다.

신분증이 없으니 당연히 책을 빌릴 수 없게 되었다.

크게 맘먹고 도서관에 갔는데 그만 지갑을 안 가지고 간 내 자신이 한심했고, 무척 상심한 표정으로 책을 도로 갖다놓으려고 발길을 돌리는 순간 내가 불쌍해 보였는지 사서님이 저를 붙잡는다.

사서 : 선생님, 이 동네 사세요?

장때 : 네, 이 동네 살아요. 아이들과 가끔 도서관에 오기는 했었는데 오늘 지갑을 안 가지고 와버렸네요.

서서 : 가끔 아빠들이 그렇기는 해요.

장때 : 괜히 죄송합니다.

사서 : 그럼 이곳에 간단히 적으세요. 빌려드릴게요.

우연히 찾아온 인연, 아무런 연고가 없는 사서님의 배려로 나는 책을 빌려볼 수 있었다. 그때 나를 잡아서 책을 빌려준 사서님이 없었다면, 지금도 직장과 부업으로 꿈만 꾸는 미생으로 남아 있었을 것이다.

많은 사람들은 이런 기회가 우연히 찾아왔다고 말할 것이다. 그런데 나는 그렇게 생각하지 않는다.

내가 간절히 원했고, 기회가 오면 언제든지 그 기회를 잡기 위해 준비했기에 하늘이 도와서 책을 빌릴 수 있었고, 그래서 좌포님과의 인연이 된 것이라 믿고 싶다.

이 땅에 살고 있는 수많은 직장인들, 나처럼 그냥 미생으로 살아가는 젊은 아빠들, 현실을 극복해보고 싶어도 그 방법을 모르고, 설령 성공하는 사람의 이야기를 들어도 그것은 나와 아무런 상관이 없는 일로 치부해버리기 십상인 우리들.

지금 살고 있는 작은 행복, 지금 누리고 있는 작은 편안함, 그리고 느리지만 조금씩 나아지는 가정 형편. 이것에 도전을 못하고 주저앉는다. 나도 처음엔 도전에 두려움이 컸다. 더군다나 종잣돈이 없어서 전혀 움직일 수 없는 형편이었다.

그렇지만 간절한 나의 꿈은 '좌포님의 책을 볼 수 있는 기회'를 내 것으로 만들었다. 내가 만든 것이 아니라 나의 선택에 하늘이 기회를 준 것이라 생각한다. 이런 인연의 도움으로 좌포님을 만났고, 새롭게 인생을 설계하게 되었다. 내 삶에, 우리 가족에게 행복을 만드는 비법을 좌포님으로부터 배울 수 있었다.

내 꿈을 확인하게 해준 팟캐스트

책을 통해서 좌포님을 알게 되었고, 좌포님이 진행하는 팟캐스트를을 듣게 되었다.

팟캐스트 애청자들이 그러듯이 나도 방송을 듣기 위해서 별도의 시간을 낼 수 없어서 이동 중에 틈틈이 방송을 듣기 시작했다. 그런데 기대했던 것과 다른 방송이었다. 나이 많은 남자분의 구수한 사투리가 섞인 목소리가 나오는 것이다.

세련되고, 현실을 직시해줄 날카로운 서울남자 목소리를 생각했었는데 그만 실망하고 말았다. 하지만 좌포님의 책을 읽고 난 다음에 접하는 방송이기에 '끝까지 들어보자'라는 심정이 생겼다.

이때 나는 팟캐스트에서 경매 방송을 찾아보면서 다른 방송들 들어보았다. 다른 분들이 진행하는 방송은 매끄럽기도 했고, 세련된 방송도 있었지만 좌포님이 진행하는 방송은 은근히 중독성이 있어서 그만 빠져들고 말았다. 투박하고, 시골스럽고, 정제되지 않고, 그냥 옆에서 이야기해주는, 그래서 방송 현장에 내가 있는 것 같은 착각을 하게 되었다.

좌포님이 진행하는 방송은 좌포님이 경매의 이론을 말씀하기도 하지만 실제 회원들이 나와서 대담하는 방식으로 진행되고 있었다. 그런데 방송을 들어보면 알 수 있듯이 전혀 편집이 없이 진행이 된다. 중간에 전화도 받으시고, 음료수 먹는 소리도 나고…. 그리고 가장 중요한 것은 회원들간에 서로 스스럼없이 이야기하는 부동산 투자의 실체에 대해서 숨김없이 진행되고 있었다.

방송 중에는 나의 사고를 완전히 바꿔버린 이야기들이 쉴 틈 없이 나오고 있었다. 부동산 투자를 하면서 자신의 돈이 하나도 안 들어가고 투자 할수 있는(무피로 투자하는) 이야기는 상상할 수 없는 이야기었다.

또 많은 사람들이 빚에 대한 부정적인 생각을 가지고 있는데 평범한 사람들이 이런 현상을 극복하는 발상의 전환이 된 레버리지를 이용하는 투자 이야기를 들으면서 가슴이 뛰기 시작했다.

부동산 투자를 얼마 하지도 않은 사람들이 낙찰을 몇 개 받고, 지금은 월세를 얼마를 받는다는 이야기에 내가 꿈을 꾸고 있는 것이 아닌가 하는 생각이 들었다.

그런데 방송을 아무리 듣고 듣고 또 들어도 어떤 곳에 투자를 했는지는 말하지 않고 넘어가는 것이 너무 아쉬웠다.

방송을 들으면서 출연한 사람들의 이야기 속에 대화를 짜고 방송한다는 느낌이 전혀 들지 않고, 그래서 절대로 거짓이 될 수 없는 사실적인 이야기이기에 약간 문화적 충격으로 다가왔다.

'아! 이런 세계가 있구나, 그리고 이분들은 좌포님과 직접적으로 피드백을 주고 받으면서 부동산 투자를 하고 계시구나…. 나도 저렇게 멘토를 모시면서 투자할 수 있을까?'

부러움 반과 나도 도전을 해볼까 하는 의지가 불타기 시작했다.

가장 기억이 나는 에피소드는 좌포님이 소년 범죄자에게 판결을 내리는 판사님의 판결문을 읽어주는 부분이었다. 너무 감동적이어서 좌포님이 펑펑 우시는 것을 방송으로 그대로 듣게 되었다.

빗길을 뚫고 웨딩촬영하러 가는 차 안에서 그 방송을 듣다 말고 갓길에 차를 세우고 펑펑 울었던 기억이 난다. 좌포님도 울고 나도 울고 하늘도 울었다.

좌포님은 나 같은 사람도 상대해줄 것 같은 생각이 들었다. 정이 많고, 가슴이 따뜻한 사람, 이분을 만나면 내 인생에 무엇인가 다른 것이 시작될 것 같은 확신이 들었다.

부동산은 돈이 많은 사람들, 좀 험한 사람들이 하는 것이란 선입견이 있었는데 저렇게 가슴이 따뜻하고, 다른 사람의 아픔에 눈물 흘리는 사람에게 경매를 배우면 결코 사기는 당하지 않을 것이란 확신이 들었다.

이제 더 이상 제가 지체해야 할 이유가 없었다. 나도 팟캐스트에 나오는 한 명이 될 수 있도록 열심히 투자하고 싶어졌다. '내가 가야만 하는 곳이다'는 느낌을 강하게 받았다. 그동안 고생 고생해서 모은 종잣돈 1,000만 원을 쓸 때가 왔다는 느낌을 받았다.

누군가 이런 이야기를 했다. 기회는 모든 사람들에게 평등하게 주어지지만, 그 기회가 기회란 것을 알고, 그것을 선택하는 사람이 성공할 수 있다고. 그때 나에게 그런 기회가 온 것이라고 확신이 들었다.

운명으로 다가온 선택의 순간

좌포님을 처음 만난 것은 카페에서 진행하는 공개강의를 참석하면서였다. 공개강의는 투자를 고민하는 다른 분들이 오기 편하게 주말에 이루어진다. 그런데 나는 토요일에는 종잣돈을 벌어야 하는 웨딩일 때문에 고민에 빠질 수 밖에 없었다. 선택을 해야만 했다. 일을 해야 하나, 아니면 공개강의를 들으러 가야 하나.

갈림길에 서서 일단 먼저 공개강의를 신청하고 웨딩 일정을 조정해보기로 했다. 공개강의는 일반적으로 한 달의 기간을 두고 공지가 되어서 선택하는데 시간적 여유가 있었다.

결국 공개강의가 있는 날 웨딩일이 잡혀서 고민이 되었지만, 과감하게 일보다는 공개강의를 선택했고, 서울 강의장으로 향했다.

감정이 묘했다. 그렇게 고민하고 선택한 강의가 이렇게 이루어진다는 것이 신기하기도 했고, 막상 강의장 문을 열고 들어서는 순간 사람들이 이렇게 많다는 것에 또 한 번 놀랐다. 여기에 온 많은 사람들도 이런 저런 사정이 많겠지만, 모든 것을 뒤로 미루고 이 자리에 왔구나 생각을 하니 전의가 불타올랐다.

강의 중간에 쉬는 시간이 됐다.

어렵게 왔는데 좌포님께 눈 도장이라도 찍고 가야할 것 같았다. 인사를 할까 말까 엄청 고민하다가 그냥 다가가서 "좌포님, 장때 아이디 쓰고 있는 사람입니다. 새싹반에 관심이 매우 많습니다"라고 말씀을 드리니, 좌포님이 "아아! 장때님 반가워요 잘왔어요" 하면서 손을 잡아주시는 거다.

'헉! 나를 기억해주시다니….'

오프라인 모임에 처음 온 나를 기억해주시고 손을 잡아주셨다.

그리고 좌포님 특유의 카리스마 미소를 딱 보는 순간! '그래 바로 여기다'라는 생각이 절로 들었다.

'아, 내가 이분을 만나기 위해서 지난 세월을 준비했구나'라는 생각이 들면서 서정주 시인의 '한 송이의 국화꽃을 피우기 위해 봄부터 소쩍새는 그렇게 울었나 보다'라는 시구가 생각이 났다.

좌포님은 인생의 연륜에서 느껴지는 내공과 여유가 나를 압도했다. 그리고 나는 그만 좌포님께 빠져들었다. 좌포님은 새싹반 23기에 함께 하게 될 회원님들이라면서 소개를 시켜주셨다. 그렇게 그날 동기가 될 분들과도 인사를 나누게 되면서 '새싹반… 이제 무슨 일이 있어도 꼭 와야겠구나' 하고 다짐했다.

새싹반에 참여하려는 사람들은 대부분 공개강의를 통해서 간을 본다. 분위기가 어떤지, 어떤 사람들이 있는지, 좌포님은 믿을 만한지 확인을 해보고 싶어 한다. 특히 더리치에서 진행하는 공개강의의 강사로 나오는 분은 크게 성공한 사람들이 아니다. 바로 앞 기수, 나보다 3달 먼저 배운 사람들이 나와서 투자해서 성공한 사례들과 솔직 담백하게 실수한 이야기, 이럴 경우 조심해야 한다는 팁들을 알려준다.

그 내용들은 개개인마다 차이가 있지만, 공통된 사항은 더리치에서 좌포님의 도움으로 투자를 계속하고 있으며, 머니 파이프 라인을 구축하고 있다는 사실이다. 이런 내용은 소액으로 투자 대열에 뛰어드는 많은 사람들이 선택할 수 있는 방향이며, 나의 방향이기도 했다.

함께할 경매 도반을 만나다

오랜 망설임을 끝내고 '좌포의 부동산 경매 더리치'의 경매 입문과정인 새싹반을 신청했다.

강의장에 도착을 하니 생각보다 사람들이 많다. 나중에 확인을 해보니 40명이나 왔다. 강의 중간에 각자 소개시간이 있어서 나도 "저는 장때 아이디를 쓰고 있습니다" 하고 인사를 하니, 갑자기 사람들이 웅성거렸다.

이때 좌포님은 "장때님은 새싹반 들어오기 전에 카페의 하루 한마디 혹은 다른 분들이 쓴 글에 댓글을 자주 올리면서 많은 사람들이 장때 님을 알고 계신 것"이라고 부연 설명을 해주셨다.

이렇게 좌포님으로부터 칭찬을 듣고, 사람들이 알아준 것을 계기로 카페 활동을 더 열심히 하자고 다짐을 하게 되었다.

▲ 23기 첫 수업 장면

그렇게 경매의 절차 및 종류에 대해서 배우는 첫 수업이 시작되었다.

상당한 예습을 하고 왔다고 생각을 했는데, 아는 내용 반 모르는 내용이 반이었다.

'이 과정을 머릿속에 암기해야지!'라고 생각하고 계속 봤지만, 암기는 전혀 되지 않았고, 결국 그렇게 좋은 머리가 아니란 것을 확실히 알게 되었다. 그렇지만 포기할 수 없는 일 아닌가. 반복 또 반복해서 계속 보다 보니 어느 순간 머릿속에 순서가 딱 들어서고, 나중에 낙찰 받은후에는 그 과정들이 전부 연계가 되어서 머릿속에서 그림이 그려지기 시작했다.

이런 것이 오프라인에서 받은 교육의 효과란 것을 실감하게 되었다. 좌포님이 진행하는 강의는 피교육자의 눈높이에서 진행하기 때문에 아주 쉽게 진행한다. 특히 새싹반 강의는 일상생활에서 써 먹을 수 있는 실질적인 예를 들어서 설명해주기 때문에 쉽게 이해가 된다. 하지만 새싹들에게는 그래도 어려운 강의다.

그 이유는 딱 한 가지다. '일상생활에서 쓰지 않는 용어'가 수업에 많이 등장하기 때문이다. 경매에서 쓰는 단어가 법률 용어다 보니 일반 사람들에게는 생소하다.

지금은 툭툭 튀어나오는 경매 용어들이 당시에는 쉽지가 않았다.

하지만 노력하고 시간을 투자하면 누구나 가능하다. 머리가 좋지 않은 나 역시 그렇게 경매 용어에 익숙해지고 그 과정이 머릿속에 그려지고, 집에서 자연스럽게 부동산 이야기를 하고, 식구들끼리 임장을 가면서 나눈 이야기가 일상 용어로 바뀌었고, 아이들도 그 말을 알아들을 정도니 말이다.

우리 회원 중에 이제 초등학교 5학년인데 아빠와 부동산을 많이 다닌 학습효과가 있어서 그런지 "남향이라 채광이 좋다, 연식이 오래 되어서 수리가 필요하다"는 등 이야기를 할 수 있는 정도다.

이처럼 비록 처음 경매 공부를 할 때 어렵고, 힘이 들지만 조금씩 공부를 하면 바로 익숙해진다.

새싹반 미션 : 법원 입찰 실습

새싹반 수업 과정 중에 2번의 임장실습이 있었고, 마지막에 법원 실습이 있다. 법원 실습을 하기 전에 꼭 법원 실습을 해야 하나 하는 생각이 들었다. 나는 이런 저런 블로그를 통해서 법원에서 입찰 과정을 습득하고 있었기 때문이다. 그렇지만 새싹반 동기들과 함께한다는 재미도 있고, 직접 입찰도 해볼 생각을 하고 법원으로 향했다.

이미 법원에는 많은 회원들이 와 계셨고, 좌포님의 강의가 여기에서도 이어졌다. 입찰서 쓰는 연습과 각종 팁들을 좌포님께 들었는데 정말 상상도 못할 다양한 팁들이 그렇게 많은지 정말 몰랐다. 책이나 인터넷, 현장실습에서는 알 수 없고 오프라인 수업에서만 들을 수 있는 내용을 배운다. 나는 인터넷으로 법원 입찰에 대한 과정을 충분히 습득을 했다고 자만했던 것이 부끄러워졌다. 그래서 스승이 필요하다는 것을 다시 한 번 확인할 수 있었다.

법원에서는 다양한 사건으로 인해 웃음이 나오기도 하고, 탄성이 나오기도 한다.

예를 들면, 가격을 잘못 적어서 어이없는 낙찰이 되는 경우나 입찰 시간을 넘겨서 법정에 들어와 결국 입찰서를 제출하지 못하는 안타까운 상황이 벌어진다. 혹은, 낙찰 금액과 차순위 차이가 근소할 때 환호성과 박수가 나오기도 한다. 그런데 사실 2등한 사람은 얼마나 안타까울까? 그리고 대리 입찰을 했는데 입찰 봉투에 인감증명서를 넣지 않아서 낙찰받고 패찰하는 경우도 있다.

이런 저런 다양한 사례가 있지만, 나 역시 이때 평생 기억하고 싶지 않은 실수를 하고 말았다. 법원 실습가기 전날 집에서 해당 법원에서 진행하는 물건 중 안전하다고 생각하는 물건 2개를 연습용으로 입찰표를 컴퓨터로 작성해서 법원으로 향했다. 다른 동기들은 모두 직접 입찰을 하지 않았지만, 나는 보증금 1,000원을 넣고 입찰에 참여한 것이다.

이렇게 되면 낙찰이 되어도 보증금이 부족해서 무효처리가 되기 때문에 입찰 연습을 할 수 있었고, 많은 블로그나 인터넷으로 나오는 내용들이라 나도 한번 해보고 싶었던 것이다.

입찰이 마감되고 개찰이 시작되었다. 물건 하나 하나를 개찰하면서 희비가 갈리고, 탄성이 나오고 손에 땀이 나는 상황들이 눈앞에서 펼쳐졌다. 나도 보증금 1,000원씩 넣고 2개를 입찰했기에 차례가 오길 기다리고 있었는데 좌포님으로부터 실습을 종료한다며 법원 앞으로 모이라는 연락이 왔다.

'어, 큰일이다. 입찰을 했는데 어쩌지.' 안절부절못한 상태에서 그냥 밖으로 나왔다. 그리고 좌포님에게 2개의 물건에 보증금 1,000원씩 넣어서 입찰을 했다고 이실직고했다.

일행들이 모두 깜짝 놀랐다.

좌포 : 아니, 조금 전까지 그런 이야기를 안 하셨는데 언제 입찰했어요?

장때 : 그냥 해보았습니다. 보증금 1,000원을 넣었으니 괜찮습니다. 그
냥 저도 동기들이랑 같이 밥먹으러 가려고요.

좌포 : 그것은 절대로 안 됩니다. 입찰서에 인적사항 등을 정확히 기입했
나요?

장때 : 네.

좌포 : 그러면 더욱 안 됩니다. 법정으로 들어가셔요. 가서서 입찰보증금을
받아서 와야 합니다. 자칫 경매방해죄로 형사입건될 수 있습니다.

그냥 가도 될 것 같았는데, 형사입건이란 말에 겁이 덜컥 났다.

또 다른 한편으로는 좌포님이 괜히 엄포를 놓은 것 같기도 했다.

인터넷에 돌아다니는 글 중에 보증금 1,000원을 넣고 입찰에 참여
해봤다는 이야기를 들었기 때문이다. 그렇지만 스승이신 좌포님이
말씀이니 어쩔 수 없이 혼자 법정으로 들어가고 일행은 밥을 먹으러
가버렸다.

그런데 여기서 문제가 생겼다. 내가 입찰한 물건에 아무도 입찰을
안 해서 단독으로 낙찰되어버린 것이다.

집행관 : 2015 타경 0000 물건. 단독으로 입찰자 장때님이 낙찰되었습
니다. 낙찰자 앞으로 나오세요.

어, 이러면 안 되는데…. 그만 머리가 새하얘졌다.

그리고 법대에서 집행관들이 몇 명이 이야기를 나누더니 아주 노기 띤 얼굴로 말했다.

집행관 : 지금 뭐 하시는것입니까? 보증금 1,000원을 넣었습니까?
　장때 : 네.
집행관 : 입찰자 장ㅇㅇ씨 맞습니까?
　장때 : 네, 제가 장ㅇㅇ입니다.
집행관 : 지금 장난합니까?

어느 학원에서 왔냐고 묻고, 다시는 법정에 못 들어오게 하겠다고 말하는 집행관에게 아주 혼쭐났다.

방법이 없었다. 내가 할 일은 이실직고하면서 죽을죄를 지었다고 말할 수밖에 없었다. 많은 입찰자들이 지켜보는 앞에서 집행관 3명에게 혼이 나고, 내가 왜 경매를 한다고 해서 이런 일을 당하나 싶었다.

하지만 적어도 법원에서 진행하는 절차를 장난으로 하면 절대로 안 된다는 것을 확실히 배웠다. 그리고 비용을 절감한다고 무료인 인터넷의 정보를 맹신하지 말고 돈이 들어도 정확한 지식을 얻어야겠다고 다짐했다.

다행히 처음이니 봐주신다고 하셨기에, 다음번에도 그러면 다시는 법원 근처도 못 오게 하겠다는 엄한 꾸지람을 듣고 입찰장을 빠져 나왔다.

지금 생각해도 엉터리 인터넷 강의를 맹신한 내 자신이 부끄러웠다.

아니, 입찰 전에 좌포님께 한마디라도 상의했더라면 이런 일은 없었을 텐데, 그만 큰 실수를 해버린 것이다.

경매 고수가 옆에 있었는데 그 고수에게 묻지 않고, 시중에 떠도는 얄팍한 지식을 맹신한 탓이다. 이 책을 읽는 독자들은 나와 같이 어설픈 지식으로 판단하지 말길 당부드린다.

투자라는 두 글자에 한 없이 작아지는 장때

나는 실거주로 살고 있는 집을 분양받았다. 그리고 또 하나를 분양받아서 일시적 2가구가 될 예정이다.

그래서 새롭게 분양받을 집에 입주할 때는 현재 살고 있는 집을 처분하려고 한다.

1가구 1주택(일시적 1가구 2주택도 포함)은 양도세가 없는 비과세이기 때문이다. 살고 있는 집이 양도세를 내야 하지만 1가구 1주택이라 양도세를 내지 않는다. 하지만 새롭게 부동산을 취득하면 1가구 3주택이 되고, 투자를 계속하면 결국 살고 있는 집의 비과세 혜택을 볼 수 없다. 난 이미 경매는 시작했지만 줄곧 망설이고 있었다.

경매를 시작해서 당장 수익이 날 수 있을지 의문이 드는 상태에서 비과세 혜택을 포기하고 투자를 시작하는 것이 잘하는 것일지 확신이 서지 않았다. 그래서 망설이고 망설이다 좌포님에게 상담을 드렸다.

좌포님께서는 지금 양도세를 명확히 계산해보고, 내야 할 양도세와 부동산 경매를 통해서 얻을 수익을 계산해보고 판단하라고 조언해주셨다.

선택해야 했다.

인생의 선택의 기로에서 어떤 때는 바른 선택을 할 때도 있고, 어떤 때는 어긋난 선택을 함으로써 먼 길을 돌아오는 경우도 있었다.

옆지기와 풀리지 않을 실타래를 풀어보려고 상의했다.

> 장때 : 경매를 해야 할까? 만약 경매를 해서 주택을 취득하면 이집에서 나올 수익이 줄어드는데….
>
> 블로큐빅 : 여보, 작은 돈에 맘을 빼앗기지 말아요. 나도 그 돈이 아깝고, 또 경매로 당신이 성공한다는 보장도 없어서 몇 번이고 당신이 경매를 그만두면 좋겠다는 생각을 했었어요. 아니 지금이라도 당장 그만두면 좋겠어요.

아니, 이게 무슨 말인가? 절대로 그럴 수는 없다는 것을 누구보다 잘 알고 있을 옆지기는 내 의지를 꺾는 말을 하고 있는 것이다.

블로큐빅 : 그런데 여보, 우리가 결혼하고 어렵게 아이 둘을 키우면서, 밤낮으로 얼마나 힘들게 당신이 뛰고 있는지 너무나 잘 알아요. 지친 몸을 이끌고 집에 와서는 다시 컴퓨터에 앉아서 블로그를 정리하고, 비디오 테이프를 전환하고, 우리 부부가 언제 한 번 한가롭게 다정하게 말 한마디 나눈 적이 있나요? 그런데 경매를 하고부터 당신 얼굴이 너무나 밝아졌어요. 그래서 그 돈 다 잃는다 해도 당신이 기쁜일이 된다면 저는 백 번 찬성해요.

장때는 그만 목이 메였다. 힘들고, 지칠 때마다 내 등을 토닥여준 옆지기. 작은 이익 앞에 갈등하고 있는 장때에게 새롭게 출발할 수 있도록 용기를 준 옆지기. 그래서 과감하게 1가구 1주택 비과세를 포기하기로 맘을 먹었다.

많은 사람들의 고민은 투자를 하고 싶어도 투자할 수 있는 상황이 아니란 것이다. 투자할 타이밍은 주어지는 것이 아니라 항상 준비되어 있다가 마음먹는 순간에 실행에 옮겨야 한다는 것을 너무 늦게 알았다.

이렇게 해서 장때는 또 하나의 큰 산을 넘었다. 이 사건이 있은 이후에 옆지기 블루큐빅님도 새싹반에 들어갔고, 지금은 연회원으로 함께 투자 동반자가 되어 있다.

1가구 2주택에 대해서

주민등록법에 기준해서 주민등록표상, 세대주와 그 가족구성원인 1가구가 국내에 1개의 주택을 소유한 것을 1가구 1주택이라 한다. 이때 이집을 매도할 때는 양도차익(판 금액에서 산금액을 뺀 이익금)이 얼마든 양도소득세는 없다.

그런데 1가구 1주택이었다가 주택을 하나 매입하면 양도소득세는 어떻게 될까?

1) 이사로 인해 일시적으로 2주택이 될 경우

기존 주택을 매입한 날로부터 1년 이상이 지난 다음에 대체주택을 취득해서 매입하고, 그 대체주택을 매입하고 나서 3년 이내에 기존주택을 양도하는 경우

2) 상속으로 인해 1가구 2주택이 된 경우

본인 소유의 주택이 있는데 상속을 받아 2주택이 된 경우에 기존 주택을 먼저 처분해야 하며, 상속주택을 먼저 처분하게 되면 2년을 보유했더라도 양도소득세를 납부해야 한다.

3) 결혼으로 2주택이 된 경우

남녀 각각 1주택을 보유한 상태에서 결혼을 하면서 2주택이 된 경우에는 2년 이상 보유한 주택을 결혼일로부터 5년 이내에 처분하면 된다.

4) 부모님과 합가로 인해 2주택이 된 경우

1주택을 보유하고 있는 상황에서 직계존속 부양을 위해 합가했을 경우 합가한 날로부터 5년 이내에 두 주택 중 2년을 보유한 주택을 먼저 처분하면 된다(합가는 배우자의 직계존속도 포함되며, 직계존속 중 한사람만 60세 이상이면 자격이 된다).

좌포님으로부터 걸려온 전화 한 통

소액으로 경매를 하는 사람들은 대부분 부동산이 7개 정도 넘어가면 종잣돈이 고갈된다.

나는 종잣돈이 고갈되어 입찰에 어려움을 겪고 있을 즈음에 좌포님으로부터 전화 한 통을 받았다.

좌포 : 지금 월세가 이자를 공제하고 100만 원 넘나요?

장때 : 아니요, 이직 그렇게 안 되지만 조만간 될 것 같습니다.

좌포 : 연봉 4,000만 원에 도달하기 위해서는 이자를 빼고 한 달에 100

만 원을 넘기는 것이 고비인데, 지금부터 포트폴리오에 대한 계획을 세워야 해요.

장때 : 좌포님, 그렇잖아도 한번 상담해보려고 준비 중에 있었습니다.

좌포 : 그래요?

장때 : 종잣돈이 따 떨어져가는 중이거든요.

좌포 : 얼마 가지고 시작했지요?

장때 : 1,000만 원요.

좌포 : 그럼 지금까지 잘 버텨왔네요.

장때 : 다 좌포님 덕분이지요.

좌포 : 허허허, 그런데 MCI 다 썼나요?

장때 : 아직 하나 살아 있습니다.

좌포 : 그럼 이 물건 한번 입찰해보면 어떨까요?

장때 : 어떤 물건인데요?

MCI란?

Mortgage Credit Insurance의 약자로 해석하면 모기지 신용보험이다.

일반적으로 주택담보대출을 신청할 때, 담보물건가치의 70%(2014

년 8월 1일 이전은 60%)까지 대출이 통상적으로 가능하다. 하지만 실무에서는 대출진행 시 70%에서 일명 '방 빼기'라고 알려져 있는 최우선변제금(서울 3,400만 원, 광역시 2,000만 원 등)을 빼고 대출을 진행해준다. 이에 경매 진행이 될 경우 소액임차보증금 우선변제로 인한 손실을 보증보험이라는 MCI 상품을 통해 보상받을수 있어, 실제 70%의 대출을 일으킬수 있다. 하지만 1인당 횟수 제한이 있는만큼 유의하면서 써야 한다.

이렇게 해서 생전 처음으로 '좌포의 부동산 경매 더리치'에서 진행하는 프로젝트란 것에 참여하게 되었다.

카페 활동을 하다 알게 된 것이지만, 1년에 2~4번 정도 좌포님이 직접 주체하시면서 진행하는 프로젝트는 수익률이 좋다. 책을 통해서도 한 번에 30~40개 정도 낙찰받고 수익을 냈다는 것을 알고 있었다. 언젠가 나에게도 이런 기회가 오길 은근히 바랐는데, 오늘 좌포님으로부터 그런 전화를 받은 것이다.

이번 물건은 '좌포의 부동산경매 더리치'에서 활동하는 운영진들로 진행하는 프로젝트다.

카페활동에 적극적이고 열심히 하는 이들을 위해서 좌포님이 권리분석 및 지역분석까지 마친 상태의 물건이었다.

물건에 대해서 전화로 좌포님에게 간단하게 브리핑을 받고 나니,

꼭 참여하고 싶은 생각이 들었다.

하지만 운영진은 10명이 넘고 물건은 겨우 4개밖에 없었다.

이 안에서 입찰을 하고 싶은 사람들에게 손을 들라고 했다. 장때는 월세 세팅을 좀 더 해보고 싶어서 바로 손을 들었다. 하지만 손을 든 사람이 생각보다 많았다. 순간 '아직 투자를 많이 못한 분들에게 양보했어야 하나…' 이런 생각도 들었지만, 이자를 제외하고 월세 100만 원이 아직 넘지 못하는 입장에서 월세에 대한 욕구가 더 강했다.

손을 든 사람들이 앞에 나와서 제비 뽑기를 했다. 역시 더리치 시스템은 공평했다. 누구나 억울하거나 민망해지는 경우는 없고 서로 기분 좋게 추첨에 임하게 되는 분위기가 참 좋은것 같다. 운 좋게 나는 2번째로 추첨권한을 얻어서 눈여겨 본 집을 고를 수 있었다.

아파트는 전체 층의 상위 2/3층(탑층 제외), 위치는 사이드 집이 아니고, 조망이 나오면 기본적으로 좋다고 생각한다. 그런 물건이 4개 중에 4개였는데, 나한테까지 물건이 돌아와서 기분이 좋았다.

풍경님, 이산님, 하기님, 나 이렇게 4명이 최종적으로 선택되어 좌포님과 단체 카톡방이 개설되었고, 입찰가를 쓰는 부분에 대해서 고민하기 시작했다.

이 물건은 한 번 유찰되면 벌떼처럼 입찰자들이 달려 들게 눈에 들어왔다. 많은 고민과 대화를 한 끝에 신건에 입찰을 들어가기로 했다. 신건에 들어가서 낙찰받으면 수익이 많이 나지 않고 그러면 급매로 물건을 매입하지, 굳이 경매로 투자하냐고 생각할 수도 있었다.

하지만 실제로 현장을 돌아보면 물건이 하나도 없는 단지가 생각보다 많다. 즉 매매가 활성화가 안 되고, 호가를 높게 부르는 경향이 있는 단지는 경매로 신건에 들어가는 것이 옳다.

그리고 우리가 들어가는 지역은 인구 이동과 일자리 분석 등 다방면으로 지역 분석을 해보니 1~2년 뒤에 시세차익을 대부분 볼 수 있다고 판단되기에 신건에 들어가는 것에 대해서 크게 부담을 가지지 않았다.

좌포님과의 상담을 통해 입찰가를 선정하고, 입찰서를 쓰기 위해 더리치 사무실에 다시 모였다. 아무리 신건이라지만 우리처럼 계산하고 들어올 1~2명을 생각해야 하기 때문이다. 경매의 경험이 풍부한 사람이라도 이 부분은 정말 어렵다. 이때 필요한 건 역시 멘토의 오랜 경험에서 나오는 노하우다.

결국 감정가에서 100만 원 정도 높은 입찰가를 쓰기로 했고 떨리는 마음으로 입찰서를 출력하게 되었다. 기존의 낙찰이 2회가 있었음에도 프로젝트 물건은 뭔가 좀 다른 느낌이다. 낙찰받고, 명도가 완료될 때까지 공동으로 관리하는 것이 프로젝트의 특징이다.

즉, 누가 먼저 명도가 되어 월세를 받더라도, 그 월세는 총무가 관리하게 되며 수리와 명도가 모두 끝난 다음에 각자에게 분배가 되는 시스템이다. 완전 공동운명체인 것이다. 그러니 자기물건에 대한 애정만 가지고 행동하면 안 되고 프로젝트에 참여한 다른 분의 물건도 봐드려야 하고, 임장 및 명도할 때에도 모든 물건을 봐줘야 하고, 수리까지 함께 진행하게 되는 하나의 공동운명체라고 보면 된다.

좌포님은 이런 프로젝트를 통해서 초보자들에게 선배들의 경험을 배울 수 있는 기회를 부여하고, 경험자들은 초보자들과 함께 진행하면서 경매의 지도자로 키우는 것 같은 느낌을 받았다. 참 좋은 일이다.

같은 프로젝트팀의 하기님이 바쁜 직장인들을 위해서 대리입찰을 해주셨다. 우리를 대신해서 입찰 법정에 간 하기님으로부터 카카오톡 단체방을 통해서 법원의 상황이 실시간으로 중계되고 있었다.

몸은 회사에 있지만, 손에 땀을 쥐는 순간이 아니었나 싶다. 그리고 4명의 단체 낙찰 소식이 들려왔다. 곧 정보지와 법원홈페이지에 최고가매수인으로 이름이 올라왔다. 이 순간이 가장 기쁜 순간이 아닌가 싶다.

단독입찰이었지만, 감정가와 크게 차이가 없고, 1회 유찰 후에 감정가를 상회해서 낙찰될 게 눈에 선하기에 감정가보다 높게 쓴 것에 대해서는 전혀 후회가 없었다.

오히려 신건에 낙찰받는 전략이 주효해서 다시 한 번 멘토이신 좌포님의 경매 촉에 감탄했다. 어느 정도 해야지 좌포님 수준에 이를 수 있을지 감이 오지 않는다. 대신 좌포님 옆에서 오래도록 경매를 해야겠다는 생각이 들었다.

이제 물건을 낙찰받았으니, 점유자를 만나서 명도를 진행해야 한다.

하지만 그전에 가장 중요하고 어려운 난관이 남아 있다.

바로 대출이다. 2017년부터 가계대출에 대한 강력한 규제로, 대출을 일으켜서 월세를 받는 방식의 투자가 어려워졌다. 아직 LTV와 DTI를 건드리지는 않았지만, DSR이라는 새로운 대출 규제 방식이 나와서 당분간 대출받아서 월세 물건을 세팅하는 것은 상당히 어려울 것이라 예상된다.

LTV : 주택을 담보로 돈을 빌릴 때 인정되는 자산가치의 비율로 2014년 8월 1일부터 70%로 적용된다. 만약, 주택담보대출비율이 70%이고, 3억 원짜리 주택을 담보로 돈을 빌리고자 한다면 빌릴 수 있는 최대금액은 2억 1,000만 원(3억 원X0.7)이 된다.

DTI : 금융부채 상환능력을 소득으로 따져서 대출한도를 정하는 계산비율을 말한다. 대출상환액이 소득의 일정 비율을 넘지 않도록 제한하기 위해 실시한다.

DSR : 연간 소득 대비 대출원리금 상환액 비율을 의미한다. DTI가 '주택담보대출의 연간 원리금상환액'과 함께 '기타 부채의 연간 이자상환액 기준'으로 대출가능금액을 산출한다면 본다면, DSR은 '주택담보대출의 연간 원리금상환액'에 추가해 '기타 부채의 연간 원리금상환액 기준으로 대출가능금액을 산출하는 것이다. 즉, DSR

은 DTI에는 없는 신용카드 할부금이나 자동차 할부금, 마이너스통장 대출 등도 보는 것이다.

하지만 더리치에서 강력한 2금융권 대출규제가 시행되기 전인 2017년 3월 13일 이전에 자서를 미리해놔서, 아슬아슬하게 대출규제는 피하고 원하는 만큼의 대출을 실행할 수 있게 있었다.

만약에 개인이 혼자 은행을 돌아다니면서 대출을 일으키려고 하면, 절대 할 수 없을 것이다. 하지만 투자자들이 많이 있는 더리치에서는 보다 유리한 조건의 상품을 폭넓게 선택할 수 있는 네트워크가 있다.

나 역시 70% 대출에 신용대출 1,000만 원을 받았다. 이는 월세 보증금 1,500만 원을 받게 되면, 무피로 세팅이 가능하고, 이자를 제하고 한 달에 10만 원 정도가 고스란히 남는 훌륭한 자산이 된다.

이렇게 나는 꿈에 그리던 머니 파이프를 또 하나 구축해가고 있다.

힘이 있는 한, 회사에서 잘리지 않는 한, 일을 하겠지만, 육체노동만으로 생활해야 하는 미생이인 나에게 노동을 통하지 않고, 부동산이란 자산에서 돈이 흘러들어오는 머니 파이프를 만들어가고 있는 것이다.

대출은 해결이 되었으니, 점유자의 명도가 관건이었다.

점유자들은 전원 세입자다. 그리고 그 집의 소유주는 부동산을 운영하는 분이었는데, 해당 물건이 몇 차례 경매로 넘어갔다가, 대출을 상환해서 불허가처리한 경력이 있어서 점유자들이 많이 불안해했다. 그래서 이사를 준비하는 사람도 있었지만, 해당 부동산을 철썩 같이 믿고 배당신청도 안 한 사람도 있었다. 배당신청을 안 한 분 중에는 전세금을 일부 떼이는 분도 있는 만큼 명도과정에서 난관이 예상되기도 했다.

내 물건은 전액배당을 받아가는 전세 세입자다. 전액배당을 받아가기 위해서는 최고가매수인의 명도확인서가 필수다. 세입자들 중에 전액배당받는 세입자는 그런 의미에서 명도 난이도가 높지 않는 경우가 대부분이다.

주말을 이용해서 점유자를 만나기 위해 방문 일정을 정리하고 있었다. 프로젝트 물건인 만큼 기존에 경험이 있는 이들이 주말을 이용해서 점유자들을 만나고 와야 할 것 같아서다.

하지만 이미 이산님과 하기님이 물건지 앞에 도착했다고 연락을 주신다. 항상 명도를 직접 하다가 회원 분들이 대신 진행해주니, 너무 죄송하고 고마워서 '밥 한번 꼭 사야겠다'는 생각이 들었다. 특히 하기님은 추후에 자동차 공매를 진행할 때도 너무 큰 도움을 주셔서 나는 하기님을 '천사 하기님'이라고 부른다.

이렇듯 회원들 간에 대가 없이 서로 돕고, 그리고 도움을 줄 수 있는 부분을 찾는 것이 더리치 카페의 큰 매력이 아닌가 싶다.

점유자를 만날 때 시커먼 남자들이 오면, 문을 열어주기가 쉽지 않은 것이 현실이다. 이럴 때 센스 있게 빈손으로 가지 말고, 누구나 좋아할 만한 작은선물을 사가는 것이 현명한 방법이다.

"빨리 이사 갈 집을 알아보고, 언제까지 집을 비울 거냐?" 같은 격한 말이 오고 갈 분위기가, 작은 선물로 좋아지는 경우가 부지기수다.

하지만 명도할 때 주의할 사항은 아직 잔금을 치르기 전에는 이 집의 진정한 소유자가 아니라는 사실이다. 이 점을 명심하고, 너무 앞서나가지 않게 속도를 조절하는것이 중요한 포인트다. 그러면서 여쭤어볼 것은 다 여쭤어보고, 앞으로 어떻게 해야 하는지 부드럽게 이야기하면 큰 걱정없이 명도도 잘 풀릴 수 있다.

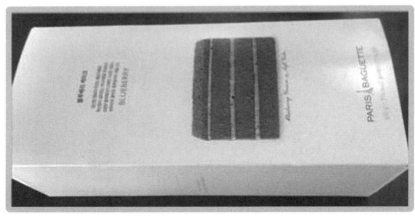

▲ 점유자를 만나기 위해서 준비한 선물

다행히 점유자들과 이야기가 잘되어서 집 안을 사진 찍는 것도 허락받았다. 인상이 좋은 하기님과 배려심이 강한 이산님의 인성에 점유자들도 어느 정도 마음을 열어준 것 같다. 하지만, 이런 명도 과정 중에 많은 복병이 숨어 있음은 두말할 필요도 없다. 무조건 본인이 원하는 금액에서만 살겠다고 이야기하는 세입자, 곧 이사인데 이사 날짜까지만 살게 해달라고 사정하는 세입자, 각혈을 하면서 갈 곳 없다고 모로쇠로 일관하는 세입자, 특히 전 주인을 아직도 믿고 그 사람이 어떻게든 해결해줄 거라 믿고 있는 안타까운 세입자들이 우리 물건의 점유자들이었다.

힘들더라도 그분들의 상황을 최대한 배려하면서, 우리 프로젝트팀은 내용증명 및 인도명령, 점유이전금지가처분 등을 차곡차곡 진행해나갔다.

내용증명 : 개인 및 상호 간의 채권 또는 채무의 이행 등의 득실변경에 관한 부분을 문서화하는 것.

인도명령 : 법원 경매를 통해 부동산을 낙찰받은 사람이 대금을 완납하고 소유권을 취득했으나, 채무자나 점유자가 해당 부동산의 인도를 거부할 경우, 부동산을 인도받기 위해 법원으로부터 받아내는 집행권원을 이르는 말.

점유이전금지가처분 : 명도소송을 진행하는 과정에서 부동산

의 점유자가 바뀌게 되면 바뀐 점유자를 상대로 새롭게 소송을 해야
하기 때문에, 점유의 이전을 금지하는 가처분을 신청하는 것.
우리는 '좌포의 부동산 경매 더리치' 투자 준비반에서 배운 전자소
송으로 이 부분을 처리했다.

우리는 잔금을 납부하고 인도명령을 신청했다.

'나의 사건검색'에서 인도명령까지 인용된 것을 확인했고, 법원홈
페이지에서 배당기일이 잡힌 것을 확인했다.

이제 점유자와 결정을 내려야 하는 순간이 다가오고 있음을 직감
적으로 느꼈다. 몇 차례 전화통화를 통해서 점유자를 도와주는 입장
에서의 이야기를 많이 했었다. 나는 낙찰받은 물건의 점유자를 그때
까지 만나지 못했지만, 전화를 통해서 상대방에게 안정감을 줬고,
집에서 쫓아내려는 점령군이 아니라 도움을 주는 사람이 되는 느낌
을 주기 위해 많은 노력을 했다.

이는 내가 부업으로 진행하는 웨딩영상 영업일이 많은 도움이 되
었다. 마음을 터놓고 예비신부님을 대하면 일이 훨씬 수월하게 잘
진행되는 것을 경험해해본지라 이런 느낌을 점유자에게 주려고 많
이 노력했다.

점유자는 7월말 경에 새로운 집으로 이사를 가기로 예정되어 있

다. 그래서 그때까지는 살아야 한다며 자기주장을 굽히지 않았다. 그렇지만 그말을 100% 믿을 수 있는 것이 아무것도 없어서 답답하기는 피차일반이었다.

점유자는 두 딸을 가진 가장이었다. 이 사람들에게 월세 몇 달을 더 받기 위해서 강제집행을 한다는 것은 여러모로 내 스타일이 아니고, 이렇게 하려고 경매를 배운 것도 더더욱 아니기에 고민이 깊어지고 있었다.

5월 20일 배당기일이다. 점유자는 7월말경에 이사를 간다고 하니, 딱 두 달을 그 집에서 더 살겠다는 것인데 야박하게 거절할 수도 없고, 그렇다고 해서 동의했다가 7월말에 이사를 가지 않으면 큰 낭패가 아닐 수 없다.

경매를 하는 많은 사람들이 명도에서 이런 난관에 봉착한다. 점유자 사정을 봐주었다가 이사를 가지 않아 명도소송을 해야 하는 경우가 있을 수 있기 때문이다.

임차인은 전액 배당을 받아 이사라는 번거로움이 있기는 하지만, 금전적인 손해는 없기 때문에 2달간 거주하는 것에 대한 사용료를 낼 의사가 있는지 물었더니, 당연히 2달간 사용료를 내겠다는 것이다. 그래서 협상이 시작되었다. 물건지의 월세가 1,000/35 또는 500/40으로 형성되어 있었다.

하지만 나는 1,000/40으로 받고 3달치를 선불로 받기를 요구했다.

더군다나 지금 집을 비우면 세입자를 구하기 쉽지만 7월말 이사를 하면 2~3달 공실을 각오해야 해서 이 부분을 설득했지만, 세입자는 쉽게 동의하지 않았다.

세입자 입장에서 생각해보면, 딱 2달만 살고 갈 것이고 이사비를 달라고 하는 것도 아닌데, 너무 야박하게 한다고 생각할 수 있는 부분이 충분했다. '남의 눈에서 눈물 나게 하면 내 눈에서는 피눈물이 난다'라는 옛날 속담도 생각나서 더욱 고민이 되었다.

그래서 전화로 좌포님과 상의해보았다.

좌포님 왈 "장때님, 그러면 보증금 1,000만 원에 월세는 37만 원 받는다고 해봐요. 대신 3달치를 선불로 받고 7월 말에 나간다면 한 달분 월세를 반환하겠습니다. 또 37만 원을 받았지만 선생님이 35만 원을 이야기하셨기 때문에 2만 원씩 4만 원도 반환해줄게요"라고 해보라는 것이다.

무릎을 탁 쳤다. 이런 좋은 안이 있다니… 전혀 생각도 못 한 방식을 생각하고 제시해주는 좌포님께 고마울 따름이다. 이를 세입자에게 차근차근 설명해주고 믿음을 주는 건 내 역할이다.

바로 전화를 걸어 세입자에게 차근차근 설명했다. 이번 물건은 개인 이름으로 낙찰받은 회사 물건 컨셉으로 접근했기에 이야기를 잘해야 했다. 명도할 때 결정은 회사에서 한다는 방식으로 대화하면 대화가 쉽고, 점유자와 함께 회사 처사가 가혹하다는 욕도 하면서 결정적인 순간에 회사 상관에게 연락해야 한다는 이유로 잠시 회피할 수 있어서, 협상을 이끌 때 아주 유용하게 활용할 수 있다.

스스로 결정해야 하는 일이 올 때는 순간순간 순발력이 상당히 뛰어나야 한다. 하지만 나를 포함한 대부분의 사람은 그렇지 못한 경우가 많다. 이럴 때 생각을 정리할 시간이 필요하고, 이때 회사 및 법무사 뒤에 잠시 피신해서 생각을 정리하고, 다시 이야기하는 것도 중요한 하나의 팁이다.

이내 세입자는 나의 말에 동의하면서 당장 보증금이 없으니 배당하는 날 주면 안 되겠냐며 사정을 하게 되었다. 이제 협상의 끝이 보인다. 넘어올 것 같으면서도 완강하게 저항하던 점유자가 사건을 해결하기 위해 함께 궁리하는 상황이 된 것이다. 그래서 나도 흔쾌히 동의했다.

이에 배당기일에 만나서 같이 법원에 가서 배당받는 것을 도와주고 그 자리에서 계약서에 도장을 찍고 계약하기로 유선상으로 합의했다. 이렇게 해서 이 물건은 명도비용이 들어가지 않고, 전화로 명도를 끝낼 수 있었다.

부동산 기술을 한 단계 올려준 더리치 운영진

더리치는 자신의 경험을 신규 회원들과 공유하며, 카페를 직접 운영하는 운영진을 6개월 임기로 뽑았다. 본업에 치여서 바쁜 사람들, 그리고 나처럼 쓰리잡을 하는 눈코 뜰 새 없이 바쁜 사람들도 운영진을 하고자 하는 로망을 가지고 있다.

왜 그럴까? 온라인카페를 좌포님과 함께 운영하면서, 더리치의 유명한 교수진들과 항상 대화가 가능하다는 점이 매력적이기 때문이다.

그들과 함께 대화를 섞는 것 자체가 경매를 배우고, 좀 더 부동산에 대해서 고급스럽게 접근하는 하나의 방법이기에 이를 아는 회원들은 무척이나 운영진이 되고 싶어 하고, 나 역시 아주 운이 좋게 더리치의 운영진이 되었다.

그리고 더리치에서는 1년에 몇 차례 지역 단체 임장을 간다. 신규 회원 및 해당 지역에 대해서 잘 모르는 회원들에게 아주 중요한 기회가 되는 자리인데, 2017년 6월에 내가 버스 한 대를 책임지는 역할을 하기도 했다.

나는 이때 좋은 매물을 발견하고, 그 자리에서 그 물건을 보유하고 싶은 다른 회원들과 숨막히는 가위바위보를 해서 결국 그 물건을 매입하게 되었다.

▲ 새싹반 23기 동기 천년후애 님과 최종 결승에서 가위바위보를 하는 현장. 분위기가 화기
애애하게 너무 좋았다.

어찌보면 임장을 이끄는 사람이 물건을 계약하는 것이 부끄러운 일
이지만 나 역시 투자자인만큼 탐나는 물건 앞에서는 물러설 수가 없
었다.

이 물건은 아이파크 브랜드를 가지고 있는 1,200세대 규모의 대단
지로 매매가 2억 4,000만 원에 물건을 잡아서 전세가 2억 3,000만
원으로 세팅을 하려고 한다.

나는 지금도 꿈을 꾸고 있다. 알토란 같은 종잣돈을 모으기 위해
서 4가지의 일을 했고, 그래서 1,000만 원이란 종잣돈으로 시작한
부동산 경매. 월세 물건 30개를 낙찰받아서 매일 월세 받는 남자이
고 싶다. 지난 1년간 8채를 낙찰받았으니 이제 3년만 더 고생하면
매일 월세 받은 남자가 될 것 같다.

　2017년 4월에는 결혼 10주년 기념으로 좌포님이 다녀오셨다는 코
타키나발루에 우리 가족이 다녀왔다. 그리고 꿈에 그리던 11인승 카
니발 자동차를 낙찰받아 2017년 5월 가정의 달에는 본가에 한　번,
처가에 한 번 1박 2일씩 다녀오기도 했다.

　종잣돈이 넉넉하지 않아서 더디지만 한 발, 한 발 앞으로 나아가리라.
작은 아이 태권도 비용 앞에서 결정을 하지 못했던 과거의 나. 그런
데 지금은 매월 들어오는 월세 수입이 100만 원이다. 우리 아이들이
집어든 장난감의 가격을 보지 않고 사줄 수 있는 날이 눈앞에 다가
왔다. 우리 함께 그 날을 꿈꾸어보자.

장때님은 포잡을 하면서, 투자자로서 왕성한 활동을 하는 두 아이의 아빠입니다. 비정규직 직장인으로서, 살아가기 힘든 대한민국의 현실에서 어떻게든 발버둥 치면서 한걸음이라도 더 나아가려고 노력하는 그를 응원합니다.

장때님은 그동안 익힌 경매 및 부동산 지식을 사회적 약자라고 일컬어지는 분들에게 나눠주기를 간절히 소망합니다.

부동산 경매를 시작한지 이제 1년 반. 1,000만 원으로 시작했지만 지금은 매월 100만 원 정도의 월세 수입이 생기게 되었습니다.

이후 자동차 경매를 통해서 카니발을 낙찰받고, 1차적으로 양가 부모님을 모시고 여행을 다녀왔을 때 아들이 엄지손가락을 척 들며 '아빠 최고'를 외쳐주었답니다.

이렇게 열심히 뛰고 있는 장때님, 매일 월세 받는 그날이 어서 오길 기원합니다.

빅데이터를 활용한 부동산 투자 지도

이민희 아이언맨

불확실한 미래가 두려웠다

옆지기 : 여보, 5,000만 원 준비할 수 있어?

아이언맨 : 그게 무슨 말이야?

옆지기 : 지난 토요일에 갔던 데 계약하면 어떨까 해서….

아이언맨 : 이미 마감되었다고 하지 않았어?

옆지기 : 좀 알아봤는데 위치도 좋고, 우리가 선택한 물건은 아직 분양이 안 되었대.

평소와 같이 월요일 아침 일찍 회사에 출근해서 일을 하고 있는데 옆지기로부터 전화가 왔다. 지난 토요일 방문해서 들었던 수익형 부동산(다세대주택)에 대해 나는 이미 포기하고 있었는데, 옆지기는 많이 고민하고 알아본 모양이다. 이 물건은 투자금(최소 5,000만 원 이상)이 많이 들어가는 물건이다.

아이언맨 : 잠깐 기다려봐. 지금 회의가 있어서 1시간 후에 다시 연락할게.

회의가 끝나고 계산을 해보았다. 계약금 2,000만 원은 예금해놓았던 돈과 적금이 이미 만기가 된 돈, 조금 부족한 돈은 마이너스 통장을 활용하면 될 것 같았다. 그리고 중도금과 잔금은 시간이 있으니 추후 고민해도 될 것 같았다(사실 어떻게 마련할지 계획은 없었다). 그렇지만 여전히 확신이 없었던 나는 투자를 망설였고, 투자 결정을 할 수가 없었다. 내가 할 수 있는 것이라곤 옆지기에게 결정을 미루는 것이 전부였다.

아이언맨 : 여보, 어떻게 하면 계약금은 준비가 될 것 같아. 통장에 있는 돈과 지난달에 만기가 된 적금과 조금 부족한 것은 마이너스 대출을 받으면 가능할 것 같은데 해도 될까?
옆지기 : 당신 선배는 2개나 했잖아. 그리고 그곳은 강남이라 하나 해도 될 것 같아. 오전에 이곳저곳에 연락을 해봤는데 손해는 나지 않을 것 같아.
아이언맨 : 그럼 당신이 알아서 해.

나는 이렇게 결정을 옆지기에게 미루고 말았다. 지금까지 살아오면서 옆지기의 판단이 항상 옳았다. 여자들의 감이란 이성적인 잣대로 측정할 수 없는 영역이라 이번에도 나는 옆지기의 결정을 믿어보기로 한 것이다. 대신 내가 한번 확인해보고 싶어서 분양사무실에 전화를 돌렸다. 역시 옆지기 말처럼 운 좋게 내 물건은 아직 계약 전이었다. 이렇게 해서 계약이 성사되었다. 그리고 이 물건은 이 글을 쓰는 지금, 많이 올랐고, 이는 내가 부동산 투자자가 될 수 있는 출발점이 되었다.

1996년 직장생활을 시작해서 벌써 21년이 지났다. 되돌아보면 1997년 IMF와 2008년 금융위기와 같은 큰 사건도 있었고, 직장생활을 하면서 크고 작은 어려움도 있었다. 하지만 주위에 좋은 선후배 및 동료, 그리고 사랑하는 가족이 있었기 때문에 큰 어려움 없이 직장생활을 운 좋게 잘 했던 것 같다.

2015년 연일 보도되는 구조조정과 희망퇴직 뉴스와 소문은 나뿐만 아니라 우리 가족의 미래를 불확실하게 만들었다. 이러한 이유로 불확실한 미래에 대해 불안해지고 미래가 두려워졌다.

우리 같은 월급쟁이들은 너, 나 할 것 없이 유리지갑 외에 가진 것이 없는 것이 현실이고, 나는 마냥 불안하기만 했다. 아직 아이들이 어린데 잘못된 투자로 소중한 가족들에게 고통을 주고 싶지 않았다.

그러나 정작 나는 미래에 대한 많은 걱정만 있을 뿐 당장의 안락함, 당장의 생활에 변화를 주다가 더 큰일이 생길 것만 같아서 쉽사리 나를 움직이지 못하고 있었다.

선배따라 강남 가다

이 물건의 사연은 이렇다. 2015년 7월초 평소 친하게 지내던 선배를 따라 집사람과 함께 수익형 부동산 투자 설명회를 방문하게 되었다. 투자 설명회로 알고 따라갔는데, 사무실 현장에서는 서초구에 위치한 다세대주택(빌라) 분양계약이 진행되었다. 투자 경험이 있었던 선배는 2개의 물건을 계약했지만, 수익형 부동산에 대한 지식과 경험이 전혀 없었던 나는 자세한 분석 없이(확신 없이) 선뜻 계약할 수 없었다. 그래서 투자 물건에 대한 설명만 듣고 집으로 되돌아와야만 했다. 사실, 재테크는 은행 적금과 예금, 보험밖에 몰랐던 나는 투자에 대한 마인드가 없었고 준비가 전혀 되어 있지 않았다. 부동산에 대해서 문외한이었기에 이러한 수익형 부동산이 있다는 것을 아는 것만으로도 만족했었는데, 옆지기의 기지로 이렇게 좋은 물건을 계약할 수 있었다.

나의 부동산 투자는 이렇게 시작되었다. 나에게 부동산 투자의 시작은 아무런 계획도 없이 막연한 미래에 대한 두려움과 친구 따라 강남 가는 것처럼 선배를 따라갔다가 우연히 시작됐다.

멘토를 만나다

첫 수익형 부동산 투자를 하고 나서 투자를 잘한 것인지 여전히 확신이 없었고 걱정만 되었다. 하지만 앉아서 걱정만 할 수가 없었다. 지금부터라도 부동산 공부를 해보자는 생각이 들어서 부동산 투자 관련 정보를 인터넷을 통해 알아보기 시작했고, 관련 책도 구입해 읽어보았다. 그러나 책과 인터넷을 통해 단기간에 부동산 지식과 경험을 쌓을 수는 없었다.

　부동산 공부를 하면서 부동산에 대한 내 지식과 경험이 매우 부족하다는 것만 깨닫게 되었다. 무엇을 어디서부터 어떻게 시작해야 하는지를 전혀 알 수가 없었지만, 이대로 포기할 수는 없었다.

　부동산을 공부하다 보니 경매와 수익률이란 것이 매력적으로 다가왔다. 은행 다니는 친구에게 자문을 구해보니 경매는 좋지 않다며 하지 말라고 했다. 나 또한 경매에 대해 부정적인 선입견을 갖고 있어서 주저하고 있었는데, 재테크를 잘 알 것 같은 친구의 반대를 받고 보니 의지가 꺾여버렸다.

　주위에 주식 투자를 하는 지인은 있었지만, 경매에 대해 아는 지인은 없어서 불행히도 다른 추가적인 피드백을 받을 수가 없었다. 그러다가 얼마 후에 사업을 하는 친구를 만났는데 그 친구는 다른 이야기를 해주었다. 즉, 경매가 꼭 나쁜 것은 아니니 한번 시도해보고 경험해보라는 조언을 해주었다. 그러면서 공부는 해서 남 주는 것이 아니니까 공부하면서 아니다 싶을 때, 안 하면 되니 시도해서 경험해보라고 했다.

　하지만 경매에 대한 막연한 두려움이 있었고 정보가 없었기 때문에 바로 경매 학원이나 카페 활동을 시작할 수가 없었다. 경매에 대한 지식과 경험이 있는 지인이 주위에 한 명이라도 있었더라면, 경매에 대한 두려움과 부정적인 선입견이 없었을 텐데 하는 아쉬움이 남았다.

나의 멘토를 만나다

친구 조언을 통해 경매에 대해 알아보기로 마음을 먹은 후, 점심 시간에 회사 근처 서점을 방문해 경매 관련 책 몇 권을 사서 읽기 시작했고 인터넷을 통해서도 알아보았다. 그리고 책의 저자를 통해서 자연스럽게 부동산 경매 카페에 가입하게 되었다.

마침 회사 근처에 경매를 가르쳐주는 곳이 있어서 방문을 해보았지만 한 달을 기다려야만 했다. 마음이 급했던 나는 기다릴 수가 없었다. 그래서 선택한 곳이 '좌포의 부동산 경매 더리치'였고 운명처럼 나와 더리치는 타이밍이 딱 맞았다. 좌포님이 쓰신 책을 보면서 이분은 믿을 수 있겠다는 생각이 들었다.

하지만 여전히 부동산 경매에 대해 문외한이었고, 비용 또한 적지 않았기 때문에 혹시 이상한 곳은 아닌지 하는 의문이 가시지 않아 새싹반 신청에 주저하고 있었다. 지금 생각해보면, '망설이는 이 시간도 다시는 돌아오지 않습니다. 그러나 지금 행동한다면 시간은 당신에게 기회를 줄 것입니다'라는 말이 나를 '좌포의 부동산 경매 더리치' 카페로 안내해주었던 것 같다.

숫기가 없고, 붙임성이 부족해서 막상 가보려고 했으나 망설여졌다. 그래서 옆지기와 상의를 해보았더니 옆지기는 카페에 이미 가입했다며 꼭 그곳에 가서 배우면 좋겠다는 조언을 해주었다. 용기를 내어 카페에 전화해서 좌포님과 통화한 한 후 새싹반 18기를 11번째로 신청했다.

　좌포님과의 만남은 이렇게 시작되었고, 나의 멘토를 만났다. 새싹반 신청 시 '우연이 아닌 필연으로 터닝 포인트 기회를 놓치지 말자'라고 다짐했는데, 주어진 기회를 놓치지 않았고 내 인생의 터닝 포인트가 되었다. 또한 18기 새싹반 동기와 더리치 회원 모두를 만나게 된 것이 나에겐 우연이 아닌 필연이었던 것만 같다.

[아강][18기]새싹반 모집, 망설이지 마세요. | ♠ 교육신청

날벼통보 | 조회 1814 | 2015/08/17 13:36:06

#망설이는 지금 이시간도 다시는 돌아오지 않습니다. 그러나 지금 행동한다면 시간은 당신에게 기회를 줄 것입니다#

　여러분. 안녕하세요.
　여러분들은 혹시 경제적 자유를 꿈꾸시나요?
　경제적 자유를 꿈꾸는 이들에게 부동산 경매강의를 통해 미약하지만 그 길을 안내해 드리려고 합니다.

　2015년. 부동산 투자자들에게는 특별한 한해가 될 것입니다.
　삶의 전환점이 될 2015년, 용기내어 그 문을 두드려 보세요.
　　　　　　　　　　　　　　　　　　　　　　-좌포 김종성-

투자를 다시 생각하다

어렸을 때부터 어머님으로부터 절대로 빚을 지면 안 된다고 귀가 닳도록 들어왔고 그렇게 배운대로 생각하고 살아왔다. 집사람 또한 나와 똑같이 빚에 대한 선입견을 갖고 있었다. 빚은 언제나 두려운 것이었고, 줄이거나 없애야만 했던 것이다.

대출을 통해서 레버리지를 활용해야 한다는 것은 부동산 책을 통해서 알고는 있었지만, 이론적인 이야기로만 들렸을 뿐, 피부에 와 닿지는 않았다. 하지만 더리치 새싹반 강의를 통해서 부동산 투자자로서 투자와 대출을 다시 생각하게 되었다. 좋은 빚은 꼭 필요하다는 것이고, 은행처럼 투자해야 하는 것이다. 또한, 투자금과 수익률에 대해서도 다시 생각하게 되는 계기가 되었다.

나는 투자를 왜 하는가?

투자에 대해서 막연한 기대감보다는 구체적으로 다시 한 번 생각해보았다. 나의 생각은 투자를 하는 이유가 경제적 자유를 통해서 지금보다 좀 더 나은 생활을 꿈꾸기 위함이며, 아이들에게 돈 때문에 선택의 폭이 좁아지지 않게 하기 위함이라 말하고 싶다. 그리고 자유로운 시간활용을 하려면 머니 파이프 라인를 구축할 때, 이것이 가능할 것이라고 생각의 변화가 생기기 시작했다.

투자 물건을 어떻게 찾아낼까?

부동산을 공부하기 전에는 부동산 투자는 단순히 아파트 분양을 받거나, 재건축과 재개발 또는 뉴타운에 투자하거나 지하철, 도로, 개발 뉴스 등 호재만을 보고 투자하는 것으로 생각했다.

지금 생각해보면, 부동산 투자를 아주 단순하게 생각했었고, 부동산에 대해서 몰라도 너무 몰랐었다. 정말 무식하고 창피스러운 일이었다. 이런 나에게 투자에 대해 한 단계 점프할 수 있는 프로젝트가 준비되고 있었다. 그것은 2015년 하반기에 '좌포의 부동산 경매 더 리치' 카페에서 진행하는 연회원을 위한 실전반 수업 때 수도권 지역을 몇 블럭으로 나눠서 한 조별 지역분석 프로젝트였다.

나는 운이 좋게도 임장 조에서 발표자로 선정되어서 자료를 취합하고, 분석하고, 정리하면서 부동산 통계와 빅데이터에 대해 알게 되었다.

강서구 아파트 시세 (자료원: KB 부동산), 2015.11.25.			매매가(평균가)			전세가(평균가)			월세가			GAP(평균가)		
강서구	시세갱신일 : 2015.11.20 (단위:만원)	면적㎡	하위	일반	상위	하위	일반	상위	보증금	월세	하위	일반	상위	
가양동	보람 (120 / 2006.04)	82.64	30,000	32,000	33,000	28,000	29,000	30,000	5,000	79~88	2,000	3,000	3,000	
가양동	보람 (120 / 2006.04)	105.78	33,500	35,250	37,000	32,000	33,000	34,500	5,000	92~100	1,500	2,250	2,500	
가양동	빛고을무맘 (137 / 1999.02)	79.33	29,000	31,500	33,500	28,000	30,000	31,000	5,000	95~95	1,000	1,500	2,500	
가양동	빛고을무맘 (137 / 1999.02)	105.78	35,000	38,250	40,000	33,000	34,500	35,500	5,000	130~130	2,000	3,750	4,500	
가양동	한보구암마을 (359 / 1996.11)	89.25	25,500	29,000	31,250	24,000	24,750	25,500	5,000	55~60	1,500	4,250	5,750	
내발산동	수산오킴 (85 / 2002.11)	99.17	32,000	35,500	38,000	29,000	30,250	31,500	10,000	80~95	3,000	5,250	6,500	
내발산동	청솔사르람 (194 / 2005.06)	105.78	35,000	39,000	41,000	32,000	33,750	34,750	10,000	85~93	3,000	5,250	6,250	
내발산동	청솔수 (81 / 2007.12)	104.03	37,000	40,000	41,000	34,000	35,000	36,000	10,000	85~90	3,000	5,000	5,000	
내발산동	청솔솔솔속마을(102동) (77 / 2008.01)	78.55	31,000	34,000	36,000	29,500	31,000	33,000	8,000	75~81	1,500	3,000	3,000	
내발산동	타워맘 (51 / 2002.04)	115.7	32,000	35,000	38,000	30,000	31,000	32,000	10,000	80~88	2,500	4,000	6,000	
등촌동	나성 (65 / 2003.07)	76.03A	28,250	30,250	31,000	27,250	29,000	29,500	5,000	78~87	1,000	1,250	1,500	
등촌동	나성 (65 / 2003.07)	109.09	32,750	35,000	36,500	30,750	32,000	33,250	5,000	93~103	2,000	3,000	3,250	
등촌동	대동황토방 (241 / 2000.07)	76.03	28,250	32,500	33,500	27,500	29,500	30,500	8,000	70~73	750	3,000	3,000	
등촌동	대동황토방 (241 / 2000.07)	79.33	27,500	31,750	32,500	27,000	28,750	29,750	8,000	68~70	500	3,000	2,750	
등촌동	대동황토방2차 (196 / 2003.11)	72.72A	33,250	35,750	36,750	30,250	32,750	33,000	8,000	75~75	3,000	3,000	3,750	
등촌동	대동황토방2차 (196 / 2003.11)	72.72B	33,250	35,750	36,750	30,250	32,750	33,000	8,000	75~75	3,000	3,000	3,750	
등촌동	등촌2차보람 (101 / 2002.06)	72.72	28,000	30,500	31,750	26,750	29,000	30,250	10,000	78~80	1,250	1,500	1,500	
등촌동	등촌3차보람이름 (68 / 2003.08)	105.78A	34,000	36,500	38,250	31,750	34,000	35,750	10,000	80~80	2,250	2,500	2,500	
등촌동	등촌3차보람이름 (68 / 2003.08)	105.788	34,000	36,500	38,250	31,750	34,000	35,750	10,000	80~80	2,250	2,500	2,500	
등촌동	등촌동2차현대 (89 / 1997.04)	85.95	26,000	28,250	30,250	24,750	26,250	27,500	12,000	44~51	1,250	2,000	2,750	
등촌동	등촌동3차코오롱오투빌 (200 / 2003.11)	79.33	31,100	34,250	35,250	30,500	32,500	33,250	5,000	85~93	600	1,750	2,000	
등촌동	등촌동신원 (68 / 1997.08)	82.64	29,750	31,500	33,000	27,250	28,000	28,750	3,000	113~115	2,500	3,500	4,250	
등촌동	등촌동신원 (68 / 1997.08)	105.78	32,500	34,500	36,000	29,750	31,500	32,250	5,000	128~135	2,750	3,000	3,750	
등촌동	라인 (317 / 1997.10)	85.95	28,000	29,750	31,750	25,500	28,000	29,500	10,000	60~63	1,000	1,750	2,250	
등촌동	삼성한사랑(1차) (244 / 1997.12)	82.64	28,250	32,250	33,250	26,500	28,500	29,500	8,000	60~60	1,750	3,750	3,750	

▲ 아파트 크기별 매매가와 전세가 시세표를 작성했고 매매가와 전세가 차이가 2,000만 원 미만인 물건을 하이라이트해서 눈에 쉽게 띄도록 했다.

강서구 GAP 2000만원 이하 매력,전세,월세 매물현황 (자료원: KB 부동산), 2015.11.25 : 4개동, 23단지, 11개 부동산중개소									매매가(평균가)			GAP(평균가)		
동	단지	평형	가격	동	해당층	비고	중개업소	전화번호	하위	일반	상위	하위	일반	상위
가양동	한보구암마을 (359 / 1996.11)	89.25	32,000	104	3/11	남향,청상입주	청솔공인중개사사무소	02-2659-5100	25,500	29,000	31,250	1,500	4,250	5,750
가양동	한보구암마을 (359 / 1996.11)	89.25	32,000	104	7/8	남향,거실확장,개수햇	청솔공인중개사사무소	02-2659-5100	25,500	29,000	31,250	1,500	4,250	5,750
등촌동	코오롱(1차) (191 / 1999.07)	105.78	33,800	-	10/18	시세대비 싼 남향 요새 올수리로 상태매우좋음	금호부동산	02-3664-0300	35,500	37,500	40,000	1,000	1,500	3,000
등촌동	코오롱(1차) (191 / 1999.07)	105.78	35,000	-	8/18	올수리 교자향 시세보다 안전저렴매매뷰좋음	금호부동산	02-3664-0300	35,500	37,500	40,000	1,000	1,500	3,000
염창동	강서한신 (350 / 1997.09)	79.33	38,000	103	19/20	3호선염창역도보3분 최고급인테리어 학군좋음	염창공인중개사사무소	02-3661-0087	33,500	36,500	38,000	1,500	3,000	3,500
염창동	강서한신 (350 / 1997.09)	79.33	38,500	103	18/19	3호선염창역도보3분 최고급인테리어 남향 올수	염창공인중개사사무소	02-3661-0087	33,500	36,500	38,000	1,500	3,000	3,500
염창동	금호타운 (290 / 1999.04)	79.33	35,000	-	즉시입주	남향 입주 가능 계단식 5동로 좋은뷰 수	염창공인중개사사무소	02-3664-0300	31,000	35,250	36,250	2,000	3,250	3,250
염창동	금호타운 (290 / 1999.04)	79.33	32,700	103	6/19	급매 남향 9호선 중앙역 도보5분이하 수	금호부동산	02-3664-0300	31,000	35,250	36,250	2,000	3,250	3,250
염창동	금호타운 (290 / 1999.04)	79.33	31,000	102	13/19	급매 남향 9호선 중앙역 도보5분이하 수리후잘됨	금호부동산	02-3664-0300	31,000	35,250	36,250	2,000	3,250	3,250
염창동	금호타운 (290 / 1999.04)	79.33	31,000	101	2/19	급매 남향 9호선 중앙역 도보5분이하 수리후잘됨	금호부동산	02-3664-0300	31,000	35,250	36,250	2,000	3,250	3,250
염창동	금호타운 (290 / 1999.04)	79.33	31,000	104	12/12	급매 남향 9호선 중앙역 도보5분이하 수리후잘됨	금호부동산	02-3664-0300	31,000	35,250	36,250	2,000	3,250	3,250
염창동	백산블루엔 (206 / 1996.11)	79.33	31,500	102	9/15	9호선등미역,이마트 도보5분	보람부동산	02-3663-6663	27,000	29,750	31,000	1,000	1,750	2,000
염창동	백산블루엔 (206 / 1996.11)	79.33	29,000	-	고층/15		금호부동산	02-3664-0300	27,000	29,750	31,000	1,000	1,750	2,000
염창동	대영송촌 (277 / 1999.11)	85.95	33,000	101	10/18	9호선등미역마트3분개수리인테리어됨 조리좋음	염창공인중개사사무소	02-3661-0087	29,000	32,500	34,000	1,500	2,500	2,500

▲ 시세 및 투자금과 실제 매물을 비교하고 사전 조사를 한 후, 현장 조사할 목표 물건을 선별했다.

2015년 12월초 드디어 조원들과 함께 임장을 가서 중개업소와 대상 물건을 방문 조사했다. 하지만 나는 이론과 실전이 아주 부족한 상태로 투자 마인드도 없었고 투자에 대한 준비도 전혀 안 된 상태였다. 단지 실습, 그리고 현장 경험 차원이었다고 할 수 있었다. 카페에서는 임장 후 연회원을 위한 실전반 수업 때 손품을 팔고, 발품을 판 것을 발표하는 시간이 주어졌는데 얼떨결에 아무것도 모르는 내가 임장 결과를 발표하게 되었다. 이런 기회를 통해서 나는 부동산과 빅데이터에 서서히 맛들어가고 있었다.

나의 부동산 통계와 빅데이터 활용은 이렇게 시작되었다

좌포님이 주신 또 다른 미션

2015년 말 대학 동기들과 송년회 모임이 있어서 신촌에 가고 있었는데, 좌포님께서 전화를 주셨다. 지역 조사에 대해 대략적인 설명을 해주시면서 경기남부 지역을 조사해 연회원반에서 발표하는 것을 갑작스럽게 제안하셨다. 얼떨결에 "네, 알겠습니다" 하고 대답했지만, 전화를 끊고 나니 걱정이 되기 시작했다.

전혀 준비가 되지 않은 상태에서 당시 작성한 메모를 보면, '내가 할수 있을까? 해야지… 그런데 뭘 해야 하지' 그리고 '부동산 지역조사에서 파악해야 할 항목 마인드맵'이라고만 적어놓았다.

일전에 강서구 지역 조사를 발표했지만, 이번 지역 조사는 이전과는 완전히 차원이 다른 것이다. 나의 부동산 통계와 빅데이터 활용에 대한 실질적인 입문은 좌포님께서 주신 숙제 덕분에 이렇게 시작되었다. 주어진 숙제 때문에 부동산 관련 책도 추가로 구입해서 읽게 되었고 인터넷에서도 수많은 자료를 찾아 공부를 하게 되었다. 심지어는 모 연구소의 유료 자료도 구매해 학습하며 지역 조사 자료를 준비했다.

> 누가 그랬다.
> 할 수 있어서 하는 게 아니라,
> '하니까 할 수 있는 거'라고.

◀ 당시의 메모

자료를 조사하면서 무척 힘들었던 기억 때문에 경기남부 지역 조사 후 다시는 지역 조사 담당을 안 해야지 하고 마음먹었다. 그런데 이후 좌포님은 부산과 경남, 서울에 대한 지역 조사를 추가로 제안하셨다. 얼떨결에 나는 다시 하겠다고 대답을 하고 말았다. 어찌된 일인지 좌포님에게 전화만 오면 나는 예스맨이 되어 거절을 못하고 만다.

다시 지역 조사를 진행해서 발표했다. 이때 좌포님이 가장 먼저 인천 지역을 조사해서 발표했고 크레마님, 날쌘뚱보님등 더리치에서 내노라 하는 고수들이 발표했고, 나중에 이 자료를 비매품으로 회원들에게 배포했다.

당시에는 무척 힘들고 고된 일이었지만, 이를 통해 부동산 통계와 빅데이터뿐만 아니라, 국토종합계획, 도시기본 및 관리계획, 철도계획 등 부동산 관련 여러 정보들을 알 수 있는 계기가 되었다. 현재의 나의 부동산 지식과 경험은 좌포님이 주셨던 숙제와 가이드의 결과였다.

▲ 2030 서울도시기본계획

그러면, 부동산 투자를 하기 위해서 가장 중요한 것은 무엇일까? 그것은 투자 지역과 물건을 선정하는 것이라고 할 수 있다. 투자 물건을 선정하는 단계는 크게 2단계로 나눌 수 있다.

첫 번째 단계는, 지역 조사를 통해 숲을 보는 것이고 두 번째 단계는, 물건 조사를 통해 나무를 보는 것이다.

대부분의 초보 투자자가 가장 어려워하는 부분이 첫 번째 단계인 지역 선정이다.

하지만 부동산 관련 통계와 빅데이터를 활용하면, 숲(시장)을 보는 통찰력과 거시적인 안목을 키울 수 있다.

지역 조사 무엇을 조사해야 할까?

▶ 투자할 곳을 어떻게 찾아낼까?

숲 이해하기(지역 조사)

나무 이해하기(투자 물건 조사)

숲을 보는 지역 분석

지역 조사를 통해 투자 지역을 선정하자.

1) 인구수/가구수

부동산 또한 수요와 공급 법칙이 적용된다. 인구수/가구수 증감은 수요와 매우 밀접한 상관관계가 있으며, 지역 조사에서 아주 중요한 항목이다. 다음은 국가연구기관에서 작성한 주택 공급 및 수요 추이에 대한 것이다.

기초주택 수요는 가구수 증가와 멸실주택 수를 기초로 하고 있음을 알 수 있다.

주택 공급 및 수요 추이
단위: 가구

	2011년	2012년	2013년	2014년	2015년
전체 주택 공급량	424,269	480,995	428,981	507,666	700,000
아파트	252,495	287,727	274,597	343,978	490,000
아파트외	171,774	193,268	154,384	163,688	210,000
기초주택수요	404,330	340,908	339,391	335,276	327,376
가구수 증가	327,668	263,674	255,653	251,300	247,376
주택멸실 수	76,662	77,234	83,738	83,976	80,000
공급 및 수요 격차	19,939	140,087	89,590	172,390	372,624

* 2015년 주택 공급과 멸실수는 추정치, 가구수는 통계청 추계가구
자료: 국토교통부

인구수와 가구수에 대한 정보는 통계청 사이트나 행정자치부 사이트에서 검색해서 다운로드 받을수 있다. 매우 유용한 사이트로 참고 자료로 활용할 가치가 크다. 행정자치부의 주민등록인구통계를 검색해보자. 행정자

치부 사이트(www.moi.go.kr)에 접속해서 정책자료 – 주민등록 인구 통계를
클릭한다.

주민등록 인구 통계 화면은 위 자료와 같다. 화면 좌측에 있는 메뉴를
클릭하면, 주민등록인구 및 세대현황, 연령별 인구현황, 읍면동 출생자수,

사망자수, 세대원수별 세대수, 평균연령, 인구증감, 시군구별 전출입 지역 현황과 도움말을 자료를 볼 수 있다. 화면 중앙과 우측에서는 지역, 조회 기간, 정렬순서 등 조건을 주어서 조회 및 다운로드할 수 있다.

2) 공급/입주물량

앞서 부동산 수요에 대해 알아보았다. 그러면 부동산 공급은 어디에서 알아볼 수 있을까? 부동산 공급은 분양과 입주물량, 그리고 미분양에 대한 것이다. 부동산 분양과 입주물량은 부동산 114, 닥터아파트, 포털 사이트 등에서 알아볼 수 있다. 하지만 행정자치부와 통계청에서 관리하고 있는 인구수/가구수와 같이 통계가 잘 관리되고 있지 않아서 아쉬운 점이 많다.

다음은 부동산 114 화면이다. 부동산 114 사이트(www.r114.com)에 접속해서 분양 − 입주지원센터를 클릭한다. 화면 상단에 있는 연월, 물건 종류, 지역을 선택하면, 입주물량 정보를 확인할 수 있다. 하지만 아쉽게도 입주 정보는 현재 시점으로 6개월만 서비스되고 있다.

다음은 닥터아파트 화면이다. 닥터아파트 사이트(www.drapt.com)에 접속해서 입주닥터 – 입주캘린더를 클릭한다. 화면 상단에 있는 년월을 선택하면, 입주물량 정보를 확인할 수 있다. 하지만 제공되는 화면에서 공급 면적별로 입주물량을 확인할 수가 없어 매우 아쉽다.

수요와 공급 법칙에 따라 입주물량은 매매 가격뿐만 아니라 임대 가격에도 많은 영향을 미친다. 따라서 현명한 투자자라면 현재와 1~2년 후의 입주물량에 대해 파악 보고 투자 지역을 선정해야 한다. 공급(입주물량)이 수요를 과도하게 초과한다면, 투자 지역에서 제외해야 한다.

3) 미분양

미분양 자료는 어디서 파악할 수 있을까? 통계청 국가통계포털, 국토교통 통계누리, 한국감정원 R-ONE에서 확인할 수 있다. 다음은 통계청 국가통계포털 화면이다. 국가통계포털 사이트(kosis.kr)에 접속해서 국내통계 – 주제별통계 – 건설주택토지 – 주택 – 미분양주택현황보고를 클릭한다.

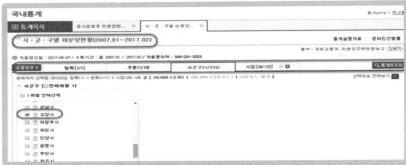

　위 자료와 같이 시군구별 미분양 현황을 클릭해서 관심 지역을 선택하고 원하는 기간을 선택해서 데이터와 차트를 조회할 수 있다. 또한 다운로드도 가능하다. 다음 그림은 고양시 미분양 추이에 대한 그래프다. 고양시는 2015년 말까지 미분양이 감소 추이를 보이다가 2016년 상반기에 미분양이 많이 늘었다. 하지만 2016년 7월부터 미분양이 계속 감소 추세를 보이고 있다. 관심 있는 지역이라면 공급 관련 입주물량과 미분양 추이를 모니터링하는 것이 반드시 필요하다.

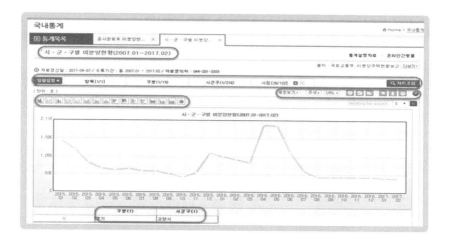

4) 매매가지수/전세가지수/전세가율

KB와 한국감정원 자료를 활용하면 매매가와 전세가 지수 추이를 통해 지역별, 크기별 가격증감 추이를 파악할 수 있다. 먼저 KB 부동산(nland. kbstar.com)에서 시계열 자료를 다운로드받는다. KB 부동산 – 통계 – [월 간] KB주택가격동향 및 [주간] KB주택시장동향을 클릭한다.

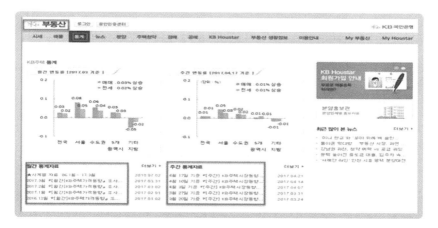

다운받은 자료를 가공해서 다양한 형태로 분석할 수 있다. 첫 번째 그림은 지수 및 전세가율 추이를 도표화한 것이다. 서울의 전세지수와 전세가율은 2008년 이후 계속 우상향 추세이며, 매매지수는 2014년도부터 상승추세를 보여주고 있다. 두 번째 그림은 매매지수 증감 추이를 도표화한 것으로 아랫선 부분은 가격이 상승한 시기이고, 윗선 부분은 가격이 하락한시기를 보여준다. 세 번째 그림은 매매지수증감과 전세지수증감을 4분면으로 나타낸 것이다. 매매가격과 전세가격의 위치를 쉽게 파악할 수 있는장점이 있다.

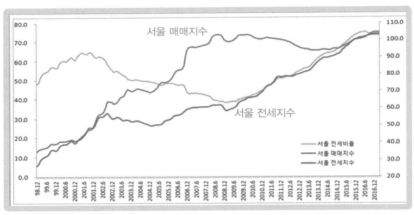

▲ 위 그림은 서울의 매매지수, 전세지수와 전세비율을 그래프로 나타낸 것이다. 매매지수는 2008년을 고점으로 해서 하락하다가 2014년부터 다시 상승해왔다. 반면 전세지수는 지속적으로 우상향을 보여주고 있다. 매매지수와 전세지수는 시간이 지남에 따라 계속 우상향 추세를 보여주고 있음을 확인할 수 있다. 한편, 전세비율은 2011년까지 상승하다가 하락해왔으며 2008년 저점을 통과해 계속 상승해왔다.

이러한 매매지수, 전세지수 및 전세비율을 면밀히 분석해서 꾸준히 모니터링을 했다면, 적은 투자금으로 좋은 매수 기회를 얻었을 것이다.

이러한 데이터를 자세히 분석하고 꾸준한 모니터링을 통해서 2013년 또는 2104년 서울지역을 투자했다면, 현재 가격이 많이 올라서 큰 수익을 얻었을 것이다.

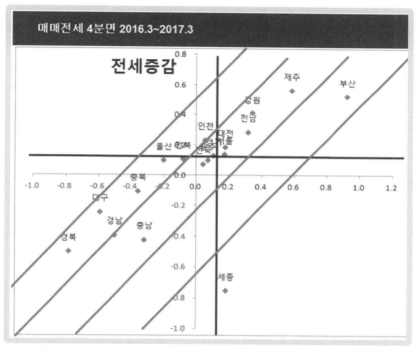

▲ 매매증감과 전세증감을 4분면 표에 나타낸 것이다. 최근 1년간 전국 평균보다 매매·전세 증감이 높았던 곳은 부산, 제주, 강원, 전남, 서울 등이었고 반대로 전국 평균보다 매매·전세증감이 낮았던 곳은 충북, 대구, 경남, 충남, 경북 등이었다.

매매·전세 4분면 차트는 매매와 전세증감의 위치를 한눈에 알 수 있고 저평가된 지역을 분석하는 데 매우 용이하다. 투자 대상 지역을 선정하는 데 매매전세 4분면 차트를 참고할 수 있다. 나 또한 매매전세 4분면 차트를 참고했으며 수도권을 집중해 투자해왔다.

이외에도 KB 시계열 자료를 통해 매수·매도세 동향, 매매거래 동향, 전세수급 동향, 전세거래 동향 등을 파악할 수 있다.

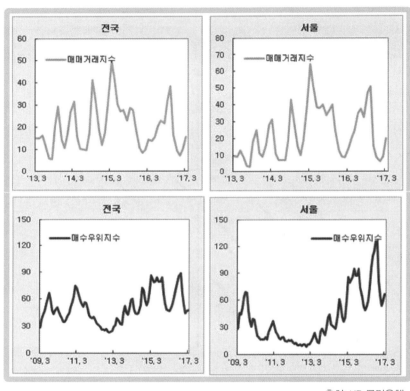

출처: KB 국민은행

5) 개발 호재

개발 호재는 부동산 매매가 상승에 직접적인 영향을 준다. 하지만 실현될 호재를 판별해내는 것이 매우 중요하다. 왜냐하면 수많은 개발 호재가 지지부진하거나 무산되는 경우도 많기 때문이다.

다음 이야기는 내가 실제 겪었던 내용으로 개발 호재가 실현될 호재인지 아니면 실현되지 않을 호재인지 잘 판단해야 한다는 것을 단적으로 보여주는 예다.

분당선 서울숲역 개발 호재는 주위 부동산 가격에 많은 영향을 미쳤고 실제 지하철이 개통이 되면서 현재 주위 아파트 가격이 많이 올랐다. 이러한 개발 호재를 참고해서 투자했었어야 했는데, 당시에는 투자 마인드가 전혀 없었다. 반면, 집 근처 뚝섬 삼표레미콘 부지에 현대기아차 그룹이 100층 규모의 '서울숲 글로벌비즈니스센터(GBC)'를 지을 계획이라고 뉴스 기사에 많이 보도되었었다. 대기업에서 추진하는 것으로 시간은 걸리겠지만, 당연히 시행될 것으로 믿었고 근처 부동산 가격에도 많은 영향을 미칠 것으로 생각했다. 하지만 현재는 현대기아차그룹 글로벌비즈니스센터는 삼성동으로 결정되었고 기존 뚝섬 개발계획은 백지화되어 표류하고 있는 상태다. 이렇게 확정되지 않은 개발 호재 뉴스를 쉽게 믿고 면밀하게 확인하지 않은 채 투자했다면, 큰 낭패를 당할 수도 있으니 주의해야 한다.

자료: 머니투데이 2012.06.05

▲ 현대기아차그룹이 서울 성동구 뚝섬 삼표레미콘부지에 지을 계획인 100층 규모의 '서울숲 글로벌비지니스센터(GBC)' 조감도.

개발 호재를 파악하는 방법은 다양하지만, 보통 뉴스, 부동산 전문 사이트, 포털 사이트를 통해서 얻을 수 있다. 나는 맞춤 뉴스가 가능한 구글 뉴스를 많이 활용한다.

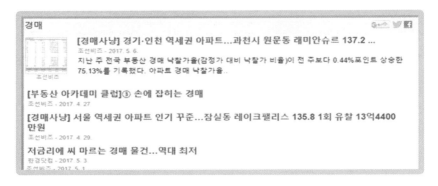

아래는 네이버 부동산 뉴스 화면이다. 네이버 부동산 – 뉴스 – 우리동네 뉴스 – 지역 선택을 클릭하면, 해당 지역 관련 뉴스를 확인할 수 있다.

물건 조사(나무를 보라)

투자 지역을 선정하였다면, 이제 투자 물건을 조사하자.

1) 전세가율

앞서 언급된 전세가율은 매매가격 대비 전세가격의 비율을 말한다. 전세가율을 파악하는 이유는 투자금이 적게 드는 전세가율 높은 아파트를 알아보기 위함이다. 그리고 보통 전세 가격이 오르면 매매 가격을 밀어 올리기 때문에 향후 매매가 상승을 기대할 수 있다. 그러면 아파트별 전세가율을 어디서 알 수 있을까? 다음은 중앙조인스랜드부동산 사이트에서 제공하는 전세비율 높은 아파트 현황이다. 중앙조인스랜드부동산(joinsland. joins.com) – 시세 – 테마별 시세검색 – 전세비율 높은 아파트를 클릭한다.

다음 표는 서울시 강서구 전세비율 높은 아파트 현황이다. 300세대 이 상인 아파트 중에서 염창동에 위치한 삼성관음 81㎡ 아파트가 전세비율이 가장 높다. 전세비율이 90.24%이며, 최고매매가 시세는 4억 2,000만 원이 고 최고전세가 시세는 3억8,000만 원이다. 따라서 예상 투자금 4,000만 원이 필요하다.

번호	소재지	단지명	면적(㎡)	건축년도	가구수	전세비율	매매가 (만원)	비고	전세가 (만원)	비고
1	등촌동	등촌3차보람쉬움	100A	2003	65	92.21%	36,000 ~ 41,000	ⓠ	32,750 ~ 36,750	ⓠ
2	등촌동	등촌3차보람쉬움	100B	2003	65	92.21%	36,000 ~ 41,000	ⓠ	32,750 ~ 36,750	ⓠ
3	염창동	삼성하나로	79	1994	178	92.86%	30,000 ~ 33,000	ⓠ	27,750 ~ 30,000	ⓠ
4	염창동	이너스내안애(2015동)	113A	2006	51	92.86%	40,500 ~ 43,500	ⓠ	38,000 ~ 39,500	ⓠ
5	염창동	이너스내안애(2015동)	113B	2006	51	92.86%	40,500 ~ 43,500	ⓠ	38,000 ~ 39,500	ⓠ
6	염창동	이너스내안애(2015동)	113C	2006	51	92.86%	40,500 ~ 43,500	ⓠ	38,000 ~ 39,500	ⓠ
7	염창동	드림파아	101B	2003	65	91.46%	30,000 ~ 43,000	ⓠ	36,500 ~ 39,000	ⓠ
8	염창동	드림파아	100	2003	65	91.57%	40,000 ~ 43,250	ⓠ	36,500 ~ 39,000	ⓠ
9	등촌동	등촌코오롱	88A	1999	191	91.94%	29,000 ~ 33,000	ⓠ	27,000 ~ 29,500	ⓠ
10	등촌동	등촌코오롱	88B	1999	191	91.94%	29,000 ~ 33,000	ⓠ	27,000 ~ 29,500	ⓠ
11	염창동	염창보람2차	93	2005	102	91.25%	39,000 ~ 41,500	ⓠ	35,500 ~ 37,500	ⓠ
12	등촌동	등촌코오롱	100A	1999	191	90.00%	37,500 ~ 42,500	ⓠ	34,500 ~ 37,000	ⓠ
13	등촌동	등촌코오롱	107B	1999	191	90.00%	37,500 ~ 42,500	ⓠ	34,500 ~ 37,000	ⓠ
14	염창동	삼성관음	81	1997	350	90.24%	38,500 ~ 42,000	ⓠ	35,000 ~ 38,000	ⓠ
15	등촌동	우성	88	1992	244	90.28%	35,000 ~ 38,000	ⓠ	29,000 ~ 34,000	ⓠ
16	염창동	이너스내안애(101동)	82	2004	105	90.77%	31,500 ~ 34,150	ⓠ	29,250 ~ 30,000	ⓠ
17	내발산동	문태	71	2002	102	89.06%	30,750 ~ 34,000	ⓠ	27,500 ~ 30,000	ⓠ
18	등촌동	보람	79	1999	55	89.47%	26,500 ~ 30,500	ⓠ	23,000 ~ 27,000	ⓠ
19	염창동	염창월드메르디앙	80	2004	148	89.04%	34,500 ~ 40,250	ⓠ	30,000 ~ 34,500	ⓠ

2) 시세 추이

물건에 대한 시세 현황과 추이를 파악해 현재 가격 수준과 향후 가격 상 승을 분석하는 것이 필요하다. 다음에 나오는 시세 현황과 추이는 KB 자 료를 활용한 것이다. 상위평균시세최고가와 하위평균시세최고가 추이를 제공하며, 주변단지의 유사 면적 대비 시세도 비교해 제공한다.

또한, 최근 시세 추이에서 실거래가도 보여주기 때문에 시세와 실거래 가 차이도 쉽게 파악할 수 있다. 그리고 과거시세 추세도 조회 가능하다.

면적별 시세 (79.33/59.96㎡) | 총350세대/ 해당면적156세대, 방3개/욕실1개, 계단식

시세갱신일 : 2017.04.21 (단위 만원)

구분	매매가			전세가			월세가	
	하위평균가	일반평균가	상위평균가	하위평균가	일반평균가	상위평균가	보증금	월세
금주시세	38,500	41,000	42,000	35,000	37,000	38,000	7,000	85~90
상위평균 시세최고가	42,000 (2017.04.17) 최고가 대비 현재시세 **0%**			38,000 (2017.04.17) 최고가 대비 현재시세 **0%**			—	
하위평균 시세최저가	18,750 (2005.10.03) 최저가 대비 현재시세 **↑105.3%**			8,750 (2005.02.14) 최저가 대비 현재시세 **↑300%**			—	

최근 시세 추이

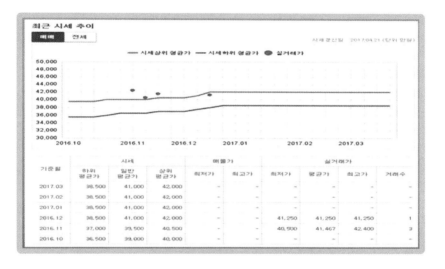

기준월	시세			매물가		실거래가			
	하위 평균가	일반 평균가	상위 평균가	최저가	최고가	최저가	평균가	최고가	거래수
2017.03	38,500	41,000	42,000	-	-	-	-	-	-
2017.02	38,500	41,000	42,000	-	-	-	-	-	-
2017.01	38,500	41,000	42,000	-	-	-	-	-	-
2016.12	38,500	41,000	42,000	-	-	41,250	41,250	41,250	1
2016.11	37,000	39,500	40,500	-	-	40,500	41,467	42,400	3
2016.10	36,500	39,000	40,000	-	-	-	-	-	-

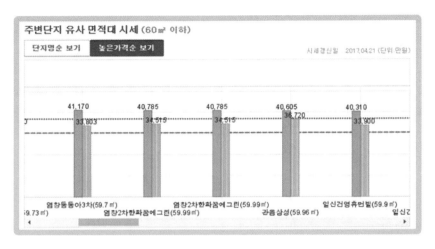

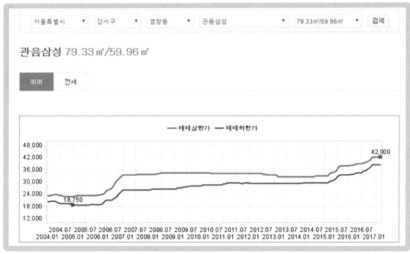

3) 실거래가

실거래가는 국토교통부에서 제공한다. 실거래가에 대한 정보는 국토교통부 실거래가 공개시스템, KB 부동산, 네이버 등에서도 확인할 수 있다. 다음 그림은 네이버에서 제공하는 최근 3개월간 실거래 정보 요약이다.

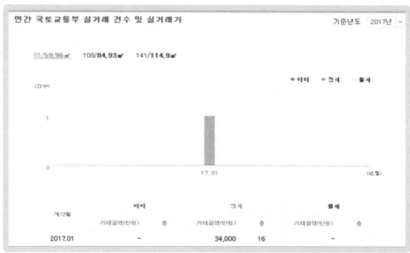

4) 매물 검색

매물은 부동산 전문 사이트, 포털 사이트 등을 통해서 확인할 수 있다. 다음은 네이버에서 매물을 검색하는 화면이다. 네이버 부동산 − 매물 − 지역과 단지를 선택해서 클릭한다. 매물 조건, 랭킹조건, 크기 및 동을 선택하면 내가 원하는 조건으로 매물을 검색할 수 있다.

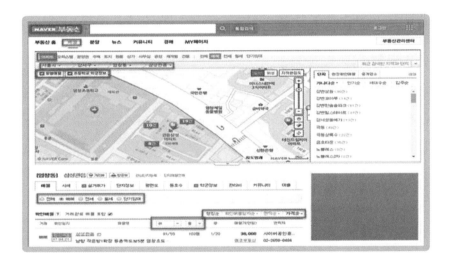

물건을 검색하는 방법은 다양하고 개인마다 다를 것이다. 앞에서 설명한 투자 물건 찾는 방법은 '좌포의 부동산 경매 더리치'에서 경험했던 이론과 실전 경험을 바탕으로 해서 작성한 것이다. 이제 막 부동산 투자에 입문했거나 입문하려고 하는 분, 부동산 투자 물건 선정에 어려움이 있는 분에게 조금이나마 도움이 되기를 바란다. 이제 지역 조사와 물건 조사에 대한 손품 조사가 끝났다면, 부동산 중개업소에 전화해서 예약하고 발품 조사를 통해 실제 부동산 투자 여행을 떠나보시기 바란다.

끝으로 부동산 투자에서 실패하지 않고 성공하기 위해서는 훌륭한 멘토를 만나는 것이 정말 중요하다. 나 또한 훌륭한 멘토이신 좌포님을 만났기 때문에 실패하지 않고 성공적인 부동산 투자를 지속하고 있다. 나는 2015년 9월 멘토인 좌포님을 만났고 '좌포의 부동산 경매 더리치'에서 부동산 투자에 입문해 1년 8개월된 투자자다. 비록 짧은 기간이지만 부동산 경매를 포함해 적지 않은 부동산 투자를 했고 지역 분석 조사 발표와 투자 준비반 강의들은 필자에게 많은 변화가 있었다. 현재 나만의 부동산 통계와 빅데이터를 만들어가고 있으며, 머니 파이프 라인 구축을 통해 더 나은 삶과 경제적 및 시간적 자유를 꿈꾸고 있다.

삶은 선택의 연속이다. 자의건 타의건 간에 우리는 늘 선택의 기로에 서게 된다.

아이언맨님은 대한민국의 평범한 아버지로서, 두 아이의 아빠다. 대기업에서 있다가 어느 날 나와야 하는 선택의 기로에서 부동산을 접하게 되었고 필자와 인연이 되었다.

아이언맨님은 부동산을 선택했고 인생의 터닝 포인트를 만들어 가고 있다. 옳은 선택, 그른 선택은 없다. 내가 내 선택을 옳게 만들어가면 그만인 것이다.

아이언맨님은 신중한 사람이다. 그리고 준비하고, 노력하고 연습하는 사람으로, 필자가 운영진으로 있는 '좌포의 부동산 경매 더리치'에서 새싹반을 이수하고 연회원반과 운영진 멤버로서 활동하고 있다. 또한 강사로도 참여하고 있는데, 앞으로 빅데이터에 대한 프로그램을 회원들에게 나눠줄 계획을 함께 세우고 있다.

살맛나는 세상을 살아가기 위한 첫 걸음

윤원수 일등급님

잠들지 못한 밤

일등급 : 아니, 왜 우유를 빼는 거야?

라봉봉 : 이번 달 나가는 돈이 얼마나 되는지 알아요?

일등급 : 그게 무슨 소리야?

라봉봉 : 당신 직장 동료 ○○○씨 집들이 있지.

　　　　또 누구네 애기 돌잔치에, 결혼식이 두 군데나 있잖아.

　　　　이번 달은 생각보다 나가는돈이 많아요.

일등급 : 그래도 그렇지, 아이들이 먹고 싶다는 우유를 빼?

2015년 한 해가 저물어가는 어느 일요일 오후, 직장 일에 너무 피곤해서 한잠 늘어지게 자고 있어났더니 옆지기인 라봉봉님이 아이들 간식이나 사고 바람도 쐴 겸 마트에 가자고 해서 한강을 건너 일산에 있는 이마트에 와서 장을 보러 왔었다.

　그런데 라봉봉님이 카트에 담았던 우유를 이번 달은 경조사비가 많이 나갔다며 내려놓는 것을 보면서 가벼운 실랑이가 벌어졌다. 평소에 알뜰하게 살림을 하기에 아내 말을 듣는 편이지만, 우유를 빼는 모습을 보면서 내 마음속에 깊은 자괴감과 더불어 미안함이 엄습해왔다.

우유 하나가 얼마나 한다고? 내 월급이면 풍족하진 않지만 그래도 적당한 정도는 아닌가?

넉넉하지는 않지만 내 나이에 이만큼 벌어다 주는 것은 결코 적다고 생각하지 않았는데 알뜰하게 살림하는 아내를 보면서 그날 밤은 쉬이 잠들지 못했다.

하루하루, 한 달 한 달은 살아갈 수 있지만, 이렇게 살다간 정말 죽을 때까지 이런 삶밖에는 살 수 없겠다고 생각하니 침대에 누워 잠을 청하는데도 가슴이 답답해 쉽게 잠을 들 수 없었다.

내 월급이 결코 적다고 생각해보지 않았었는데 그 돈으로 노후를 준비해야 하고, 어린아이들의 미래를 위해서 한 푼이라도 아끼려는 옆지기를 보면서 한없이 작아졌다.

'수많은 사람들이 그냥 그렇게 사는데 뭐' 하고 마음을 다시 추스려보기도 했지만, 회사 선배들의 모습 속에서 미래의 내 모습을 그려보니 이대로는 안 되겠다는 생각이 들었다.

나는 두 아이가 있는 4인 가족으로 30대 후반의 평범한 가정을 꾸리고 있는 평범한 직장에 다니고 있는 가장이다. 다행히 회사에서 사택을 제공해주어서 다른 분들과 비교하면 조금은 주거에 대한 부담이 덜한 형편에서 살고 있다고 볼 수 있다.

그러다 보니 펀드에 투자해서 손해를 보게 되었고, 우연히 모델하우스를 단순히 구경하러 갔다가 좋은 층이 1개밖에 남지 않았다는 직원의 감언이설에 혹 해서 덜컥 계약해버린 후로는 나중에 들어가서 살아야 한다는 생각에 주식이나 펀드 등의 투자보다는 무작정 생활비를 아껴서 잔금 내야 할 궁리만 하고 살았다. 그런 이유로 라봉봉님이 카트에서 우유를 뺀 사건이 발생한 것이다.

홈쇼핑 방송을 보면 생활에 편리하고, 합리적인 가격에 넘쳐나는 물건을 우리 부부는 애써 외면했다. 주말이면 야외라도 나가고 싶었고, 기분전환이나 하자는 핑계를 얼마든지 댈 수 있었지만, 아이가 어리다는 핑계로 소비 욕구를 억누르면서 살았다.

비록 우리만 그런 것이 아니라 이 땅에 살고 있는 수많은 젊은 아빠들의 삶이 이럴 것이란 생각이 들어서 잘도 참아왔지만, 우유 사건을 겪으면서 안주하던 내 삶에 변화를 주어야 된다는 신호로 받아들였다.

무언가 삶의 돌파구가 필요함을 느낄 수 있었다.

며칠 후, 우리 부부는 애들을 재우고 새벽까지 오랜 시간을 함께 이야기를 나누었다. 그러면서 현재의 우리 상황을 우선 인지해보고 변화시켜보려고 서로의 의견을 말하면서 고민했다.

카페에서 경매의 바다에 빠지다

고민의 시간은 오래가지 않았다.

이미 청약이란 제도를 이용해서 2개의 아파트 분양권을 소유하고 있어서 불안한 마음도 있었지만, 한편으로는 그 아파트가 TV나 대중매체에서 종종 이야기하는 재테크로써 돈을 불리기 위한 수단이 되어줄 수도 있다는 생각도 있었기에 부동산 투자에 눈을 돌려보기로 했다.

다음 날부터 시간이 날 때마다 부동산 투자에 관련된 책들을 도서관에서 빌려서 보고, 도서관에 없는 책들은 직접 서점에서 사서 보면서 부동산 투자가 나에게 매우 흥미롭고 재미있는 투자 방법이 될 것 같은 기분이 들었다.

'쇠뿔도 단김에 빼라'고 본격적으로 부동산 투자에 대해 알아보던 중 경매라는 투자 방법이 시세보다 싸게 부동산을 획득할 수 있다는 사실을 알게 되었다. 그래서 혹시 출퇴근하면서 가볍게 청취할 수 있는 팟캐스트 중 경매에 관한 방송을 찾아보았고, 경매와 관련된 지식과 회원들의 에피소드들을 꾸준히 올려주시는 좌포님이 진행하는 방송을 찾을 수 있었다.

사실 방송을 들으면서 약간은 만족스럽지 못한 부분이 나의 호기심을 발동시켰다. 전문가 같지 않은 전문가, 매끄럽지 않으면서도 매력이 있는 호소력 짙은 목소리, 경매와 관련된 정보와 기술을 배울 수 있다고 생각했지만 뭔가 2% 부족한 독특한 방송, 시골아저씨 같은 사람의 진행에 망설여지기도 했지만 게스트로 참여하는 사람들의 에피소드를 듣게 되면서 좌포님의 경매 투자 방향을 이해할 수 있었고, 그만 애청자가 되었다.

나와 별반 다를 것이 없는 사람들, 아니, 어찌보면 나보다 여러 상황이 열악한 사람들이 오히려 경제적 자유를 향해 열심히 생활하시는 것을 알게 되면서 큰 충격으로 다가왔고, 우리 부부에게 동기부여가 되었다.

더군다나 팟캐스트에서 좌포님이 책을 쓴 것과 카페 '좌포의 부동산 경매 더리치'를 알게 되어서 바로 카페에 가입하고 온라인 커뮤니티방에 빠져들게 되었다.

나는 현장근무를 하는 사람이라서 사무실에서 컴퓨터 일을 많이 하지 않아 카페 같은 온라인에는 익숙하지 않았는데, 휴대전화로 카페 앱을 깔고 틈나는 데로 카페의 글을 읽기 시작했다.

그리고 카페에서 경매라는 바다에 빠져버렸다. 경매가 나에게 새로운 삶으로 이끌어줄지 그때는 몰랐다.

아이들을 맡길 곳이 없어요

시간이 날 때마다 카페 활동을 하고, 좌포님의 팟캐스트를 들으면서 꿈을 키워갈 무렵 나는 온라인 활동만으로는 경매에 대한 호기심을 충족시킬 수 없는 것을 깨달았고, 이 갈증을 해소하고자 더리치에서 초보들을 위한 오프라인 강의인 새싹반을 신청하기로 했다.

일등급 : 카페에서 새싹반을 수강하려고 하는데 어때?

라봉봉 : 그래? 열심히 해봐.

일등급 : 그런데 이왕 할 거면 우리 같이 수강하는 것이 어떨까?

라봉봉 : 나도 관심은 있는데 애들은 어떻게 하고? 수강료도 2배로 드는데….

일등급 : 그럼 내 건 용돈에서 내가 낼게. 대신 10개월 무이자 할부로 해줘.

신청하기 전 이왕 할 거면 부부가 동시에 같은 곳을 바라보는게 더 좋겠다는 생각에 라봉봉님에게 새싹반을 같이 수강해보지 않겠냐고 얘기했더니, 같이 수강하고는 싶지만 현실적으로 한번에 강의비가 2배로 나가야 되는 부담이 있었다. 그래서 나는 큰 마음먹고 한 명분의 강의비는 얼마 되지 않았던 내 용돈에서 쓰되 무이자 10개월 할부로 해결했다.

강의비 문제는 이렇게 해결을 보고 수강신청을 하려고 했는데 또다른 문제는 두 아이였다. 우리 부부는 친정과 시댁이 멀리 있어서, 6주간의 수업 날마다 두 아이를 맡길 데가 없었다. 좌포님은 데려오라고 하셨지만, 다른 분들에게 폐를 끼치고 싶지 않았고, 우리 부부도 수업에 집중을 할 수 없을 것 같았다.

　이곳저곳을 알아보다가 서울에 계시는 처이모님 댁에 일주일에 한 번씩 맡기기로 했다. 이모님께는 죄송해서 차마 경매 강의를 수강하려고 아이들을 맡긴다고는 말씀 못 드리고, 6주간 부부들을 대상으로 부모 교육을 공짜로 해주는데, 정말 좋은 교육이라고 사람들이 추천해줘서 간다고 거짓말을 했다.

　이로써 모든 문제를 해결하고 와이프와 함께 6주간의 새싹반 강의를 시작할 수 있었다.

　그렇게 설레는 첫 주 강의를 무사히 마치고, 밤 11시가 넘어서야 이모님 댁에 들려 아이들을 찾은 후 다시 집에 도착하니 새벽 1시가 훌쩍 넘은 시간이었다. 집에 도착한 자동차 안에서 곤히 자고 있는 아이들을 바라보니 피곤한 것은 우리가 선택한 몫이지만, 아이들은 못난 부모를 만나서 이렇게 고생한다고 생각하니 마음속이 짠해지면서 눈시울이 붉어졌다.

　시간은 순조롭게 흘러가고 일주일에 한 번씩 새싹반 수업을 듣는 것이 익숙해질 무렵 수업을 듣기위해 퇴근 준비를 하던 어느 날, 와이프에게 전화가 한 통 걸려왔다. 이유는 오늘 이모님과 이모부님이 퇴근이 늦어져서 이모님 댁에 아이들을 맡길 수 없게 되었다고 자신이 아이들을 볼 테니 혼자 다녀오라는 것이었다.

　하지만 목소리에서는 아쉬움이 가득 느껴졌다.

　전화를 끊고 난 후, 일은 손에 잡히지 않았고, 내 머리 속은 온통 아이들을 맡길 사람을 찾는 데 열중했다. 그리고, 머리속에서 와이프가 처제는 오늘 약속이 있어서 안 된다고 했지만, 믿을 곳은 처제밖에 없었다.

처제에게 전화를 해서 형부가 처음이자 마지막 부탁한다고 그 약속 취소할 수는 없냐고 말했고, 진심이 통했을까? 처제는 자신의 약속을 취소하고 아이들을 맡아주기로 했다. 이렇게 6주간의 새싹반 수업을 와이프와 한 번도 빠지지 않고 수강할 수 있었다.

가끔 회원들 중에 와이프나 남편의 반대에 부딪혀 어렵게 활동하시는 분들이 계신데, 우리는 부부가 함께 새싹반을 수강하면서 같은 곳을 바라볼 수 있는 눈을 키울 수 있어서 좋았다. 이 선택은 지금 와서 생각해보면 경제적 자유를 실현하기 위해 내가 했던 선택 중 제일 잘한 선택이었다.

하늘이 준 생일 선물

새싹반 수업을 시작하기 전 한 달간의 시간이 남았을 때 미리 예습할 생각으로 경매 책을 5권 정도 정독하면서 나름 경매에 관해 정리도 했고, 권리분석도 어느 정도 할 수 있다고 자신하고 있었다.

그런데 새싹반 2주차 때 우리 기수 단체방에서 같이 수강하시는 회원 중 한 분의 낙찰 소식이 들렸다. 공매로 자전거를 낙찰받으셨는데, 우리 기수에서 일찍 낙찰소식이 들려서 기뻤지만, 마음 한 편에는 조급해지기 시작하였다.

그날부터 경매 정보지를 통한 물건 검색이 시작되었다. 우선은 내가 살고 있는 지역과 가까운 곳부터 지역을 선정해 검색했고, 주말 임장을 통해 좌포님과 상의 후 새싹반 3주차 수업이 있기 전에 첫 입찰을 했다.

결과는 3등으로 패찰했고, 낙심하고 있는데 단체방에 또 다른 회원님의 낙찰 소식이 들려왔고, 그분은 다른 지방법원에서 첫 입찰에 첫 낙찰이었다.

새싹반이면서 낙찰받는 것은 '좌포의 부동산 경매 더리치' 카페에서 자주 있는 일이란 것을 듣고 나니 더더욱 조바심이 나고, 나도 새싹반 때 낙찰을 꼭 받고 싶은 마음이 불꽃처럼 타올랐다.

그래서 이제는 검색 범위를 전국 아파트로 넓혔다. 그러다가 멀리 전라남도 순천시 조례동에 있는 괜찮은 물건을 발견했지만, 입찰일이 내일 모레여서 임장을 갈 시간이 충분하지 않았고, 그날은 출근도 해야 돼서 포기하려고 했다.

하지만 포기하려고 하면 할수록 아쉬움이 밀려왔다. 그래서 알아나 보자고 생각해 손품을 팔기 시작했고, 알면 알수록 수익률이 좋은 아파트라는 걸 알 수 있었는데 그중에 관리사무소에 연락해서 미납관리비를 여쭤보다가 우연히 빈집인 것을 알게 되었다.

지금 와서 생각해보면 빈집은 강제집행까지 갈 수 있는 어려운 명도 중에 하나일 수 있어서 임장을 통해 신중히 입찰해야 되는 위험한 물건이지만, 어리석게도 그때는 빈집이라면 명도를 할 필요도 없다고 생각했고, 이 경매 물건은 나를 위한 것이라는 생각밖에 들지 않았다.

그래서 회사에는 입찰 날 아침에 와이프가 아파서 출근을 못 한다고 휴가를 내기로 하고, 전날 밤 10시쯤 퇴근 후 바로 잠을 청해 다음 날 새벽 1시에 일어나서 차를 끌고 출발했다.

새벽 1시에 일어나서 운전을 했지만, 마음속에선 설레여서 피곤하지는 않았다. 4시간 반 정도를 달려서 6시쯤에 순천에 도착했고, 우선 9시 반 쯤에 법원으로 가기로 하고, 남은 3시간 동안 입찰 전에 해야 했던 실제 임장을 했다.

새벽이라 불은 꺼져 있어서 빈집인지 확신하기 어려웠고, 전기계량기를 확인해보니 전혀 돌아가지 않아서 100% 장담할 수는 없었지만 빈집이라는 짐작이 확신으로 바뀌었다. 이리저리 아파트를 둘러보다가 다음으로 물건 소재지의 주민센터에 들러 전입세대열람을 신청해서 확인해보니 전입자가 아무도 없어서 더더욱 빈집이라는 것을 확신했다. 법원으로 가는 중 은행에 들러서 입찰보증금을 수표 한 장으로 찾아서 법원으로 향했다.

지금 생각해보면 입찰 당일 새벽에 몇 시간 임장을 하고 입찰했다고 생각하면 얼굴을 들고 다닐 수 없을 정도로 부끄러워진다.

9시 반쯤 법원에 도착해 경매 법정에 도착하니 의외로 사람들이 별로 없었다. 우선 입찰하려 했던 물건이 혹시 취하나 연기되지 않았나 살펴보니 다행히 그렇진 않았고, 매각물건명세서를 다시 한 번 확인하고 있는 중 사람들이 하나 둘씩 모이기 시작하더니 얼마 안 돼서 법정 안은 많은 사람들로 붐볐다.

입찰 할 때 라봉봉님과 보수적으로 쓰려고 생각했던 입찰금액과 공격적으로 쓰려고 했던 입찰금액, 그리고 두 금액 사이의 중간금액 중 하나를 쓰기로 하고 왔는데, 갑자기 공격적으로 쓰지 않으면 패찰할 것 같은 불길한 예감이 들었다. 새벽에 일어나서 4시간을 운전해서 여기까지 왔는데, 패찰하기는 싫었다.

내가 입찰하는 날 새싹반 동기들은 서울에 있는 법원에서 법원 실습이 있었고, 아이를 둘러 업고 간 옆지기 라봉봉님과 마지막 입찰가 협의를 하려고 했지만 쉽게 연결이 되지 않았다. 이렇게 애를 태우고, 법원을 왔다 갔다 하면 진정하려고 했지만 떨리는 마음이 쉽게 진정되지 않고 있을 때 좌포님께 전화가 왔다.

걱정하지 말고, 원하는 가격에 입찰을 하면 좋겠다는 따뜻한 위로와 격려의 말을 듣고, 입찰봉투를 제출할 수 있었다. 사실 이때 좌포님은 감정가에서 살짝 높여서 쓰라고 했고, 라봉봉님도 좌포님이 알려준 입찰가격을 쓰라고 했었는데, 고집을 부려 그만 내가 쓰고 싶은 가격에 입찰했다. 하지만 얼마 지나지 않아서 아내 말을 잘 들어야 한다는 것을 알 수 있었다.

시간은 흘러 경매 법정에서 내가 입찰한 물건의 사건번호가 불렸고, 처음으로 내 이름이 호명되면서 내가 낙찰받았다는 걸 직감할 수 있었다.

하지만, 결과는 단독 낙찰이었다. 낙찰금액까지 얘기하니 법정에서 사람들이 웅성웅성 거리기 시작했고, 그것은 저 아파트를 시세보다 높은 가격으로 입찰해서 단독 낙찰받는 나에 대한 비웃음과 조롱인 것을 알 수 있었다.

낙찰자로 처음 호명될 때는 정말 기분이 좋았지만, 그 뒤로 단독 낙찰이라는 걸 알았을 때는 내가 너무 욕심을 부렸다는 생각이 들면서 한편으로는 후회가 밀려왔다. 그 이유는 감정가보다는 500만 원, 시세보다는 300만 원 더 쓴 금액이기 때문이다. 그때 당시 마음속에는 낙찰의 기쁨과 단독 낙찰의 쓸쓸함이 함께 공존하고 있었다.

우선 낙찰 영수증을 받고 난 뒤 멍한 기분은 잠시 접어두고, 다시 낙찰받은 아파트로 향했고, 관리사무실에 들려서 인사도 드리면서 소유주와 전화통화가 가능한지 여쭤보니 직원분이 소유주와 통화를 한 후 연락해보라며 전화번호를 알려주셨다.

새싹반에서 좌포님께 배운 대로 소유주에게 향후 경매 일정에 대해 설명드리려고 전화를 하니 현재 이사를 가서 집은 비어 있는 상태라고 말씀해주셨다. 그러면 집 구조를 볼 수 있도록 현관비밀번호를 여쭈었더니, 흔쾌히 들어가보라며 알려주었다.

소유자와 전화를 끊고 나서 알려준 비밀번호로 낙찰받은 집을 들어가서 볼 수 있었고, 집이 오래되다 보니 어느 정도 수리는 해야 할 것 같았다. 하지만, 누수의 흔적은 보이지 않아서 집 상태도 보지 않고 한 입찰에 단독 낙찰이지만, 첫 낙찰 치고는 어느 정도 성공했다고 생각하기로 마음먹고 집 안 상태를 사진으로 남기면서 아파트를 나왔다.

아직 잔금을 내지 않아서 소유권이 이전되지는 않았지만, 먼저 임대를 내놓으면서 전날 시세 확인 차 문의드렸던 중개업소 사장님들 중에 가장 친절하게 알려주신 분께 인사도 드릴 겸 중개업소 사무실로 발길을 돌렸다.

일등급 : 사장님, 안녕하세요. 어제 전화로 인사드렸던 ㅇㅇㅇ입니다.

사장 : 네, 안녕하세요.

일등급 : 제가 어제 여쭤본 아파트를 ㅇㅇㅇㅇ만 원에 낙찰받았네요.

사장 : 네? 아니 현재시세도 그렇게까지 가지 않는데….

일등급 : 그렇죠? 낙찰 욕심에… 어쩌다 보니 그렇게 되었네요.

사장 : 아니 경매로 시세보다 높게 받아서 무슨 이득이 있어요?

일등급 : 그렇긴 한데… 어차피 이렇게 된 거 임대 좀 잘 부탁드릴게요.

사장 : 사고는 본인이 치고 여기서 해결해달라고요?

일등급 : 잘 부탁드릴게요.

그때 당시 중개업소 사장님께 엄청 혼이 났다. 하지만 사장님 말씀이 틀린 말은 아니었기에 잘하지도 못하는 애교로 사장님께 임대를 부탁드렸더니 그제서야 사장님도 웃으셨다.

그러고 나서 다시 집으로 가려고 인사드리려는 찰나에 사장님께서 안 그래도 지금 내가 낙찰받은 아파트에 매물이 방금 나와서 집 사진도 찍을 겸 보러 갈 건데 같이 가보자고 하셨다. 얼떨결에 뒤따라 나섰다.

내가 낙찰받은 동과는 다른 동이었고, 낙찰받은 곳과 비교해서 층만 낮았지 다른 조건은 비슷했는데, 충격적인 사실은 매매가가 내가 낙찰받은 금액보다 400만 원 저렴하게 나왔다는 것이다. 집을 보고 나서 다시 사무실로 걸어오면서 하나 더 갖고 싶은 생각이 머릿속을 맴돌기 시작했다.

사무실에 도착해서 사장님이 지금 사진 찍은 거 매물 나오면 연락 달라고 했던 사람들한테 보낼 건데, 그 전에 계약할 거면 안 보내겠다고 말씀하셨다. 정말 기뻤지만, 집이라고는 아직 한 번도 계약해 본적이 없는 내가 하루 만에 2개를 해도 되는지 조금은 두려움이 있었다. 사장님께 딱 5분만 달라고 말씀드리고 좌포님께 전화로 상의드린 후 계약을 하게 되었다.

이로써 집이란 걸 한 번도 가져본 적이 없었던 내가 얼떨결에 낙찰과 매매를 통해 하루 만에 2개가 생겼다. 높게 낙찰받은 금액을 싸게 매매한 금액과 평균을 만들어서 시세와 비슷하게 만들 수 있었다. 주식에서 이런 방법을 물타기라고 하던데, 나는 얼떨결에 부동산을 가지고 물타기를 했다.

사장님께 감사인사드리며, 임대도 잘 부탁드린 후 다시 집으로 운전을 하고 올라오는 길은 마치 영화에서처럼 함박눈이 내렸다. 고속도로에도 눈이 많이 쌓여서 정신 바짝 차리지 않으면 계약만 해보고 죽을 수도 있겠다는 생각이 들어 조심조심 운전하면서 집으로 돌아오니 새벽 1시에 도착했다.

이로써 경제적 자유를 향해 새벽부터 다음 날 새벽까지의 24시간 여정이 끝이 났고, 그 24시간 동안 낙찰에 대한 기쁨과 단독 낙찰에 대한 씁쓸함, 매매를 통한 또 다른 기쁨을 만끽할 수 있는 소중한 경험을 쌓았다.

현재는 매매했을 때보다 3,000만 원 정도 올라 있어서 월세수익과 시세차익에 대한 기쁨을 동시에 주고있는 효자 물건이 되어 있다.

▲ 이 글을 쓰는 2017년 6월에 매물이 하나 있고, 비수기임에도 불구하고 1억 1,700만 원에 시장에 나와 있다.

좋은 중개업소 사장님을 만나다

내가 낙찰과 매매로 한꺼번에 2개의 부동산을 소유하자, 라봉봉 님도 자신의 부동산을 소유하고 싶어 안달이 났다. 그러다가 좌포님의 소개로 알게 된 일산에 대해 열심히 손품을 팔고, 중개업소에 전화를 걸어본 후 나에게 한번 같이 가보자고 제안했다.

쉬는 날이었던 나는 흔쾌히 같이 가자고 했고, 라봉봉님이 전화해본 일산 동구의 중개업소 사장님 중에 제일 좋은 분이라고 생각하는 곳으로 찾아갔다. 중개업소 사장님은 친절하시면서도 똑소리 나는 인상에 거래를 해보진 않았지만, 신뢰가 많이 갔다.

나는 사장님과 친해져야 되겠다는 생각이 들어서 라봉봉님을 놔두고 화장실을 다녀온다고 하고, 편의점에서 음료수 한 박스를 사들고 다시 들어가서 인사 오면서 빈손으로 와서 죄송하다며 음료수를 드렸다. 사장님은 이런 거 안 하셔도 된다고 하시면서도 좋아하셨다. 이렇게 일산에 대해 이런저런 얘기를 들으면서 혹시 괜찮은 매물이 나오면 연락 부탁드리면서 중개업소를 나섰다.

일주일 정도 있다가 라봉봉님이 중개업소 사장님께서 연락이 왔는데 일산 동구 백석동의 백송마을 코오롱선경 8단지 아파트에 소형 평수 중 괜찮은 물건이 나왔는데 빨리 가보자고 해서 바로 사장님께 향했다. 소개시켜주신 매물로 가서 집을 살펴보니 수리는 해야 되었지만, 5살 정도 된 아이가 있는 세입자가 전세를 연장하고 싶다고 말씀했다.

다시 중개업소 사무실로 가서 사장님께서 기존세입자가 더 살고 싶어 하니 현재 전세가로 받으면 1,000만 원만 있으면 매매를 할 수가 있다고 말씀해주셔서 바로 계약을 하고 싶었지만, 멘토이신 좌포님의 생각이 궁금해 좌포님께 연락드렸다. 좌포님도 그 정도 매매가에 전세세입자를 구할 필요가 없으니 임대에 대한 리스크도 줄어들어서 계약을 하라고 하셨다. 그날 바로 계약을 했다. 며칠 후 현 세입자와도 렌지후드를 교체해주는 조건으로 현시세로 전세계약을 해서 1,000만 원의 갭으로 옆지기 라봉봉님 명의의 집을 잡을 수 있었다.

그리고 3일 정도가 지난 후 점심 즈음 미용실에서 이발을 하고 있었는데, 라봉봉님에게 급하게 연락이 왔다. 사장님께서 백송 코오롱선경 8단지아파트 옆 백송마을 임광 7단지 아파트에 신혼부부가 1년 전에 실거주 목적으로 올 수리를 한 매물이 나왔는데 이 물건도 1,000만 원 갭으로 살 수 있으니 오늘 중으로 와서 보면 다른 곳에는 말씀 안 하겠다고 하셨다며 빨리 가보자고 했다.

급하게 이발을 마무리하고 다시 라봉봉님과 일산으로 향했다. 사장님과 물건을 봤더니 정말 임대용으로 수리를 한 것이 아니라 실거주목적으로 1,000만 원 넘게 주고 수리를 해서 그런지 정말 마음에 들었다. 내가 들어가서 살고 싶을 정도였다.

당장 계약하고 싶었지만, 물건 계약한 지 3일도 안 되었기에 이런저런 걸 여쭤보려고 또다시 좌포님께 연락드렸더니 그런 물건은 묻지도 말고 잡으라고 하셔서 이번에는 내 명의로 계약을 하게 되었다. 내가 좋으면 남도 좋은지 소유권을 이전하기도 전에 전세계약이 되었고 그 갭은 1,000만 원이 되었다.

이처럼 중개업소 사장님과의 친분을 잘 쌓아놓다 보니 별다른 걱정 없이 일주일도 안되서 한 집당 1,000만 원의 갭으로 두 집을 소유하게 되었고, 현재는 한 집당 3,500만 원씩 올라 있어서 생각만 해도 즐겁다.

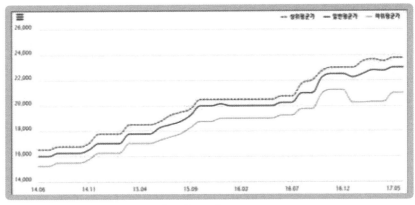

▲ 백송마을 코오롱선경 8단지 아파트 시세 그래프.

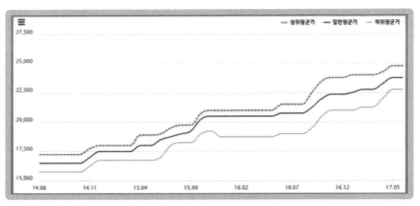

▲ 백송마을 임광7단지 아파트 시세 그래프.

무리한 매수와 공실의 위험

라봉봉 : 이 경매 물건 어때요? 물건지에서 찾아본 건데 괜찮은 거 같은
데요?

일등급 : 그거보다는 이 경매 물건이 좋지 않아? 그건 수익률이 안 좋은
거 같은데?

라봉봉 : 수익률은 둘다 비슷한데, 투자금이 이 경매 물건이 덜 들어가요.

일등급 : 그치만 이 경매 물건 아파트는 나홀로 아파트잖아?

라봉봉 : 나홀로라도 세대수는 꽤 있어서 괜찮지 않아요?

좌포님을 만나고 우리집에서 흔히 있는 대화 내용 중 하나다.

부부가 같이 경매를 통한 부동산 투자를 하다 보니 매번 부동산을
주제로 이야기를 시작해서 부동산 이야기로 끝이 난다.

낙찰과 매매를 하루에 처리하고, 임대도 2건 다 잘 마무리가 되고
나니 부동산 투자가 더욱 재미있어지기 시작했다.

우리 부부는 좋은 경매 물건이 나오면, 아니 나오지 않더라도 좋
은 물건으로 생각하고 시간이 날 때마다 임장을 다녔다. 주말에는
아이들과도 함께 다녔고, 주중이라면 아이들은 어린이집에 맡겨두
고 바로 임장길에 올랐다. 임장을 다녀오면 몸은 피곤했지만, 다음
날 일어나면 싹 잊어버리고, 또 다른 임장을 다녔다.

이렇다 보니 보통 1년에 10,000km 정도 운전하는 내가 3개월 만

에 5,000km를 운전하기도 했고, 집에서 컴퓨터를 잘 사용하지 않는 내가 퇴근만 하면 좋은 물건을 찾아내기 위해 컴퓨터의 전원을 켜고 있는 나 자신을 발견하곤 했다.

이렇게 시간만 나면 손품과 발품을 팔면서 다니다 보니 결실도 있어서 여러 건을 계약하게 되었고, 많을 때는 한 달에 3건을 계약하기도 하면서 점점 경제적 자유에 가까워지는 것만 같아서 기분이 좋았다.

첫 번째 낙찰과 매매물건들이 임대와 관련해서 아무런 문제가 없었던 이유에서인지 임장을 다니며 물건을 계약할 때마다 임대는 잘 나간다는 생각만 했었다. 그러다 결국 타들어가고 있던 폭탄의 심불을 끄지 못하고, 하나 둘씩 터지기 시작했다.

임대는 잘 나갈거라는 중개업소 사장님의 말씀과 잘 나갈꺼라는 나의 믿음을 비웃 듯이 잔금 후에도 공실이 하나둘씩 생기기 시작하더니 2개의 집이 동시에 공실이 생기면서 대출로 인한 이자 부담과 투자금이 묶여 또 다른 곳에 투자를 할 수 없는 위기가 닥쳤다.

첫 번째 공실은 순천의 분양전환 아파트였는데 워낙 한꺼번에 많은 물량이 동시에 나오다 보니 창틀을 제외하고 올 수리를 했는데도 한정된 임대 수요로 인해 임차인을 구하기가 힘들었다. 우선 어떻게든 공실을 빨리 없애보려고 근처에 있는 10군데 이상의 중개업소에 연락을 드려 물건을 내놓았고, 지역 온라인 카페를 가입해 매주 꾸준히 물건을 올리면서 7개월을 초초하게 기다리고 있었다.

어느 날 늦은 저녁시간에 중개업소에서 전화가 왔는데 사장님께서 얼마 전부터 같은 아파트 다른 동에 살기 시작한 임차인의 집에 보일러가 터져서 도저히 살 수가 없다고, 혹시 집이 비어 있으면 내일 임대차 계약을 하고 오늘부터 임차인이 들어가서 살면 안 되겠냐고 여쭤보셨다.

선택의 여지가 없었다. 아니 선택을 한다는 자체가 무의미할 정도로 기뻤다. 당연히 좋다고 당장 들어오시라고 했다. 이렇게 해서 얼떨결에 7개월간의 공실이 마무리되었다.

두 번째 공실은 충청남도 아산시의 아파트였다. 마땅히 수리를 할 필요가 없었고, 수익률도 좋은 아파트였고, 처음으로 가격협상에 성공해 중개업소 사장님께서 말씀하신 매매가보다 300만 원을 싸게 살 수 있었던 아파트였기에 매수할 당시에는 기분이 좋았던 아파트였다.

그러나 계약할 당시가 비수기로 접어드는 시기여서 그런지 잔금 후에도 임차인은 나타나지 않았고, 결국 공실로 남겨졌다. 다시 근처 중개업소 사장님께 연락드렸고, 온라인에서 임차인과 연결해주는 여러 개의 사이트에도 집을 등록했다.

3개월 정도가 지난 후 온라인 사이트 한 곳에서 보고 연락을 드린다며 출장 때문에 1달 정도만 집을 사용하면 안 되겠냐고 물어봤다. 그리고 방은 몇 개이고, 보증금 없이 200만 원을 드리면 안 되겠냐고 물어봤다.

순간 200만 원이라는 생각에 벅찬 마음을 이루 말할 수 없었지만, 다음으로 드는 생각은 아무리 보증금이 없어도 월세 시세가 있는데

200만 원을 준다는 게 기분이 이상했다. 그래서 우선 와이프집이라 상의해보고 연락해준다고 하고 끊었다.

그리고 라봉봉님과 서로 상의해보니 꼭, 영화 타짜가 생각이 나면서 "우리집을 한 달간 도박하우스로 이용하려는 거 아닌가?"라는 생각이 들면서 그럼 우리가 도박장소를 제공해주는 경우가 되는 것이다. 아파트가 산속에 있고 들어오는 길도 하나라서 경찰차가 오는 것도 멀리서 알 수 있었고, 이런 저런 조건으로 볼 때 이 아파트가 최적의 조건을 갖춘 것 같았다.

처음에 월세를 70만 원 정도로 얘기했다면 오히려 의심을 안 했을 텐데, 200만 원으로 얘기를 하니 더더욱 의심이 가고, 방이 몇 갠지 물어보는 것도 더더욱 의심이 가서 결국 장기로 있을 임차인을 구하고 싶다고 했더니 알겠다고 했다. 그 후 몇 번 연락이 더 왔지만 죄송하다고 안 된다고 단호히 거절했다.

이런 우여곡절을 겪어서였는지 한달 후에 부동산 사장님을 통해서 4개월 만에 임차인을 구할 수 있었고, 공실을 마무리할 수 있었다.

이후에도 두 번 정도 더 기간은 짧았지만, 공실을 겪었다. 하지만 비가 온 뒤에 땅은 더 굳어지듯이 여러 번 경험을 하다 보니 이제는 공실이 다시 생긴다더라도 "까짓것 그냥 내 별장으로 사용하자"라는 마음으로 대수롭지 않게 여길 수 있는 여유를 가지게 되었다.

집도 보지 않고 계약한 오만함이 일깨워준 교훈

어느 날 저녁에 퇴근을 하고 아이들과 놀고 있는데 중개업소 사장님께 연락이 왔다. 잔금이 촉박해서 방금 급매로 나온 집이 있는데, 매수할 의향이 있냐고 물으셨다.

가격은 전체적으로 집수리를 해야 되지만, 현재 시세보다 900만 원정도 싼 가격이고, 내가 하지 않으면 다른 투자자에게 연락해야 돼서 결정을 서둘러서 해야 된다고 했다. 그동안 몇 번의 부동산 투자로 자신감이 있었던 나는 집도 보지 않고 사장님께서 말씀하신 조건만 보고 덜컥 계약했다.

문제는 잔금 날 일어났다. 그전까지는 잘한 투자라고 생각하고 기분 좋았는데 잔금 날 아침에 집을 보기 위해서 가보니 세입자가 한참 이사 가려고 짐을 빼고 있었고, 짐을 다 뺀 작은방 한쪽 벽지에 곰팡이가 심하게 나있었다. 세입자에게 물어보니 예전에 윗집에서 누수가 있었는데 현재는 공사를 해서 괜찮다고 했다.

처음에 깜짝 놀랐지만, 공사를 했다기에 다행이라 생각하고 잔금을 내고 다음 날부터 그전에 부탁드렸던 인테리어 업체에서 공사를 시작했다. 이때까지만 해도 일이 잘 풀린다고 안심하고 있던 찰나였다.

일주일 정도가 지난 후 인테리어 업체 사장님께서 연락이 오셨다. 전날 도배를 마쳤는데, 작은방 한쪽 벽면 위에서 물이 묻어 나온다는 것이다. 순간 잔금 날에 있었던 일들이 생각나면서 물이 묻어나오는 위치를 여쭤보니 내가 봤던 곳과 같은 벽면이었다. 사장님은 윗집 화장실 바닥에서 물이 새어서 밑으로 흐르는 것 같다고 말씀하셨고, 이럴 경우는 윗집 주인이 화장실 바닥에 방수공사를 다시 해야 되는데 쉽게 해결되지는 않을 거라고 말씀하셨다.

순간 망치로 머리를 한 방 맞은 것 같이 멍해졌다. 내가 집도 안보고 계약을 한 것이 결국 이렇게 되는구나. 너무 오만했다. 이런저런 생각이 많이 들었지만, 마음을 가라앉히고 바로 차를 끌고 아파트로 향했고, 도착하자마자 윗집으로 가서 초인종을 눌렀다.

다행히 집에 할머니께서 계셨는데 자초지종을 말씀드리니, 안 그래도 옛날에 물이 샌다고 공사를 했었는데 또 물이 새냐고 여쭤보셨다. 자신은 잘 모르니 나에게 한번 알아봐달라고 부탁을 하셔서 인테리어 사장님께 내일 어디가 새는지 확인해봐달라고 부탁드렸다.

다음 날 인테리어 사장님께서 물이 새는 원인을 알아보니, 윗집에서 내려오는 플라스틱 라인연결 부위가 새는 거라서 라인만 바꿔주면 된다고 했다. 금액도 15만 원 정도에서 해결이 된다고 다행이라는 말씀을 해주셨고, 그날 바로 교체를 했다. 수리비가 큰 금액이 아니라 내가 부담하려고 했지만, 할머니께서 미안하다시며 수리비를 지불해주셨다. 나는 예전에 수리를 했는데도 다시 새는 것에 짜증한 번 안 내시고 나에게 미안해하시는 할머니께 조그만 성의로 건강음료를 사드리면서 이번 사건을 마무리했다.

투자 몇 번 해봤다고 집도 보지도 않고 계약을 하면서 모든 걸 안다고 생각했던 나의 오만함에 비하면 큰 탈 없이 마무리되었다. 덕분에 좋은 경험을 하게 되어 다시 초심으로 돌아갈 수 있는 계기가 되었다.

휴식의 유혹에 넘어가다

부동산을 꾸준히 소유하기 시작하면서 부동산의 개수는 늘어났지만, 점점 자본금이 떨어지기 시작했고, 투자할 물건이 있어도 투자를 할 수 없는 상황이 생기기 시작했다.

그러다 보니 부동산에 대한 관심에서 점점 멀어지기 시작했고, 그쯤 되서 회사 업무량이 늘면서 더욱 부동산 투자에 대한 관심이 사라져갔다. 멀어진 관심과 더불어 바쁘다는 핑계로 온라인 오프라인 카페활동 참여도 등한시했다.

이렇게 3달이 흘러갔을 무렵, 다시 정신을 차리고 우선 카페 활동에 집중하기 위해 오프라인 모임에 참석했더니, 그동안 못 보던 회원분들이 많이 계시고, 카페 활동을 하지 않다 보니 나를 잘 모르시는 회원들이 대다수여서 약간의 이질감이 들었다. 3개월 동안의 갭을 메우기엔 내가 너무 멀리 온 것 같은 생각이 들면서 더더욱 카페 활동에 위축이 되었고, 이러다가 카페에서도 잠시 왔다가 가버린 회원으로 생각될 것만 같았다.

경매 초보자들과 함께한 임장 실습

'이렇게 하면 안 되는데…'라고 생각만 하면서 시간이 흘러가고 있을 무렵, 좌포님에게 연락이 왔다.

> 좌포 : 잘 지내지? 이번에 1박2일 새싹반 수업 때 임장실습을 할 예정인데 임장강사로 회원들을 리드해봐.
>
> 일등급 : 네? 제가 그럴 만한 능력이 있을까요?
>
> 좌포 : 1년 이상 경매 물건보면서 돌아다녔으면, 능력은 보장된 거 아닐까?
>
> 일등급 : 네. 열심히 해보겠습니다.

전화를 끊고 한동안 멍하니 휴대전화만 쳐다보고 있었다. 시간이 부족한 회원들을 위해 주말 1박 2일 새싹반을 개설하는데, 6주간 하는 새싹반을 이틀 만에 압축해서 강의를 해야 되는 상황이다. 오후에 시간을 내서 임장실습을 가는데, 그때 임장강사로 회원분들을 이끌고 임장 실습을 다녀오는 것이었다.

계속 멍하니 있을 시간이 없었다. 바로 지역 선정과 임장 동선을 짜기 위해 열심히 손품을 팔기 시작했고, 지방의 경우는 더리치 강의장에서 시간이 오래 걸리니 서울과 수도권 중 그나마 내가 잘 알고 있는 지역인 일산으로 선정했고, 정보지에서 그곳의 경매 물건들을 검색해 임장 리스트를 만들었다.

만들어진 임장 리스트를 가지고 임장 동선을 만들었고, 목표는 회원 한 분 한 분이 초인종을 눌러 점유자와 대화를 하며 두려움을 없애는 것으로 잡았다.

드디어 새싹반 개강 날 아침 일찍 강의장으로 향했고, 회원분들과 인사를 나눈 후 강의가 끝날 때까지 정리한 자료들을 검토했고, 임장 실습시간이 다가왔다. 점심식사를 같이 하면서 다시 한 번 회원분들과 인사를 나눈 후 일산으로 향했다.

가는 길에 일산에 대한 간단한 지역 소개와 임장 물건들의 특징, 임장 동선에 대해 브리핑을 했고, 그리고 임장 동선을 따라 움직이면서 경매 물건의 임장을 시작했다.

회원 2명당 하나의 경매 물건을 선정해주었는데 막상 문 앞에 가서 못하시겠다고 하시는 분도 계셨지만, 용기를 북돋아드리고 같이 초인종을 누르면서 점유자와의 대화를 시도했다.

할 말 없다고 문을 열어주지도 않는 분들이 계시는가 하면 폐문부재인 경우, 빈집인 경우 등 집안 내부를 보지도 못한 경우가 많았지만, 간혹 만나지 못하더라도 경비아저씨를 통해서 집 사정을 알 수 있는 방법, 밖에서 물건을 파악하는 방법 등 임장 팁들을 전수하면서 직접 초인종 눌러서 임장의 두려움을 극복하는 것에 도움을 주려고 했다.

임장을 무사히 마치고 다시 강의실로 복귀했고, 회원분들은 짜여진 일정대로 다시 경매 강의를 시작했다. 강의장을 나오면서 고맙다고 하시는 회원님들을 보니 무언가 성취했다는 뿌듯함과 처음이다 보니 더 많은 노하우를 알려드리지 못한 미안함을 안고 하루를 뜻깊게 마무리할 수 있었다.

이 일은 투자를 못하더라도 꾸준히 카페 활동을 통해 회원분들과 소통하면서 투자의 끈을 놓지 않도록 노력하는 계기가 되었다.

두드리면 열린다는 확신을 얻은 교훈

어느 날 좌포님께서 연락이 오셨다.

> 좌포 : 이번에 카페에서 단체지역임장을 가는데 니가 순천을 맡아봐.
>
> 일등급 : 네? 제가 그럴 만한 능력이 있을까요?
>
> 좌포 : 거기서 낙찰받고 매매하면서 지역을 가장 잘 아니까. 회원들 리드해서 다녀와.
>
> 일등급 : 네. 좋은 기회 주셔서 감사해요. 열심히 해보겠습니다.

또 다른 미션이 주어졌다. 못하겠다고 하면 편할 것을, 반사적으로 열심히 해보겠다고 말씀드렸다. 사실 자신이 없었지만, 이미 물은 엎질러졌다. 그래서 마음을 다잡아봤다.

순천은 낙찰과 매매를 진행하면서 나름 조사를 해놓은 것이 있었지만, 1년이 지난 자료라서 무의미했다. 그나마 다행인 것은 그때 중개업소 사장님과는 아직도 주기적으로 연락을 드리면서 지내고 있어서, 바로 연락을 드려 현재의 순천 상황을 여쭤보았다.

내가 낙찰과 매매를 했던 지역은 1년 전보다 매매가가 3,000만 원 이상 올랐고, 보통 매매가가 오르면서 전세가와의 차이가 벌어져 갭투자하기에는 좋지 않은 상황이 되어야 정상이지만, 수요가 많다 보니 전세가도 매매가와 같이 올라서 매매가와 전세가의 차이가 여전히 얼마 되지 않는다는 걸 알 수 있었다.

사장님께 회원들과 지역 임장을 갈 예정인데, 그때 시간을 내달라고 부탁드리고, 도착하면 순천에 대한 지역 브리핑과 그 날 볼 수 있는 물건들 선별을 부탁드렸다.

1년 전에 만든 자료들을 다시 업데이트하고 그때는 몰랐던 정보들을 추가해서 지역 임장 자료를 만들었다. 내년에 공급이 있지만, 인구수 대비 많은 물량은 아니었고, 이또한 신도시 한 곳에 집중되어 있지만, 그곳은 가격이 구도심보다 비싸서 신도시를 살다가 다시 구도심으로 나온다는 사장님의 말씀을 들으며 큰 걱정은 아니라고 생각했다.

순천 지역 임장팀들의 단체 카톡방이 개설되고, 순천 지역 자료를 드리면서 임장갈 지역에 대해 시세지도를 만들어보도록 숙제로 내주었다.

임장 날 교통편을 위해 KTX를 알아보았는데, 예약이 꽉차서 갈 수 없는 상황이었다. 급한 마음에 비행기를 알아보니 다행히 예약이 가능해 본의 아니게 럭셔리 비행기 임장이 되었다.

임장 날 새벽 김포공항에서 모여서 간단한 인사 후, 비행기를 탔고, 여수공항에 도착해 공항카페에서 아침을 먹으며 오늘의 일정에 대해 간단히 말씀드린 후 부동산 중개업소로 갔다.

도착해서 사장님께 지역에 대한 브리핑을 받고, 오전 내내 추천물건들을 보러 다니면서 물건들의 장단점과 물건들을 볼 때 알아야할 이런저런 정보들을 서로 공유해가며 재미있게 다니다 보니 점심시간이 되어 미리 예약한 장소로 이동해 맛있게 식사를 했다.

오후에도 추천 물건을 보러 다녔고, 그 후 마음에 드는 추천 물건을 계약하기 위한 더리치만의 공식행사인 가위바위보를 통해 우선순위를 가렸고, 많은 물건을 보다 보니 꼼꼼히 메모해두시라고 말씀드렸는데도 내가 마음에 드는 물건이 어떤 것인지 헷갈려하시는 회원분이 계셔서 다른 분들이 말해주는 웃지 못할 해프닝도 있었다. 그중에서 네 분이 계약이 성사되었고, 그중에 한 분은 매매가보다 전세금을 더 받으셔서 무피 투자가 아닌 플러스피 투자로 계약을 하신 분도 계셨다.

무사히 순천 지역 임장을 마치고 다시 비행기를 타고 올라온 후, 간단한 뒤풀이를 하면서 계약을 못 하신 회원분이 농담으로 단체방에서 내가 A/S까지 책임지겠다고 한 말을 꼭 기억하고 있겠다는 말씀에 지역 임장을 잘 이끌고 사고 없이 다녀왔다는 뿌듯함과 부담감 동시에 느껴졌다.

임장 강사와 단체 지역 임장을 계기로 내가 더리치에 오기 전 활활 타올랐던 열정이 다시 생기기 시작했고, 이것을 나만의 부동산 투자를 위해서 사용하는 것이 아니라 카페 활동을 통해서 회원분들과 함께 나누어야 된다는 걸 알게 되었다. 혼자서 가면 오래가지 못하고, 같이 가면 외롭지 않게 오래 갈 수 있다는 것을 터득하게 되었다.

▲ 임장을 끝내고 비행장에서

투자자에게는 꼭 멘토가 필요하다

요즘 들어 자주 이런 생각을 하게 된다.

만약 1년 전에 좌포님을 만나지 못하였다면 현재의 나는 어떤 삶을 살고 있을까? 현재보다 더 나은 삶을 살고 있었을까? 아니면 1년 전의 삶과 같이 사택에 살면서 소비를 억제하고 아끼며 살고 있었을까?

그때마다 매번 답은 후자였다. 혼자서 경매를 시작했더라도, 낙찰은 받을 수 있었을 것이다. 입찰가를 시세보다 높게 쓰면 되기 때문이다. 하지만 지금처럼 경매와 부동산 투자를 꾸준히 할 수는 없었을 것이다. 아니 없었다. 좌포님이 줄이 느슨해지면 당겨주시고, 너무 당겨지면 풀어서 느슨해지게 해주지 않으셨다면 낙찰 한두 개 받고 졸업했을 것이다.

실제로 여러 곳의 공실과 누수라는 어려운 상황에서 경매와 부동산 투자를 포기하고 싶었고, 투자금이 없어서 좋은 물건이 있어도 투자를 할 수 없는 상황이었을 때는 자연스럽게 투자에서 멀어져 있었다. 그때 좌포님과 회원분들께서 마음을 다시 잡아주는 계기를 마련해주시지 않았더라면 그대로 일상으로 복귀했을 것이다.

혈연으로 맺어진 가족은 아니지만, 좋은 인연으로 얻은 고마운 선물이기에, 더리치 안에서 내 자신의 능력을 키우며 때로는 아빠, 때로는 삼촌처럼 신규 회원들에게 큰 힘이 될수 있는 역할을 쭉 해나가고 싶다.

2017년 초에 우리는 2,000만 원을 들여서 실거주로 이사를 했다.

처음 가져보는 우리집, 너무 좋았다. 아이들도 좋아했고, 아기자기하게 집을 꾸미는 라봉봉님도 연신 콧노래다. 퇴근해서 돌아오면 매일 매일 택배가 와 있다. 이런 것이 행복인줄 예전에는 몰랐다. 그냥 아끼고, 저축하고, 어쩌다 외식 한 번 하면 그것이 행복인 줄 알았다.

그러던 라봉봉님이 이사 온 지 3개월 될 무렵에 실거주로 다시 집을 알아보고 다니는 것이다. 있을 수 없는 일이라 좌포님에게 상의를 했더니 왜 집을 알아보는데, 그것을 못하게 하느냐는 것이다. "이사한 지 3달밖에 안 되었는데 또 다시 이사를 해요?" 했더니, "이익이 있으면 이사를 해야지 왜 그런 고정관념을 가지냐"는 것이다.

제대로 한 방 맞은 느낌이었다.

우리가 이사한 집은 3개월 만에 매매가도 올랐고, 전세 가격이 우리가 매매했던 가격을 넘어서버렸다. 결국 손해를 보는 것이 아닌데 나는 한 10년은 살아야 한다는 생각을 하고 이사를 온 것이라 그렇게 생각을 못 했다.

좌포님은 살면서 재테크를 해야 한다고 했다. 실거주하는 집도 재테크가 되어야 한다면서 아이들이 학교 가면 이사를 못 하니까 그전까지 형편이 된다면 옮기라고 하셨다. 그리고 연회원을 위한 실전반 수업 때 내 이름을 언급하시며 서울의 어떤 아파트를 콕 찍어서 알려주셨다.

나는 다음 날 바로 현장으로 달려갔다. 단지가 상당히 컸고, 교통이 너무 좋았다. 또 초등학교가 단지에 붙어 있었고, 직장까지 한번에 가는 버스가 다니는 곳이다.

사실 이 아파트는 그전에 연회원을 위한 실전반 수업 때 소개해주었던 아파트였지만, 그때는 그런 생각을 못 했는데 이렇게 콕 찍어서 알려주니, 역시 경매에는 꼭지를 따주는 멘토가 있어야 한다는 생각했다.

처음 더리치를 찾아왔을 때의 일등급님과 라봉봉님을 생각하면 내 마음이 아직도 아리다.

아직 어린 두 아이를 돌보기 위해 힘들지만 젊은 부부가 어떻게든 현실을 극복해보고자 고군분투하고, 자기가 한 일에 대해서 잘못된 결과가 나오면 자신들 탓하고, 잘되면 남 탓을 하는 심성이 착한 부부다.

그리고 이 부부는 나에게 질문을 거의 안 한다. 가끔 질문을 하는 것도 본인들이 스스로 조사해서 답은 이미 나와 있는 것을 확인하는 정도다. 물론 매번 맞는 것은 아니다. 그러다 보니, 먼 발치에서 바라보는 내 마음이 더 아프기도 하고, 다가가서 좀 더 말을 붙이고 싶지만, 꿋꿋이 헤쳐나가는 모습을 지켜보는 것도 내 몫이라는 생각이 들게 하는 부부다.

지금도 눈에 선하다. 분양받은 아파트 2개에 발목이 잡혀서 그냥 주저앉을 수도 있었던 상황에서 자신들의 가계 상황에 대한 자료를 만들어와서 나와 상의하며 어떻게든 돌파구를 찾아서 서서히 물이 뜨거워지는 냄비속에서 탈출하고 싶어하던 그 눈빛을 잊을 수 없다.

나를 만날 당시에 부부는 회사사택에서 주거비에 대한 부담이 없이 살았지만, 나는 과감히 실거주 아파트를 사서 나오라고 했다. 주거비 부담이 없다면 쓰지 않은 주거비는 저축이 아니라 소비로 가게 마련이다. 그 이후 열심히 지역을 분석하고 임장을 가더니 결국 시세보다 1,000만 원 싸게 매매를 했다며 감사하다고 하지만 본인들의 힘으로 좋은 물건을 골라서 내가 오히려 대견스러웠다.

지금 실거주로 이사한 곳에 3개월밖에 안 되었지만 나는 또 이 부부에게 한 번 더 이사를 결정하라고 말했다.

그 말이 끝나기 무섭게 라봉봉님이 움직이신다.

이런저런 이유로 위기가 올 수 있다. 하지만 나는 이 부부는 얼마 안 있어 365일 월세를 받는 목표에 도달하게될 것이라고 확신한다.

그날 이 부부와 함께 괌으로 여행을 떠나 볼까?

🎙

혼자 가면 빨리 가지만, 함께 가면 멀리 간다

김아름 앨리님

부자의 꿈

30대의 친구나 직장동료들은 일, 연애, 결혼, 가정 중 하나로 바쁘다. 나 또한 크게 다르지 않았다. 늘 바쁘게 살아가고 있었고, 그런 일상을 보상이라도 해주듯 매달 월급이 꼬박꼬박 통장에 정직한 숫자로 찍히고 있었다. 하지만 늘 마음 한구석에는 월급쟁이 인생의 한 계점을 잘 알고 있었기에 이렇게 바쁜 쳇바퀴 같은 삶을 살아서는 안 된다는 생각을 품고 있었다.

2015년 1월 1일에 나는 한 가지 결심을 하고 작은 실천을 시작했다. 그것은 바로 매일 출퇴근 30여분씩 총 1시간씩 셔틀버스에서 챙겨 듣던 팟캐스트 '좌포의 부동산 경매 필살기'에서 이야기하던 다음 카페 '더리치'에 가입하는 것이었다. 나는 월급 이외에 내가 노동하지 않고도 안정적인 수익원(자본소득)을 만들 것을 생각했고, 수익을 이루는 방법으로 부동산 투자를 시작하겠다는 결심을 품었다.

　그 실천으로 '좌포의 부동산 경매 더리치'에 가입하고 매일 출석 도장을 찍으며 카페 글을 탐독해보기로 다짐했다. 신년의 계획치고는 좀 유치하기도 했지만 팟캐스트를 통해서 동기부여가 되었기에 카페에서 보물을 찾기 위한 배(카페)에 승선해야 뭔가 이룰 수 있을 것 같아서 이런 계획을 세웠다. 많은 사람들이 시답지 않은 계획이라 말하겠지만 그때 그 결정은 내 인생에서 탁월한 선택이었다.

　다른 사람들은 재테크 수단으로 주식 투자, 토지 거래, 채권 및 펀드 투자 등을 생각할 수 있겠지만, 내가 제일 흥미 있게 잘할 수 있는 방법은 부동산 투자, 그중에서도 주거용 부동산이 맞다는 결론을 내렸다. 그 이유는 주택은 주식이나 펀드 채권과 달리 실물을 직접 볼 수 있고 주식처럼 변동성이 강하지 않고 비교적 확정적이거나 안정적인 정보를 얻을 수 있으며 물건과 관계된 사람들과 협상을 통해서 가격측면에서 충분히 조정이 가능하다는 점에서 나에게 가장 적합하고 매력적인 방법이라고 생각했다.

수직적 멘토와 수평적 멘토를 찾아서

　그러던 어느 날 2월 중순에 개강할 새싹반 13기 모집 공지 글을 보게 되었다. 혼자서 팟캐스트를 듣거나 카페를 탐색하거나 부동산 관련 서적을 읽는 것만으로는 현실감각이 없는 것 같아 고민이었던 나는 주저하지 않고 새싹반에 참여하기로 했다.

그리고 드디어 개강 날.

2월 중순 추운 겨울날씨에 퇴근하고 부지런히 새싹반 강의가 있을 서울역 뒤편 중림동의 사무실로 향했다. 퇴근시간에 차가 막혀 강의 시작 시간이 10분 정도 지난 후에 강의실에 도착했고, 문밖까지 쩌렁쩌렁 울리는 좌포님의 목소리에 팟캐스트에서 늘 듣던 익숙한 목소리라 반가운 마음에 곧바로 강의실로 들어섰다. 어색한 첫 인사를 나누고 서로 따로 대화도 나누지 않은 채 수업만 듣고 헤어졌다.

그러나 매주 새싹반 수업과 뒤풀이 회식, 매일 넘쳐나는 단체 카톡창의 수다. 특히 5주차의 임장 실습 덕분에 새싹반 13기 멤버 한명, 한 명에 대해 이해하고 친해졌고 새싹반 이후에도 더리치 사무실은 테마 특강, 실전반 수업 등으로 거의 매주 찾아가면서 서서히 경매라는 비에 내 마음과 몸이 젖고 있었다.

경매를 바라보는 서로 다른 시각

새싹반 수업을 통해서 알게 된 '부동산 경매'에 대해서 나는 비교적 선입견이 없었다. TV 드라마 등에서 경매가 일어나면 집 안의 모든 재산에 차압을 의미하는 빨간 스티커를 붙이고 가족들이 깜짝 놀라 부둥켜안고 엉엉 우는 장면을 보며 놀란 적이 있었다. 하지만 경

매가 일어나는 배경에는 돈을 빌려주고 이를 못 갚는 사전 단계가
있고 경매라는 법적 절차를 통해서 법원이 채무자를 대신해서 채무
자의 자산을 매각해 그 돈으로 채권자의 채권을 변제해주는 것이라
는 지식을 알고 있어서 부동산 경매가 꼭 나쁜 것만은 아니라는 생
각이 있었다.

　3월의 어느 날 부동산 투자를 위해 차근차근 준비하던 나에게 반
대세력이 등장했다. 그것은 어머니였다. 나는 어릴 때부터 매일 어
머니에게 오늘 있었던 일이 무엇인지 그 일을 하면서 느낀 점은 무
엇이고 배운 점이 무엇인지를 재잘재잘 전화로 얘기하는 오랜 습관
이 있었다. 어머니는 이런 나를 보면서 늘 귀여워하시고 나날이 성
장해가는 딸을 보면서 흐뭇해하셨다. 2월에도 습관대로 어머니에게
부동산 투자를 위한 공부와 카페 활동에 대한 이야기를 하며 그동안
모아둔 돈을 좀 투자하면 좋겠다고 이야기를 꺼내자마자 어머니의
태도가 달라지셨다.

　어머니께서는 딸이 부동산 투자, 그것도 경매에 홀려서 큰돈을 잃
게 될까 걱정되어 투자를 시작하는 것에 대해서 강하게 반대를 하셨
다. 한번 얘기하신 것으로는 불안하셨는지 매일 먼저 전화하셔서 나
를 설득하기 시작했다. 처음에는 그 말씀을 그대로 반박하며 꼭 그
렇지는 않다고 설득하려고 했지만 며칠 반복되면서 대화만으로는
이해와 설득이 안 된다는 사실을 깨달았다. 그래서 어머니 허락 없
이는 절대로 부동산 투자를 하지 않겠다고 안심시켜드렸고 나 또한

부동산 투자에 대해서 시간을 갖기로 결정했다.

다른 동기들은 새싹반 13기 수업이 끝나고 연회원을 위한 실전반에 거의 모두 등록하고 실전 투자를 시작했는데 나는 아직 어리고 좀 더 숙고해보자고 망설이고 있었다. 그러는 와중에 새싹반 수업의 끝남을 아쉬워한 동기들의 마음이 모여 새싹반 동기모임을 하게 되었다. 수업 이후의 첫 자발적인 모임이었기에 좋은 와인 두 병을 챙겨서 동기모임 장소인 더리치 사무실 부근 레스토랑을 찾아갔다. 레스토랑의 편안한 분위기 때문인지 선물로 준비한 와인 덕분인지, 우리는 이 시간을 통해서 그간 못했던 많은 이야기를 나눴다.

6주간의 교육기간에는 서로를 잘 알지 못해서 속내를 털어놓고 이야기할 수 없었는데 그날 각자의 투자 방향에 대해 나누면서 인생선배인 언니들이나 오빠들도 투자 초보자들이 가지고 있는 막연한 두려움과, 결단하지 못한 주저함이 있다는 것을 발견하면서 더더욱 동질감을 느낄 수 있었다.

이때 새싹반 담임선생님이신 행운님께서 우리에게 입찰할 수 있는 물건을 소개해주었고, 주저하고 망설이던 나의 고민을 깨고 투자를 하고 경제적 자유를 이루고 싶다는 본능적인 욕구가 이 물건에 입찰하겠다는 결단을 내렸다.

첫 입찰, 첫 낙찰

4월의 어느 날 새싹반 13기 동기 실전, 로드, 곧미남님과 함께 처음으로 임장을 다녀왔다. 처음으로 임장보고서를 써서 좌포님께 이메일로 보내고, 처음으로 입찰서를 작성해서 새싹반 동기인 실전님이 대리로 입찰해주었는데 정말 일사천리로 첫 낙찰을 받았다. 그날은 내 부동산 투자 인생에서 가장 짜릿하고 행복했던 날이었다. 비록 회사에서 낙찰 소식을 들었지만 입찰하러 간 로드님과 실전님이 전해주신 낙찰 소식 덕분에 그동안 부동산 투자에 관해 갖고 있던 막연한 두려움을 떨쳐버릴 수 있었다.

그리고 낙찰받은 날 저녁 용기를 내어 어머니와 아버지에게 경매로 아파트를 낙찰받았고 앞으로의 절차와 실행계획에 대해서도 차근차근 말씀드렸다. 그런데 정말 놀랍게도 어머니와 아버지께서는 전혀 꾸지람 없이 "우리 딸 고등학생처럼 공부만 하는 줄 알았는데 이렇게 경매도 하고 너무 자랑스럽다"며 자기 일 같이 기뻐해주셨고 용기를 주셨다. 나중에 들은 이야기로 아버지는 딸의 첫 낙찰 소식을 지인들 모두에게 소문냈다고 한다. 그만큼 어른들에게도 경매는 전문가에게 수수료를 주고 맡겨야 할 만큼 어려운 것이라는 선입견이 있었나 보다.

이렇게 한 번의 낙찰로 막연한 두려움과 동경심, 꼭 해보고 싶은 기대감이 일순간 해소되면서 본격적으로 투자자의 길에 들어가야겠다는 새로운 각오가 생겼다. 고무된 자신감으로 새싹반 동기들과 다양한 지역으로 임장을 다니게 되었다. 그러던 5월 울산에서 다니는 새싹반 13기 반장님이신 선택님의 가게 개업식이 있어 이를 축하하기 위해 동기인 로드님, 실전님, 늘병 언니와 함께 선택님의 식당으로 찾아갔다. 더리치 덕분에 30대 초반 아가씨의 주말 일상이 쇼핑과 친구들과의 수다와 맛집 탐방에서 지역 아파트 임장과 더리치 동기의 식당 개업식 방문으로 바뀌어가고 있었다.

함께하는 경매

어느 날 아침 좌포님으로부터 메시지 한 통을 받았다. 오는 5월 마지막 토요일 오후 2시에 카페 연회원들에게 브리핑할 물건이 있으니 관심 있는 회원들은 카페에 댓글로 신청하고 브리핑에 참석하라는 내용이었다.

이번 프로젝트는 더리치 실전반에 등록한 이후에 처음으로 참여하는 단체 프로젝트였기 때문에 더 기대감이 컸다.

좌포님께서 알려주신 경매 번호의 물건에 관한 유료정보지 및 법원공고 정보 등을 미리 살펴보고 5월말 토요일 단체 브리핑에 참석했다. 좌포님은 이미 팀을 꾸려서 지역 정보 및 현장 임장 관리사무소에서 미납관리비 내용까지 파악을 하셨으며 경매 사건의 배경 및 물건의 상세정보까지 알 수 있는 알찬 브리핑을 해주셨다.

늘벙님과 함께한 임장

입찰번호 배정 바로 다음 날인 일요일 저녁시간에 13기 동기 늘벙님과 함께 현장 임장을 떠났다. 늘 바쁜 일상 속에서 사는 나와 늘벙님은 언제든지 바로 시간이 된다면 현장으로 달려가는 편이었다. 임장을 준비할 시간이 거의 없었음에도 불구하고 물건번호, 호수, 임차인 성함, 물건지로 이동 가능한 대중교통 시간대를 철저히 조사해서 현장으로 떠났다. 이번 일요일 임장의 목적은 일반적인 임장에서의 아파트의 외관 입지, 현지 매매가 파악이 아니라 점유 중인 임차인의 거취 여부, 입찰 여부, 임차인의 우선매수 신청 여부 등을 파악하는 것이 주목적이기 때문에 임차인을 만나서 그들의 이야기를 들어야 했다.

임차인의 우선매수 신청이란?

임대주택법 제15조 2항에 포함하는 임차인(건설임대주택이나 매입임대주택의 임차인)은 법원 부동산매각(경매)에서 우선매수 신청자격이 부여된다. 따라서 일반주택(집합건물 포함)에 거주하고 있는 임차인은 우선매수 신청 권한이 없다.

건설임대주택을 경매하는 경우에는 임대주택법의 규정에 의해 우선분양전환을 받을 임차인이 매각기일까지 보증을 제공하고 최고매수신고를 한 가격으로 자신이 임차하고 있는 주택을 우선매수하겠다고 신고를 하면 비록 최고가매수인이 있더라도 그 임차인에게 최고가매수인의 지위를 부여하고 최고가 낙찰자는 차순위가 된다.

여기서 중요한 것은 그 임차인이 임대사업자의 동의를 받지 않는 무단전차인은 민사집행법 매각절차에서의 무선매수권이 없다는 대법원 판례(대법 2008 마 1306. 자 2009.3.17. 결정)가 있다.

단체 입찰의 설렘

바로 다음 날인 6월 1일 월요일, 입찰하기로 한 사람들의 단체 카톡창이 개설되었고, 회원들 각자 해당 물건지의 임장을 다녀온 후기 또는 임장 갈 계획들을 논의하며 현지의 상황에 대해 나름의 구상을 각자 그릴 수 있었다. 직접 임장을 가지 못하는 회원들을 배려해 임장 가는 회원이 대신해서 못 가는 회원의 입찰 물건을 현황을 파악해주기도 하며 훈훈한 분위기에서 하루하루 입찰을 준비했다.

　좌포님께서 미리 작성해주신 기일입찰표 포맷에 회원 각자의 정보를 입력하고, 입찰 가격란만 비우고 인감도장 인감증명서 및 입찰보증금 수표를 준비해서 사무실로 집합했다.

　입찰가 작성일 오전에는 단체 대화창에 소풍 가기 전 설레는 느낌이라는 이야기와 심상치 않은 MERS(중동호흡기증후군) 전파 속도로 인해 회원들의 건강을 걱정하며 소독제를 준비해오신다는 이야기, 대리입찰 가는 실전님과 로드님의 직업을 무엇으로 쓸 것이냐 등등의 이야기로 즐겁게 대화하며 차근차근 입찰을 준비했다.

　기일입찰표 작성에 로드님과 실전님의 엄격한 검사를 받고 입찰표 작성을 완료했다. 표기가 잘못되었거나 오해의 소지가 있는 입찰가격 숫자는 가차 없이 재작성 명령을 받았다. 그러다 보니 몇몇 회원분들은 입찰표 작성만 3번 한 경우가 있었는데 3수 만에 입찰표 작성을 완료한 밤규님은 "낙찰의 8부 능선을 넘은 것 같네요"라고 명언을 남겨 많은 회원들을 웃음바다에 빠뜨렸다. 실제로 밤규님은 까다로운 입찰표 작성 과정을 거친 덕분인지 입찰한 물건 2개 모두 낙찰받는 기록을 세우셨다.

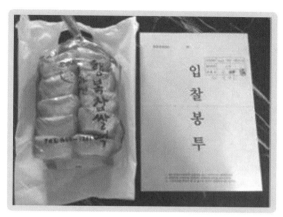

▲ 입찰 전날 작성한 입찰봉투와 마음을 담은 참으로 소박한 선물

물건 하나 개찰에 3시간!

입찰일이 월요일이라 직장상사의 눈치가 보임에도 불구하고 휴가를 내서 회원 분들과 아침 일찍 집합장소에 모여 법원으로 출발했다.

오전시간 단체 카톡창에는 입찰한 회원들의 전날 밤 꿈 이야기로 설레는 마음을 나누기도 했다. 특히 베리굿님은 더리치에서 45개 물건 모두 낙찰되는 꿈을 꾸기도 하고, 미우님은 40억 원에 낙찰되는 꿈을 꾸기도 하셨다. 나는 반대로 입찰한 물건 2개 모두 아깝게 패찰되는 꿈을 꿨는데 개인적으로 늘 꿈과 현실이 반대로 되는 징크스가 있어서 잘 풀릴 것 같다는 느낌을 갖고 법원으로 향했다. 법원에 도착해보니 해당 경매 물건의 임차인 및 관계자 수십 명이 입찰법정 입구에 모여 있어서 경매 입찰이 개시되기를 기다리고 있었다.

▲ 입찰 당일 춘천지방법원앞 풍경

입찰공고 게시판을 확인해 해당 물건의 입찰이 진행됨을 확인했고, 이 물건은 부도임대주택에 관한 것이라 우선매수가 가능하다고 법원 LCD에 계속 표시되어 있었다. 경매 법정은 입찰자와 임차인으로 꽉 차 있었고 팽팽한 긴장감마저 흘렀다. 또한 이때 대한민국은 MERS로 사람들이 밀집한 지역에서는 대부분의 사람들이 마스크를 쓰고 서로 부딪히지 않으려고 조심히 다녀서 입찰 법정은 더욱 긴장된 분위기였다.

드디어 1시 개찰시간!

1번~45번 물건 모두 응찰되었고, 개찰이 시작되었다.

1번 연안부두님 4,105만 원으로 낙찰되었다. 첫 스타트를 낙찰로 시작해 회원 모두 기쁨의 도가니였다. 그리고 4번 좌포님이 입찰한 물건은 11:1의 경쟁 끝에 4,501만 원에 패찰, 5번 물건은 3:1의 경쟁 끝에 서울에서 오신 사람이 7,469만 원에 낙찰되었는데 임차인 우선매수가 처음 이뤄져서 낙찰받고 그만 임차인에게 빼앗기고 말았다.

우리는 우선매수의 위력을 처음으로 법원에서 직접 본 것이다. 이후에 낙찰되고도 우선매수가 나올까 봐 더욱 긴장하게 되었다.

그리고 내가 입찰한 6번 물건. 10:1의 경쟁 끝에 4,568만 원으로 낙찰받았고 다행히 차순위 매수신고 및 임차인 우선매수가 없었다.

43번 밤규님이 입찰한 물건은 8:1의 경쟁 끝에 4,627만 원으로 낙찰되었고, 44번 로드님이 입찰한 물건은 4:1의 경쟁 끝에 7,888만 원으로 낙찰되어서 이번 프로젝트에 참여한 새싹반 13기 중 실전님만 패찰을 하고 모두 낙찰받았다.

우리 회원들이 총 44개 물건에 응찰했고, 우선매수 신청이 들어와 낙찰은 19개가 되었다. 그중에서 2개 물건을 낙찰받은 분만 총 6명이였고, 나도 운 좋게도 그 6명 중 한 명이었다.

부도임대주택법을 아시나요?

입찰일로부터 3일 뒤 최고가 매수신고인 13인의 대화창이 새로 만들어졌고 여기에서 새싹반 11기 근성 님의 리드하에 '임차인 우선매수신청'에 버금가는 '부도 공공건설임대주택 특별법' 조항에 대한 집중적인 공부를 하기 시작했다. 이 조항을 근거로 임차인이 5~10년 전 임대차 계약조건으로 계속 살고 싶다면 임대인으로서는 비슷한 가격대의 다른 아파트에 비해서 수익률에 조금 손해를 볼 수도 있기 때문에 임차인과 대화 중에 이 조항에 대한 이야기가 나왔을 때를 대비해 전략을 짜기도 해서 결론적으로 모두 성공을 거두었다.

LAW

"부도공공건설임대주택 임차인 보호를 위한 특별법(약칭: 부도임대주택법)

[시행 2015.7.1.] [법률 제12989호 2015.1.6. 타법개정]
국토교통부(주거복지기획과)

제1조(목적)

이 법은 「임대주택법」 제2조제7호의 부도등이 발생한 공공건설임대주택을 매입하여 공공주택 등으로 공급함으로써 임차인의 보호와 주거안정 지원을 목적으로 한다.

제2조(적용대상 등)

① 이 법은 공공건설임대주택으로서 「임대주택법」 제2조제7호의 부도등(이하 이 조에서 "부도등"이라 한다)이 이 법 시행 전에 발생한 임대주택에 한하여 적용한다. 〈개정 2013.5.22. 〉

② 제7조에 따른 임차인의 임대보증금 보전의 기준이 되는 임대차계약서는 부도등이 발생한 날 전에 임대사업자와 임차인이 체결한 계약서에 한한다. 다만 임차인이 부도등이 발생한 후에 체결한 최초의 임대차계약서로서 확정일자 등 임대주택을 점유한 날을 증명하는 경우에는 이를 인정할 수 있다. 〈개정 2013.5.22. 〉[전문개정 2009.12.29.] (중략)

제10조(공공주택 등으로 공급 등)

① 주택매입사업시행자가 제5조의 규정에 따라 부도임대주택을 매입한 경우에는 공공주택 등으로 공급할 수 있다. 이 경우 공공주택 외의 주택으로 공급하는 주택은 「임대주택법」 제2조제2호의 건설임대주택으로 본다. 〈개정 2008.3.21. 2009.3.20. 2014.1.14.〉

②제1항의 규정에 따라 공공주택 등으로 공급한 경우에는 부도임대주택의 임차인에 대하여 「주택 공급에 관한 규칙」에서 정하는 바에 따라 입주자로 우선 선정한다. 〈개정 2009.3.20. 2014.1.14.〉

③ 주택매입사업시행자는 제1항 전단에 따라 부도임대주택을 공공주택 등으로 공급하여 「임대주택법」에 따라 분양 전환하는 경우 같은 법 제16조에 따른 임대의무기간의 기산일은 해당 부도임대주택의 당초 임대개시일로 한다. 〈신설 2013.5.22. 2015.8.28.〉

④ 제1항의 규정에 따라 공공주택 등으로 공급하는 경우의 입주자격 임대조건 등에 관하여 필요한 사항은 대통령령으로 정한다. 〈개정 2009.3.20. 2013.5.22. 2015.8.28.〉

⑤ 주택매입사업시행자 외의 자가 부도임대주택을 매입한 경우에는 당해 부도임대주택의임차인(「임대주택법」 제19조를 위반하지 아니한 임차인으로 동일 임대주택에의 계속 거주를 희망하는 경우에 한한다)에게 3년의 범위 이내에서 대통령령으로 정하는 기간 동안 종전에 임차인과 임대사 업자가약정한임대조건으로임대하여야한다. 〈개정2008.3.21.2013.5.22.〉

단체 출장 자서

이제는 대출과의 전쟁이 시작되었다. 우리가 입찰한 물건의 감정은 몇 년 전에 실시가 되었는데, 그 사이 가격이 1,000만 원 이상 올라서 감정가격보다 높게 낙찰받았는데, 경매에서는 일반적으로 감정가와 낙찰가에서 낮은 금액이 대출금액의 기준점이 된다.

이때 감정가격은 내가 낙찰받은 물건을 예로 들자면 대략 3,800만 원인데 낙찰을 4,700여만 원에 받아서 감정가대비 70% 대출을 받으면 투자금이 많이 들어가게 되어서 어떻게든 낙찰 금액이 기준점이 되어야 했다.

그래서 대출 견적을 몇몇 곳에서 미리 받아 비교한 끝에 카페에서 준비해주신 곳에서 유리한 조건(낙찰 금액이 기준이 아닌, KB시세를 기준)으로 대출을 실행할 수 있게 되었다. 놀랍게도 더리치에서도 유래 없는 은행 출장 단체 자서 일정이 조율되어 6월 27일 토요일에 은행직원이 더리치 사무실로 출장을 와서 단체로 주택담보대출 자서를 실시하게 되었다. 보통은 개개인이 은행에 직접 방문해 대출 자서를 실시하는 것이 원칙이므로 이러한 단체 자서가 실행되기까지는 더리치에 대한 은행 및 법무사 관계자의 깊은 신뢰와 배려가 있기에 가능했다.

물건번호	10	설명
감정가	38,000,000	감정가 100%, 15평 아파트
낙찰가	47,184,500	124.17%
KB시세	50,000,000	(2015.06.27 기준)
대출금액	40,000,000	낙찰금액 88%, 금리 연3%
입찰보증금	3,800,000	
추가 잔금	4,825,623	취득세 + 농특세 + 법무비 + 잔금

▲ 출장자서 현장   ▲ 대출을 위한 신분증과 서류   ▲ 자서 후 단체 점심 식사

대출조건은 KB시세의(4,500만 원/15평. 8,000만 원/24평) 70%로 (3,150만 원/15평. 5,600만 원/24평) 후순위 신용대출 500만 원/건당으로 실행되었다(MCI. MCG 미사용).

그런데 이때 반전이 이루어졌다.

놀랍게도 자서일 당일에 해당 물건의 KB시세가(5,000만 원/15평 8,800만 원/24평)으로 오른 것을 로드님이 발견하고 이 부분을 좌포님에게 보고하게 되었다.

좌포님과 대출해주는 법무사 사무장님, 은행 직원들이 모여서 상의를 했고, 결국 은행직원은 본사의 승낙을 받아 KB시세의 70%를 실행하도록 했고, 사람에 따라 신용대출을 500만 원에서 1,000만 원까지 받을 수 있도록 했다.

내가 낙찰받은 물건을 예로 들어 설명해보면 감정가 3,800만 원이 감정가격인데 4,700여만 원에 낙찰받아서 KB시세대로 대출을 실행하니 낙찰가의 88%가 되어서 추가 잔금은 482만 원밖에 들지 않았다.

지금은 이러한 조건으로 대출받기 어렵지만 이 당시에는 해당 물건의 45개 아파트의 낙찰가가 감정가를 모두 초과했고 KB시세가 상승하고 있으며 더리치에서 잘 협의해준 덕분에 이렇게 좋은 대출 조건을 만나게 되었던 것 같다.

생각보다 순탄치 않았던 명도

7월 11일 새싹반 13기인 밤규님께서 법원에 업무차 가실 일이 있어서 사건기록을 열람해서 점유자의 연락처를 알 수 있었고, 전화 명도가 시작되었다.

7월 12일에 6번 물건 및 10번 물건 임차인과 통화를 시도했고 6번 임차인은 연락이 되지 않았고 10번 임차인과 30분가량 통화를 할 수 있었다.

앨리 : 안녕하세요. 늦은 시간에 전화를 드려 죄송합니다. 이번에 이 아파트를 낙찰받은 ○○○라고 합니다. 지난번(임장 때)에 412호 복도에서 만나서 얘기 드렸던 아가씨인데요. 기억하실지 모르겠네요.

점유자 : 아, 안녕하세요 아가씨가 이 집 그렇게 비싸게 낙찰받은 아가씨예요? 왜 이런 집을 낙찰받고 그래요! 내가 그때 만났을 때도 입찰하지 말라고 했는데….

앨리 : 처음 뵙고 얘기 드린 직후에는 입찰할 생각이 없어서 다른 사람에게 입찰을 권유하고 저는 포기했었는데요, 부산에 사시는 저희 어머니가 이 아파트 얘기 들으시더니 살기 좋은 곳 같다며 한번 입찰해보라고 하셨어요(선의의 거짓말로 상대의 비판에 직접적으로 응답해 논쟁을 만들지 않으려고 노력하고 임차인의 법정 제출 서류 중 주민등록초본에서 고향이 나와 같은 부산임을 이용하고 나이대가 친어머니와 비슷함을 이용하고자 했다).

점유자 : 아, 그랬어요? 아가씨 고향이 부산이에요? 나도 부산 사람인데, 부산에서 하도 고생을 해서 죽으려고 하다가 몸이 하도 안 좋아서 공기 좋은 여기까지 오게 됐네….

앨리 : 헉, 왜 죽을 생각까지 하셨어요…. 부산사람은 원래 정이 많고 마음이 따뜻해서 부산에서도 서로 많이 도와주셨을 텐데 어쩌다 이렇게 외딴 곳까지 오셨대요…(이때부터 눈물이 터져서 울먹이기 시작했다).

점유자 : 사고가 있어서 남편이랑 큰아들이랑 그렇게 황망하게 잃고 둘째 딸은 워낙 똑똑한 아이라 미국에 있어서 얼굴도 못보고, 나 혼자 부산에 있는 큰 집에 혼자 있어봤자 자꾸 외롭고, 혼자서 밥 벌이하다 보니 몸에 병이 생겨가지고, 이 병이 나으려면 공기 좋은 이 동네가 좋다고 하잖아. 여기 아파트 오기 전에는 아는 사람 통해서 펜션에 3개월 살다가 1년 전에 이 아파트 와서는 동네 주민센터에 월 20만 원 받고 일하러 다니네. 그런데 이 아파트도 작년 여름부터 시끌시끌하더니만 이렇게 경매까지 넘어가 버리고(갑자기 울기 시작하셨다) 아가씨 나는 어떡하라는 말이야, 다른 곳에 이사 가려고 해도 나는 갈 곳이 없어, 돈도 없다고….

앨리 : (이미 울면서 전화를 받고 있었다)어머니, 어떡해요. 그렇게 고생하신 줄 몰랐네요 제가 이 집을 낙찰받았으니 저는 어머니 편입니다. 어머니께서 이사하지 않고 이곳에서 지내고 싶으시다면 저는 최대한 편의를 봐드리겠습니다. 반대로 이곳에서 이사 가고 싶으시면 그것도 도와드릴 것이고요. 배당기일 이후에 보증금을 배당받으시고 저와 임대차계약을 새로 깨끗하게 쓰시거나 이사 가실 수 있도록 돕겠습니다. 상세한 내용은 저희 법무사 ○○에서 내용증명서에 작성해서 등기로 발송할 것입니다. 내용증명서를 보시고 헷갈리는 내용이 있으시면 언제나 딸처럼 저에게 전화해주세요. 상세히 설명해드리겠습니다.

점유자 : 아 그래요?! 아가씨가 낙찰받아서 내는 다행이네. 아가씨, 그런

데 내가 정말 몸이 불편하고 돈이 없어서 그러니 이전에 살던
조건으로 2,000만 원 보증금에 월세 10만 원으로 하면 좋겠어.

앨리 : 네, 그 부분은 천천히 조율해요. 우선 시간이 늦었는데 마음 추스
르시고 한숨 푹 주무셔요. 전화 끊겠습니다. 편안한 밤 되세요.

점유자와 훈훈하게 대화가 이뤄졌다. 지난번 첫 낙찰 물건도 점유
자가 딸 삼겠다고 하면서 밥도 사주고, 가족처럼 다 같이 인증사진
을 찍은 적도 있었는데 이번에도 비슷한 상황으로 명도가 순탄하게
진행될 것 같은 예감이 들었다.

그리고 6번 물건 임차인도 바로 다음 날 아침 9시에 전화 와서 협의
를 했다. 그런데 놀랍게도 이 임차인은 부도 임대아파트 임차인 특별
법 조항을 알고 있었고, 이를 근거로 현행조건으로 3년간 살고 싶다
고 했다. 회사가 근처에 있고 출장이 잦아 이사가 어렵다는 것이다.

물건 2개가 쉬울 것 같으면서도 어려울 것 같아서 좌포님께 전화를
드려서 자초지종 설명을 드렸더니 일단 대화가 되니 너무 부정적으로
생각하지 말고, 사람의 마음을 움직여보라는 조언과 함께 부담이 되지
않는 범위 내에서 먼저 선물을 보내보면 좋을 것 같다는 팁을 주셨다.

그래서 실행력이 빠른 나는 바로 인터넷 주문으로 10번 임차인에
게 석류즙을 6번 임차인에게 배즙을 선물세트로 발송했다. 선물을
받은 임차인들의 감사 문자를 받았고, 이 일을 계기로 향후 거취에
대해 이야기를 나눠 편한 분위기로 전환되었다.

명도는 결국 낙찰자가 이기는 것

하지만 배당기일(9월초)이 다가오면서 배당표가 확정되기 전에 후순위임차인 및 선순위임차인 모두 배당을 모두 받지 못할 수 있다는 불안한 분위기가 생기면서 임차인의 태도가 급작스럽게 바뀌어 8월 말에는 임차인과 대화가 어려워지기 시작했다.

원래 계속 거주하기를 희망하던 10번 임차인이 배당금을 받고 고향으로 가겠다고 마음을 바꾸셨고, 부도임대아파트특별법 법규에 따라 3년간 이전 조건으로 살겠다던 6번 임차인도 갑자기 이사를 나가겠다는 것이다.

그래서 9월 1일 배당기일에 맞추어 8월 30일에 열쇠를 받고 집 내부 수리할 부분을 확인하러 10번 물건 아파트로 찾아갔다. 전화로 이야기할 때는 계속 살겠다고 했다가, 이사 가겠다고 하면서 서로 조금 불편하게 대화를 마무리 했는데 막상 아파트에 찾아가 얼굴을 보니 어머니뻘 친척을 만난 것처럼 편안한 분위기로 대화를 할 수 있었다.

임차인도 멀리서 찾아와준 내가 고마웠는지 포도와 음료수를 준비해주며 앞으로 이사 갈 곳에 대해서 말하며 이사 확인증(입주예정지 계약서 및 이사트럭 예약증)도 미리 준비해서 보여주고 그간 이 아파트에 살면서 좋은 점, 불편한 점에 대해서도 이야기해주셨다(점유자가 이사 나가기 전에 명도확인증을 줄 때는 감정이 상하지 않는 분위기에서 이사계획을 증명하는 서류를 요구하는 것이 좋다).

걱정과는 달리 즐거운 분위기로 이야기를 마치고 열쇠를 받고 수리가 필요한 부분의 설명을 들으며 사진을 찍고 임차인과 마지막 인사를 나누고 다시 서울로 돌아왔다. 아파트까지 찾아와준 것이 고마우신지 서울로 돌아가는 길에 먹으라며 포도 한 송이도 챙겨주셔서 마음이 따뜻해졌다.

9월 1일 배당일 3일 전인 8월 27일 법원에 전화해 6번 물건, 10번 물건 임차인 모두 임대차보증금을 배당받을 수 있는 것을 확인했다. 내 일처럼 임차인의 배당정보를 확인해서 알려준 덕분에 임차인들과 신뢰 있는 분위기에서 명도를 쉽게 마무리 지을 수 있게 되었다.

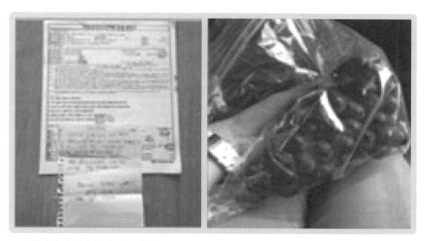

▲ 임차인의 이사 확인 서류와 임차인이 건네준 포도 한 송이

나눔으로 맺게 된 깊은 인연

6번 물건 임차인은 9월 4일에 이사를 하기로 하고 9월 5일에 현장에서 열쇠를 받기로 약속을 했다. 이렇게 명도를 하던 와중에 나와 늘벙님에게는 특별한 일이 있었다.

더리치의 단체물건 입찰 준비 및 대출 조건 확보를 위해 여러모로 힘써주시는 좌포님 과 거재님께서는 아쉽게도 이 물건에서 패찰했다. 패찰임에도 불구하고 대출과 명도, 임대차 전반에 꾸준히 도움을 주시는 모습에서 늘 감사하며 나와 늘벙님은 한 가지 결심을 하게 되었다. 우리가 2개씩 낙찰받은 아파트 중 하나씩 좌포님과 거재님께 매매하기로 말이다. 그래서 내가 낙찰받은 6번 물건은 거재님께, 늘벙님이 낙찰받은 8번 물건은 좌포님께 낙찰가로 매매해 주택담보대출도 승계했다. 이로써 우리 네 사람은 각자 한 집씩 소유하게 되어 나눔으로 맺은 인연으로 함께 셀프수리를 하게 되었다. 그리고 이 물건은 최근까지 매매가가 많이 올라주었다. 도움만 받았던 두 분에게 이렇게라도 도움이 된다는 것이 얼마나 기분 좋은 일인지 모른다.

37. 76	2017-03-01 ~ 10	11		6,400
37. 76	2017-02-11 ~ 20	6		6,000

▲ 2017년 봄에 거래된 실거래가격

처음 배운 셀프페인트

9월 5일 거재님, 좌포님, 좌포님 아들인 산하와 함께 1박 2일 아파트 셀프수리를 하러 갔다. 전날 이사를 끝낸 6번 물건 임차인을 아파트에서 만나 열쇠를 받고, 전 임차인의 설명과 함께 아파트 내부를 처음으로 살펴보았다. 걱정과 달리 깨끗하게 유지되어 있어서 페인트칠, 도배, 장판 정도만 하면 될 것 같았다.

좌포님은 토요일 연회원을 위한 실전반 수업이 있어서 저녁 늦게 오시기로 하고 우리 3명이 먼저 떠났다. 그리고 명도를 끝내고, 셀프수리할 이런 저런 시장을 봐서 수리를 시작했다. 첫째 날은 아파트 내부청소 및 페인트칠을 대비해 테이핑 작업을 했는데, 테이핑 작업이란 유리 창틀에 테이프를 붙여서 쉽고 깔끔하게 페인트칠을 할 수 있게 하는 예비 작업이다. 예비 작업만으로도 3~4시간은 순식간에 지나갔다.

첫째 날 저녁으로 삼겹살과 김치찌개, 후식 복숭아로 푸짐한 식사를 마치고 침낭에서 1박을 했다. 다음 날 아침 일찍 좌포님께서 아파트 두 곳의 베란다 수성페인트칠을 먼저 해주셨고, 이어서 좌포님, 거재님, 나는 각자 한 곳씩 아파트를 맡아 문틀, 창문, 틀, 문짝, 가스관의 유성페인트칠 작업을 했다. 좌포님께서 기초와 핵심을 짚어서 잘 설명해주신 덕분에 처음 하는 페인트칠이었지만, 큰 무리 없이 4시간 안에 마무리할 수 있었다. 처음에는 창문틀을 칠할 때 하나하나 섬세하게 2~3번 덧칠해가며 발랐는데 나중에 문짝을 칠할 때는 큰 붓으로 2번 만에 끝내며 점점 재미도 나고 속도도 붙었다. 이렇게 페인트칠을 하는 사이에 좌포님께서 찾아오셔서 중간 점검도 해주시고 현관문에 도어락도 설치해주셨다.

처음 해본 페인트칠이었지만 좌포님의 친절한 설명과 잘했다는 칭찬 덕분에 즐거운 마음으로 기억하게 되었고, 다음에도 페인트칠이나 수리가 필요할 때 자신 있게 할 수 있을 것 같았다. 그리고 9월 중순에 지역 수리 전문업체에 맡겨 도배장판 작업과 주방수리를 끝내고 새로운 임차인을 맞을 준비를 마쳤다.

수익률 ○○%?

이 지역은 독특하게도 중개업소보다는 지역 군청 홈페이지 내에서 '빈집 정보' '부동산 정보'를 공유해 직거래가 활성화되어 있었다. 이를 활용해 우리 회원들은 새 임차인을 만나고 많은 계약을 할 수 있었다. 수리를 마친 후 지역 군청 홈페이지에 빈집 정보를 올리고 9월말 한 통의 전화를 받았다. 자신이 존경하는 목사님께서 미국에서 집회를 마치시고 한국으로 돌아와서 월세 걱정 없이 전세로 살고 싶은데 어떻게 안 되겠느냐는 전화였다.

수익률을 생각하면 전세는 불가능해서 원래의 1,000/30에서 조건을 변경해 2,000/20 또는 3,000/10 정도로 월세로는 어떠한가 여쭈었다. 그러자 3,000/10이면 바로 가능하다고 제안이 왔고, 저도 이를 수락했다. 마침 휴가였던 나는 당장 지역아파트로 바로 찾아가 법무사의 중개하에 임차인 대리인과 임대차 계약서를 작성하고 보증금과 월세도 선불로 받았다.

　여러 임차인들을 만나보았지만 목사님 임차인은 처음이었다. 월세를 주시는 날마다 목사님의 전화가 오는데, 최근 11월 월세를 주신 날에는 전화로 나에게 안부를 여쭈시며 좋은 말씀을 전해주시고, 나를 위해서도 늘 축복 기도를 하신다고 말씀하셨다. 이렇게 따뜻한 마음을 가진 임차인을 만나서 감사하다. 그래서 나는 이 아파트를 생각하면 미소가 지어진다.

　이 물건에 대해서 수익률을 정리하면 다음과 같다.

물건번호	10	설명
감정가	36,000,000	100%
낙찰가	47,164,000	124.17%
KB시세	50,000,000	(2015.06.27 기준)
대출금액	40,000,000	88% 금리 연 3%
입찰보증금	3,800,000	10%
추가 잔금	4,825,623	취득세 + 농특세 + 법무비 + 잔금
명도비(이사비)	0	
미납관리비	0	
도배장판비	780,000	

주방수리비	330,000	
셀프수리비	70,000	
중계수수료	0	
임차보증금	30,000,000	
월세	100,000	
월이자	100,000	
실투자금	20,194,367	회수
월 현금 흐름	0	
매입가 수익률	6.10%	
실투자금 수익률	∞	

월세 10만 원이라 매달 이자를 내고 나면 남는 것이 없지만 보증금 3,000만 원을 받음으로써 실투자금 중 2,019만 원이 회수되어 다음 투자를 할 수 있는 자본금이 확보되었다.

꾸준한 투자로 머니 파이프를 구축하고 미래 상승가치가 있는 자산을 축적하고자 할 때에는 실투자금 회수가 큰 힘이 된다. 실제로 이때 얻게 된 투자금이 다음 투자에 종잣돈이 되었다. 이번 단체물건을 통해서 부도임대주택에 대해서 많이 알게 되었고, 혼자 하는 투자가 아니라 함께하는 투자가 얼마나 더 즐거운지 배운 계기가 되었다.

지난 2015년을 돌아보니 2월에 새싹 13기를 시작해 2015년 4월부터 새싹 13기와 함께 임장과 입찰을 시작하고, 2016년 5월까지 12개월 동안 경매로 4건, 공매로 2건, 일반 매매로 6건, 오피스텔 분양 1건 총 13건의 부동산을 얻었다. 이 중 1건은 실거주로 사용 중이고, 1건은 거재님께 양도, 1건은 어머님 명의로 낙찰받아드리고 최종 8곳에서 월세를 받고 있다.

항목	건수	수익 상태
경매 낙찰	4건	월세 2건
공매 낙찰	2건	월세 2건
매매	5건	월세 3건
오피스텔 분양	1건	—
총합	12건	120만 원 순수익

월세를 받는 곳에 대해서 실투자금이 약 3,000만 원 정도 투입되어 대출 이자를 제외한 월 수익은 140만 원 정도로 수익률이 60% 정도 된다.

아직 시세차익도 없고 고작 매달 월 140만 원을 벌기 위해 그 고생을 하냐는 이야기를 할 수도 있겠지만, 월급쟁이가 월급 이외에 월 140만 원을 합법적으로 벌기란 쉽지 않다.

지난 2년간의 부동산 투자의 경험이 부동산 투자에 부정적이였던 부모님의 생각을 서서히 바꿔 올해 2017년에는 20년 넘게 거주하던 주택을 7층 오피스텔로 재건축하는 것을 시작해 올 가을에 완공을 앞두고 있다.

앞으로는 부동산 시장과 물건을 분석하는 기술도 업그레이드하고 부동산 시장과 경제 주기를 파악하는 스킬을 쌓고 세금 및 정부정책에 대한 지식도 배우며 부동산 투자 경험을 다세대주택, 상가, 꼬마 빌딩 등으로 넓혀나가 365일 월세 받는 꿈을 실현해보고 싶다. 지금 여덟 곳에서 매월 월세를 받으니 앞으로 22개만 월세용으로 투자 하면 한 달에 30개에서 30일 동안 월세가 들어오니 매일 월세를 받는 꼴이 된다. 나는 이 꿈을 이루기 위해서 오늘도 열심히 현장을 누비고 있다.

앨리님은 한국 나이 34세로 또순님과 동갑이다.

새싹반 13기로 2년 반이 지난 지금도 더리치 카페 온·오프라인 활동을 꾸준히 하며, 회원 사이에 앨리라는 닉네임은 한번쯤 들어본 사람이 많다.

부족한 자본 여건과 투자 목적에 맞는 투자 유형을 잘 지켜 매월 꾸준한 월세수익을 확보했기에, 부동산 투자의 끈을 놓지 않고 지금도 부동산 투자 현장에 가까이 있다. 여자가 결혼하면 출산과 육아에 따른 휴직으로 인해 경력 단절과 경제적 결핍이 생길 수 있는데 이러한 월세 수익 집중형 투자는 앨리님 인생의 보험이 되어, 경제적 자유와 영혼의 행복을 찾아가는 여정에 힘을 실어줄 수 있다.

특히 부동산을 반대하던 가족을 자신의 편으로 만들었으니, 이제 전진할 일만 남았다.

경매밖에 몰랐던 경매 바보

지현서 실전님

인생을 바꾼 친구의 전화 한 통

2009년 12월. 몇 번 와 보기는 했지만 서울에서 직장을 다니면서 살아보기는 처음이다.

아침이면 모든 사람들이 분주히 걷고, 저녁 늦게까지 일을 해야 하는 서울 생활, 계약직에서 정규직으로 신분이 바뀌었지만 서울 생활은 따분하고, 적응이 되지 않았다.

일을 하면서 과연 내가 이 길을 계속 가야하는지에 대한 의문이 들었지만 뾰족한 수가 없어서 어쩔 수 없이 끌려가는 소처럼 눈 뜨면 출근하고, 시간 되면 퇴근하는 전형적인 샐러리맨이 되어가고 있을 즈음에 직장 선배의 소개로 공무원인 집사람을 만나 결혼했다.

첫째 아이가 태어났다. 본가는 구미, 처가는 부산이라 아이를 돌봐줄 수 사람이 없었고 마침 직장생활에 회의를 느끼고 있던 나는 아이를 돌본다는 핑계를 대고 직장을 그만두었다.

조리원에 있는 아내의 뒷바라지와 첫째 딸을 돌보며 새로운 미래를 설계하며 지내던 내게 예전 직장 동료가 계약직 자리를 하나 권

해주었다. 월급 수준은 첫 직장 정규직 수준 정도가 되어서 열심히 해서 또 정규직을 꿰차면 되겠다 싶어서 다녔지만, 너무나도 다른 직장문화에 적응하지 못하고 9개월 만에 또 그만두었다. 아내는 내 결정을 지지하고 잘 따라주었다. 탓할 만도 하지만 매일 늦게 들어오고 적응을 잘 못하는 남편을 보면서 이해해주고 격려해준 아내가 너무 고마웠다.

그렇게 두 번째 직장도 그만두고 결국 시골에 계신 어머니를 불러 첫째 딸 양육을 맡기고 나는 도서관을 다녔다. 공무원이 되어서 저녁에는 가족들과 웃고 즐기며 살겠다는 꿈을 가졌다. 하지만 도서관에서 원래 하고자 했던 공무원 시험에 대한 공부보다는 다양한 분야의 책들이 나를 유혹했고, 공부보다는 그 책들을 읽는 재미에 푹 빠져버렸다.

이때 대구에 있는 친구로부터 한 통의 전화를 받았다.

부동산 대출에 관한 일을 해보면 어떻겠냐는 것이다. 그 업무를 하려면 부동산에 대한 기초적인 지식이 있어야 하고, 가장 중요한 것은 등기부등본을 볼 줄 알아야 한다는 것이다.

전국을 다니며 자서를 받아야 한다는 친구의 이야기를 듣고 보니 나한테 딱 맞을 것 같았다. 부동산에 관한 책을 찾아보니 등기부등본에 대해 설명이 가장 잘된 책이 경매 책이었다. 그래서 경매 책을 읽기 시작했는데 의외로 재미가 있었다. 도서관의 경매 관련 책들을 읽으면서 나는 그만 경매의 세계에 빠져들고 말았다.

그러던 중에 경매 교육을 어떻게 하면 받을 수 있을지 알아봤는데, 대부분의 수업이 강남에 있어서 수업이 끝나고 다시 의정부로 오는 것이 쉽지가 않았다. 그렇게 시간만을 보내다가 접한 책이 좌포님의 《경매 학교종이 땡땡땡! 어서 모여라!》였다.

책을 읽는데 너무나 재미가 있었다. 그래서 좌포님이 운영진으로 있는 카페에 바로 가입을 하고 이곳저곳을 서핑해보니 책 못지않게 카페 게시들도 또한 재미가 있었고, 딱 내 스타일이었다.

낙찰받은 이야기, 임장 가서 있었던 에피소드 등 나의 흥미를 충분히 자극할 수 있는 내용들이 많았고, 마침 이때 경매 기초반인 새싹반 회원들을 모집하는 공고문도 나와 있었다.

카페에서 운영하는 강의장이 서울역이라 의정부에서 한번에 갈 수 있어서 오가는 시간에 공부를 하면 이래저래 시간을 알차게 쓸 수 있을 것 같았다.

▲ 나를 더리치로 이끈 좌포님의 책과 새싹반 13기 모집 공고 글

　그렇지만 책으로만 공부를 하고, 온라인에서 카페 활동을 하다가 오프라인 강의장에 간다는 것이 쉬운 일이 아니었다.

　며칠을 고민하다가 들어나보자는 생각에 수업시작 하루 전에 신청을 했고, 좌포님의 따뜻한 환영 댓글에 힘이 났다.

　수업 당일 서울역에 좀 일찍 도착해서 강의장을 찾았다.

　하지만 건물의 외부가 너무 오래되고 허름해서 강의장이 있는 4층으로 쉽게 올라갈 수가 없었다. 강의장 건물 맞은편 슈퍼에서 음료수 한 캔을 사서 마시면서 어떤 사람이 오가는지 지켜보기로 했다.

　강남에서 하던 일일특강을 갔을 때는 깨끗한 건물에 간판도 있고, 경매하는 곳임을 알 수 있는 여러 사인들이 있었는데, 그 당시 더리치 건물에는 그런 것이 없었다. 물론 지금은 건물이 리모델링되었고 4층에서 2층으로 이사한 상태라 외부에서 보기도 좋지만 그 당시만 해도 그렇지 않았다.

　밖에서 지켜봐도 누구 하나 오가는 사람이 없었고, 그 허름한 건물로 도저히 들어갈 용기가 나지 않았다. 돌아갈까, 들어갈까 고민하다가 서울역까지 온 것이 아깝고 들어가서 잡힌다 하더라도 싸워보자는 생각으로 4층으로 올라갔다.

　강의장 문을 여니 나를 반갑게 맞이해준 사람은 선택님이었다. 선택님은 이미 더리치에 몇 번 와봐서 여유가 있었다.

　그렇게 나는 친구로부터 받은 전화 한 통에 경매 인생이 시작되었다.

▲ 더리치 강의장이 있었던 왼쪽의 강의장과 지금의 오른쪽 건물

순수한 내 돈이 없는 종잣돈

도서관을 다니면서 부동산과 관련된 책들, 경매와 관련된 책들을 많이 봤고, 메모를 해가며 정독해서 공부했기 때문에 수업 내용이야 별게 있겠냐 싶었지만 막상 수업을 들어보니 책으로 배운 것과는 확연히 달랐다.

왜 사람들이 비싼 돈 내고 오프라인 공부를 하는지를 알 것 같았다.

우리 13기에는 울산에서 다니는 선택님과, 로드님이 있는데 나를 포함해서 3명이 직장이 없는 백수들이었다. 그러다 보니 서로 의지도 되고, 격려도 하면서 임장도 다니고, 모여서 스터디도 하고, 또

담임을 맡아주신 행운님의 도움으로 단체 임장도 다니면서 즐거운 새싹반 과정을 보냈다.

나는 당시 종잣돈을 약 3,000만 원 정도 들고 있었다. 원래 전세로 살고 있었는데 집주인이 집을 판다는 이야기를 해서 고민하다 대출을 받고 그 집을 매입하니 투자금이 조금 들어갔지만 돈이 남게 되었다.

그리고 직장을 그만두기 전에 만들어놓은 마이너스 통장, 보험약관대출액을 계산해보니 3,000만 원 정도가 되었다. 지금 생각해보니 결국 순수한 내 돈은 하나도 없었던 셈이다. 웃음이 나온다. 지금 다시 그렇게 시작하라면 했을까?

종잣돈이란?

종잣돈(Seed Money)이란 씨앗이다.

장사를 하기 위해서는 밑천이 있어야 한다고 말한다. 투자도 원금이 있어야 투자할 수 있다. 이런 의미에서 종잣돈이란 표현을 쓴다.

자기가 가지고 있는 돈이 종잣돈이 될 수는 없다. 자기가 가지고 있는 돈이 은행에 묶여있다면 그 돈은 종잣돈이 아니다.

종잣돈은 무엇을 하기 위한 초기 자본을 종잣돈이라 말한다.

돈이 많아도 그 돈이 경제적 주체 행위를 위한 돈이 아니라면 아무리 많은 돈이 있어도 그 돈은 종잣돈이 될 수 없다. 많은 사람들이 돈을 가지고 있어도 잘못하면 원금 손실이 두려워서 나서지 못한다면 그 돈은 종잣돈이 될 수 없다.

경매 초보자들의 의문점 중 하나가 종잣돈의 규모다. 나는 앞에서 이야기한 것처럼 순수하게 보면 단 돈 한푼이 없었다. 다만 경제적 행위를 하기 위해서 인위적으로 종잣돈을 만들었던 것이다

투자자로서 처음 가진 등기권리증

연회원반으로 올라온 동기들이 낙찰을 받기 시작했다. 나는 조바심이 났다. 동기들이 있다는 것은 같이 의지하면서 경매를 계속해나갈 수 있는 원동력이 되기도 하지만, 자칫 낙찰을 위한 경매를 하게 되는 치명적인(?) 단점이 있다. 연이어 들리는 동기들의 낙찰소식은 망설이던 나를 임장으로 발을 움직이게 했고, 은근히 경쟁모드가 작동되어 집 근처인 양주로 첫 임장을 가게 되었다.

동기들과 임장은 몇 번 갔지만 혼자서 임장 간 것은 처음이라 많이 긴장이 되었다. 배운 대로 하자는 생각만이 머릿속에 울려 퍼졌다. 우선 우편함을 살펴보고, 관리소도 가보고, 주변을 배회했다. 하필 일요일이어서 중개업소도 문을 열지 않았고 그렇게만 단순히 겉

만 보는 임장을 하고 마쳤다.

　좌포님께 임장보고서를 보내고 피드백을 받아서 입찰하는 게 더리치 초보 임장자의 정석이지만, 나는 그냥 입찰하려고 마음먹었다. 수익률표도 돌려보고 이것저것 알아보고 했지만, 첫 입찰이라서 소극적일 수밖에 없었다. 임장 다음 날이 입찰이었고, 나는 보기 좋게 패찰했다.

　패찰한 날 저녁에 집에서 또다시 입찰 물건을 검색했다. 떨어지고 나니 낙찰에 대한 마음이 더 간절해졌다. 여기저기 검색을 하다 보니 한 물건이 눈에 들어왔다. 가격도 괜찮고, 월세는 아주 마음에 들었다. 지도로 살펴보니 조금만 올라가면 대기업 공장이 있었다. 아마 그래서 월세가 좋은가보다 했다. 새싹반 동기에게 물어보니 괜찮을 것 같다면 용기를 복돋아주었다.

　다음 날 오전에 임장을 갔다. 입찰일이 그 다음 날이었기 때문이다. 가보니 좀 외진 곳에 아파트가 단독으로 있었다. 배운 대로라면 투자하면 안 되는 조건의 아파트였다. 그렇지만 지은 지 얼마 되지 않아서 아파트 상태가 아주 양호했다.

　해당 물건 앞에서 두근거리는 심장을 진정시키고 벨을 눌렀다. 뭐를 물어보고 뭐를 해야 할지 머릿속이 새하얘졌다. 몇 번을 눌렀지만 아무도 나오지 않았다. 마침 옆집으로 들어가서 아가씨를 보고 불러 세웠다. 그리고 집 내부를 볼 수 있겠냐고 정중하게 요청했지만 보기 좋게 거절당했다.

그때를 생각하면 지금도 쓴웃음이 나온다.

덩치가 크고 검은 옷을 입은 남자가 여자 혼자 사는 집 내부를 보여달라고 했으니 말이다. 112로 신고 안 당하는 것만도 다행이란 생각이 든다.

그때는 절박했기 때문에 그럴 수 있었으리라.

아파트 앞 중개업소에 갔다. 소장님이 아주 친절하게 잘 응대해주셨다. 아직까지 아무도 경매 물건에 대해서 물어보지 않았다는 얘기에 쾌재를 불렀다. 소장님은 친절하게 감정가보다 많이 높여 쓰지는 말고, 조금만 더 써서 낙찰받아오면 자기가 책임지고 월세를 놓아주겠다고 하셨다. 중개업소에서 나와서 대기업 공장까지 차로 한번 이동해보았다. 금방이었다. 이 물건 괜찮겠다 싶었지만, 한편으로는 걱정이 많이 되었다. 좌포님의 가르침대로라면 입찰해서는 안 되는 조건들이 많았기 때문이다.

임장을 마치고 집으로 돌아와서 나는 임장보고서를 작성하기 시작했다. 임장에서 들은 내용 그대로 그리고 손품을 팔아서 알게 된 정보들을 적고, 투자 목적인 월세 투자에 방점을 찍고 좌포님께 이메일로 보냈다. 피드백을 기다리는 시간 내내 나는 좌포님께 혼이 날까 무서워서 떨고 있었다. 마침내 밤늦게 좌포님의 답신이 왔고, 떨리는 마음으로 열어보았다.

좌포님께서 보내온 피드백에는 예상과는 달리 입찰해도 좋다며 가격 피드백까지 들어 있어서 안심이 되었고 기분이 업되었다. 월세도 좋고 아파트도 깨끗해 나는 입찰표를 작성하면서 좌포님께서 알려주신 예상 낙찰가보다 더 높은 입찰가로 입찰서를 작성했다. 하나둘씩 낙찰을 받는 동기들이 있어서 나도 얼른 낙찰을 받고 싶다는 마음이 그 당시에는 너무나 컸다. 거기다가 혼날 줄 알았던 물건인데 입찰해도 좋다는 피드백을 받으니 너무나 흥분이 되었다.

입찰 당일 법원으로 가는 차 안에서 동기들에게 입찰 간다는 사실을 알리고 꼭 낙찰받아오라는 응원을 받으니 더더욱 낙찰받고 싶었다. 법원에 도착해 어제 만났던 중개업소 소장님께 전화를 했다. 내가 돌아가고 난 이후에 경매 물건에 대해서 임장을 온 사람이 있냐고 물으니, 소장님은 아무도 온 사람이 없었다며 너무 많이는 쓰지 말고 적당한 선에서 낙찰받으라고 조언해주셨다. 하지만 내 귀에는 그 말이 들리지 않았다. 낙찰에 대한 부푼 기대와 좌포님께서 허락했다는 사실, 그리고 첫 입찰에서 오는 불안감 등이 더해져서 시세와 월세를 계산해서 쓸 수 있는 최대치를 쓴 입찰서를 제출했다.

그렇게 내 손을 떠나고 나니 거액(1억 원도 안 되는 아파트이지만 그 당시에 나에게는 너무나 큰돈이었다)의 아파트에 투자하는 내 모습이 갑자기 두려워졌다. 내가 잘 꾸려나갈 수 있을지, 임대는 잘 나갈지, 앞으로 전망은 괜찮을까 등등의 생각이 머릿속을 돌아다니기 시작했다. 낙찰되면 좋겠는데 낙찰되고 나면 또 무엇을 어떻게 해야 할지 걱정이 되었다. 그 와중에 좌포님께 입찰표 제출했냐고 문자가 왔다. 제출했다고 하니 좌포님이 그러신다. 그 아파트에 본인도 하나 갖고 있다고 말이다. 그 문자를 보는 순간 내가 쓸데없는 걱정을 했다는 안도감보다는 진작에 말씀해주셨으면 이런저런 걱정하지 않고 입찰했을 텐데 하는 생각이 들었다. 그러면서 미래에 대한 불안감이 싸악 사라졌다. 좌포님도 갖고 계시다면 어느 정도 괜찮은 물건일 것이라는 믿음이 들었기 때문이다. 나중에 좌포님으로부터 들은 이야기는 입찰 전에 본인이 그 단지에 물건이 있다고 말하면 너무 높게 쓸까 봐 일부러 말씀해주시지 않았다고 하셨다. 그런 좌포님의 세심함 덕분에 나는 너무 높지 않은 가격에 입찰할 수 있었다.

내 물건은 가장 마지막이었다. 꽉 찼던 법정은 하나둘 떠나고 나 홀로 앉아 있게 되었다. 극도의 긴장감 속에 이게 뭔 일인가 하는 불안함이 엄습해오는 순간에 내 이름이 호명되었다. 결과는 단독 낙찰이다.

하지만 이미 좌포님도 갖고 계신 물건이라는 생각에 단독낙찰은 조금도 걱정이 되지 않았다. 기분 좋게 법대로 나가서 영수증을 받고 뭘 해야 할지 몰랐다. 낙찰받고 영수증을 받으면 모든 것이 끝이라는 것을 그때는 몰랐다. 집행관은 내게 이제 집에 가시면 된다고 말해줬다. 머쓱하게 밖으로 나온 나는 가장 먼저 좌포님께 전화해 고맙다는 인사를 드렸다.

맛있게 점심을 먹고 사건기록열람까지 했다. 이 물건은 세입자가 전액을 배당받아가는 상태였다. 사건기록열람을 해보니 세금이 몇 가지가 있었다. 당해세 문제가 발생할 수도 있어서, 급하게 좌포님께 사진을 보내고 전화를 드렸다. 좌포님께 어떤 것이 당해세인지 알려달라고 말씀드렸더니, 좌포님께서 한번 찾아보라고 말씀하셨다. 그때는 그저 모든 것을 좌포님께 여쭤보고 해결할려고 했었던 것 같다. 지금 생각해보니 당해세 정도는 스마트폰만 열어봐도 바로 알아낼 수 있는 문제인데, 시시콜콜 모든 것을 물어보려고 했던 내 자신이 지금 생각해도 부끄럽다.

낙찰 후 대출 문제는 좌포님을 통해서 좋은 조건에 잘 마무리되었고, 명도도 어려움은 없었다. 단지 첫 명도라는 생각에 세입자와 얘기를 나누면서 굉장히 긴장했었다. 말로는 전할 자신이 없어서 문자로 명도를 진행했으며, 그 과정 중에 나는 세입자가 조금은 빨리 집을 비워줬으면 하는 바람이 있었다. 그래서 낙찰자는 법적으로 이사비를 지급할 의무가 없다는 말을 했더니, 세입자가 법을 좋아하니 법대로 하라며 기분 언짢아했다. 나는 살살 달래면서 어떻게든 일찍 이사 나가길 원했지만 세입자의 비협조와 낙찰자인 나의 법 발언으로 결국 배당기일이 되어서야 첫 명도를 마칠 수 있었다.

배당기일에 세입자를 만나서 알게 된 사실이지만, 그 집의 주인은 앞에서 말한 그 중개업소 소장님이었다. 나는 뒷통수를 맞은 느낌이 들었다. 그렇게 잘해주던 그 사람이 내가 입찰하려고 했던 물건의 주인이었다니, 배신감은 이루 말할 수 없었다. 그렇지만 난 아무 말 하지 않았고, 그 소장님은 미안했는지 월세를 가장 먼저 빼주었다. 아마 그 소장님은 내가 알고 있다는 사실을 모를 것이다. 이 물건은 보증금 2,000만 원에 월세 35만 원으로 놓아서 굉장히 기분히 좋았다.

이렇게 해서 경매로 첫 낙찰을 받고, 투자자로서 처음으로 등기권리증을 가졌다.

낙찰물건	여주
감정가격	91,500,000
최저가격	91,500,000
매매시세	100,000,000
전세시세	70,000,000
입찰가(낙찰가)	93,248,173
감정가입찰틀	101.9%
취득세	932,482
지방교육세	93,248
법무사비 등	756,216
명도비(이사비)	-
미납관리비	447,510
리모델링비	460,000
중개수수료	220,000
총투자금액	96,157,629
대출금액	76,000,000
이율(%)	3.92%
연이자	2,979,200
월이자	248,267
보증금	20,000,000
월세	350,000
실 투자금	157,629
월 현금흐름	101,733
실투자금 수익틀	774.5%

▲ 낙찰 물건 수익률표

▲ 청소만 하면 되는 내부

낙찰가가 동점이 나왔네요

생애 첫 낙찰을 받고 난 나는 경매의 세계에 푹 빠지게 되었다. 낙찰을 받고 동기들과 본격적으로 전국을 대상으로 임장을 다니기 시작했다.

연회원반에서 가끔 나오는 다세대주택 추천물건이 있었다. 인천이라서 집과 가까워 한번 가볼까 하는 찰나에 대구에서 나보다 먼저 부동산 투자를 시작한 고등학교 친구가 인천에 아파트 계약을 위해 올라온다는 얘기를 듣고 같이 임장 가자고 했다.

입찰하고자 하는 다세대주택은 새로 생기는 지하철역에서 걸어서 1분 내에 도달할 수 있는 거리였고, 비교적 새 건물이라서 굳이 내부를 보지 않아도 될 것 같았다. 물론 다세대주택은 반드시 내부를 확인해야 하지만 초보였던 나는 그런 것을 생각하지 못했다. 그저 역에서 가깝고 다행히 길가에 위치하고 있어서 앞이 막히지 않았다는 사실만으로 이미 그 물건에 빠져들었다. 문제는 해당 사건에 물건번호가 2개라는 것이었다. 짧은 지식으로 2개가 동시에 낙찰되어야지 배당기일이 잡히겠다는 생각에 같이 간 친구 녀석을 2번 물건에 입찰하라고 꼬셨다.

그 당시 이 친구는 인천 서구에 아파트를 하나 계약을 했는데, 가계약금을 내고 잔금을 치기 전까지 기간 동안 몇 천만 원이 올라 아주 기분이 좋은 상태였다. 또 신기하게도 다세대주택의 입찰일에 매입한 아파트의 경매 물건이 있어서 그것을 입찰할까 생각하고 있던 중이었다. 그런 상황에서 내가 다세대주택까지 하라고 옆구리를 꾹 찌르며 대리입찰해주기로 하고 2번 물건에 입찰시키는 데 성공했다.

입찰 당일, 인천으로 들어서니 차가 갑자기 막히기 시작했다. 곧 뚫릴 것이라 생각했지만 전혀 그럴 기미가 보이지 않았다. 이대로 입찰을 못하는구나 싶었다. 내가 입찰하는 물건이야 안 하면 그만이지만, 친구의 아파트 입찰까지 해야 하기 때문에 행여 입찰하지 못하면 친구 볼 면목이 없었다. 시간은 자꾸 흐르고 친구에게 전화해서 입찰을 못할 수도 있겠다고 이실직고했다.

조금씩 움직이는 차량흐름을 따라 법원에 도착하니 또 주차할 곳이 없다. 어쩔 수 없이 평행주차를 해놓고 법정으로 뛰어갔다. 이 날 총 3개를 입찰해야 하는데, 시간이 15분 정도밖에 남지 않았다. 나는 처음부터 당일 은행에서 보증금을 찾는 습관을 들여놔서, 이때에도 보증금을 3개나 찾아야 했다. 솔직히 그냥 포기하고 싶었다. 이렇게 바삐 움직이다 입찰서를 잘못 쓰는 경우에 큰돈이 잃을 수 있어서다. 그런데 잠깐 숨 돌리는 사이에 생각해보니 내가 쓴 가격이 그 물건 낙찰가보다 높으면 나중에 기분이 별로일 것 같았다. 우여곡절 끝에 무사히 입찰함에 입찰서를 넣었다. 그리고 친구의 아파트는 패찰하고, 내가 입찰한 1번 물건의 다세대주택은 단독으로 낙찰이 되었다.

그런데 친구가 입찰한 2번 물건에서 동점이 나왔다.

법정에 사람들이 웅성거리기 시작했다. 1번 물건을 낙찰받은 나는 2번 물건 대리입찰자로 법대 앞으로 불려나갔다. 집행관이 새로운 입찰표를 주면서 동점자 2명이서 입찰가만 새로 써서 가지고 오라고 했다. 친구에게 전화를 했지만 녀석은 전화를 받지 않았다. 내가 맘대로 입찰가를 높일 수는 없었다. 난 그냥 조금만 더 써서 제출했고, 다른 분이 낙찰을 받아갔다. 그분께 얘기해서 한 5,000원만 더 쓰고 입찰받아 가라고 말하고 싶었지만, 법정에 있는 모든 사람들이 우리를 지켜보고 있는 것 같아서 말을 걸 수가 없었다. 그 분은 결국 원래 입찰가보다 38만 원이나 더 써서 받아가셨다. 이때 감정가격이 8,000만 원인데 친구는 단돈 10원도 더 쓰길 원하지 않아서 입찰가에 끝전을 붙이지 못해서 패찰을 했다. 지금은 많이 올랐는데 두고두고 후회되는 물건이다.

입찰가격이 동점일 때

입찰가가 동점이면 집행관이 동점자들만 불러서 입찰표를 다시 작성하라고 한다. 입찰자 상호간에는 대화를 할 수 없으며, 이때 동점이 된 가격 이상으로 입찰해야 한다.

경매에서 동점이 되면 이렇게 재입찰을 통해 최고가매수인을 뽑게

> 된다.
> 이 경우 원래 입찰하고자 했던 입찰가보다 높은 가격에서 낙찰될 수
> 밖에 없기 때문에 처음부터 입찰가 산정 시 끝자리에 몇 천 원 몇 백
> 원 더 붙여서 쓰는 습관을 들이면 좋다.
> 공매의 경우 동점이 되면 무작위 추첨을 통해 낙찰자를 뽑는다.

　어찌됐건 나는 1번과 2번 물건에 모두 낙찰자가 맞춰졌기 때문에 쓸데없는 시간 보내지 않아도 되게 되었다. 나중에 알았지만 주인이 살고 있는 집은 물건번호에 관계없이 명도가 된단다. 또 임장을 꼼꼼히 하지 않고 그저 밖에서 봤을 때 2번보다는 1번이 더 좋은 것이라고 판단했는데, 알고 보니 2번 물건이 방도 1개 더 있고 시세차익도 더 많은 상태다. 나는 그 친구 녀석을 볼 때마다 지금도 종종 놀린다. 전화 한 통 안 받아서 몇 천만 원 날렸다고 말이다.

　그런데 다세대주택의 주인은 인도명령서에 기분 나빠했다. 자기가 알아서 이사 나갈 것인데 왜 인도명령까지 신청하냐며 불만을 토로했다. 사실 이 집은 강제집행까지 한번 해볼 요량이었다. 평수도 작고 금액도 큰 집이 아니어서 딱이다 싶어 좌포님께 말씀드렸더니 좌포님께서 손사래를 치셨다. 앞으로 강제집행해볼 수 있는 기회는 많으니 굳이 안 해도 될 물건에서 일부러 강제집행까지 하지는 말라고 하셨다. 다행히 그 이후로 이야기가 잘 진행되어 에어컨을 놓고 나

가는 조건으로 이사비를 조금 주고 명도를 마무리했다.

낙찰물건	인천(W)
감정가격	84,000,000
최저가격	84,000,000
매매시세	88,000,000
전세시세	60,000,000
입찰가(낙찰가)	84,000,000
감정가입찰들	100.0%
취득세	840,000
지방교육세	84,000
법무사비 등	739,660
명도비(이사비)	400,000
미납관리비	-
리모델링비	250,000
중개수수료	220,000
총투자금액	86,533,660
대출금액	68,800,000
이율(%)	4.09%
연이자	2,813,920
월이자	234,493
보증금	20,000,000
월세	350,000
실 투자금	- 2,266,340
월 현금흐름	115,507
실투자금 수익들	-61.2%

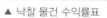

▲ 낙찰 물건 수익률표

▲ 내부 모습

소유자가 이사를 가는 날에 주차장에서 소유자를 보내고 한숨 돌리고 있는데, 4층에 산다면서 누군가가 접근해왔다. 웬 여성분이었는데 알고 보니 중개업소 소장님이셨다. 본인이 이 물건 전체를 사서 임대를 놓으려고 직접 4층으로 이사와 있다고 하면서 2층 낙찰가와 이것 저것을 물어보셨다. 자기도 경매에 관심이 있다고 해서 우리 카페를 알려주었다. 이렇게 우연히 마주친 인연으로 임대까지 놓아주셨고, 그 소장님은 보증금까지 대신 내어주면서 새로운 세입자까지 잘 맞춰주셨다. 이 물건은 시세도 올라주었고, 임차인이 한 번 바뀌면서 보증금과 월세도 인상되어 나에게는 알토란 같은 물건이 되었다.

낙찰받고, 취하되다

강원도에 한번에 45개가 경매로 진행되는 물건이 있었다. 그래서 좌포님이 회원들에게 미리 임장을 시키고 연회원들로 하여금 입찰하도록 해주었다. 직장을 다니는 회원들이 많아서 나와 로드님이 대리 입찰을 해주기로 했고, 입찰장에는 우리 둘과 앨리님, 세실님 그리고 좌포님께서 함께 동행을 해주셨다.

총 45개 물건에서 우리 회원들은 19개를 낙찰받았지만 나는 그만 패찰을 하고 말았다. 대리입찰을 열심히 해주고 정작 나는 내 물건에서 떨어지니 속이 많이 쓰렸다. 이런 내 마음을 알고 있는 듯 다음날 좌포님께 전화가 왔다.

좌포 : 어디야?

실전 : 그냥 집에 있습니다.

좌포 : 어제 패찰해서 서운한가 보다.

실전 : 아니요. 낙찰받기도 하고 패찰하기도 하는 거잖아요 뭐….

좌포 : 어디 또 안 가냐?

실전 : 그냥 집에 있는데요..

좌포 : 그래 (백수인) 니가 갈데가 어디 있간디, 너 입찰 갔다 올래?

실전 : 예? 어… 어디요?

좌포 : 지방이야. 갔다 올래?

실전 : 아니요. 집에서 애 봐야 하는데요….

좌포 : 내일 입찰이야. 오늘 당장 임장 가야 해. 니가 임장하고 입찰하라고.

실전 : 네? 예, 알겠습니다. 어딘데요?

그랬다. 열심히 대리입찰만 하고 정작 패찰한 내가 안타까워 좌포님께서 본인이 입찰하려고 준비해뒀던 물건을 입찰해보라고 주신 것이다. 지금 생각해도 너무 고마운 일이다. 이 물건은 가장임차인이 있어서 임장을 꼼꼼하게 해야 할 물건이어서, 좌포님이 직접 임장을 하고 입찰할 예정이었던 물건이었다.

가장임차인이란?

임대차계약이 통모에 의한 허위의 의사표시이거나 임차인이 실제로는 목적물을 인도받지 않았음에도 불구하고 임차보증금을 배당받기 위해 임차인의 형식만을 갖춘 임차인을 가장임차인이라고 한다. 쉽게 얘기해서 경매 절차에서 배당을 받기 위한 목적으로 허위의 임대차계약을 체결한 임차인을 말한다.

후순위라면 낙찰자에게는 큰 위험이 되지 않지만, 선순위 가장임차인은 낙찰자가 그 임차보증금을 인수할 수 있기 때문에 큰 위험이 된다.

따라서 가장임차인이 있는 물건의 경우 많은 투자자들이 쉽게 입찰할 수 없기 때문에 그 진위 여부를 밝혀낸다면 큰 수익을 낼 수 있다.

나는 이 물건을 통해서 또 다른 경험을 할 수 있었다. 만약 좌포님께서 이렇게라도 보내지 않았다면, 나는 아마 지금까지도 선순위 점유자가 있는 물건은 손댈 생각을 하지 않고 있었을 것이다. 전화 온 다음 날이 입찰일이라서 나는 얼른 준비해서 지방으로 내려갔다. 처음 접하는 가장임차인 물건이라서 혼자 갈 엄두가 나지 않아서 새싹반 동기인 로드님에게 같이 가자고 제안했고, 흔쾌히 따라나서 주었다(이때 이 곳을 우리는 처음으로 갔고, 이것이 인연이 되어 로드님은 이지역에 월세형 물건으로 2개나 취득하게 되었고, 그 이후에 소풍님, 슈퍼맨님, 벌써님, 우보천리님 등등 많은 회원들이 월세용 물건을 가지고 있다).

헐레벌떡 내려가서 대출을 실행해준 농협을 찾아갔다. 수업시간에 배운 대로 임차인이 진성인지 파악하기 위해서 등기부등본에 나와 있는 그 지역 대출농협으로 간 것이다. 대출담당자를 만나서 최대한 공손하게 물어봤다. 정보지를 보여주면서 이 아파트가 내일 경매로 나오는데, 계약서가 있는지, 선순위인데 대출을 이렇게 많이 해줬으면 은행 측에서도 문제가 될 텐데, 대출이 실행되었을 때는 상황이 어땠는지 한번 문서 확인을 해달라고 했다.

망설이는 담당자에게 나는 개인정보는 안 알려줘도 되니 확인만 좀 부탁드린다고 말씀드리니, 내키지 않아 하면서도 관련 문서를 찾아봐주었다. 대출 당시에 했던 전입세대열람에는 아무도 없는 깨끗한 상태였고, 결국 선순위로 보이던 임차인은 선순위가 아님을 밝혀냈다.

좌포님께 상황을 보고하니 그래도 모르니 집까지 가봐야 한다고 하셔서, 저녁까지 기다렸다. 아파트 밑에서 집을 올려다보니 거실에 불이 켜져 있어서 근처 슈퍼에서 음료수 한 박스를 사서 집으로 찾아갔다. 벨을 누르니 아주머니께서 나오셨고, 나는 차분히 상황을 설명드렸다. 아주머니는 깜짝 놀라시면서 일단 집안으로 들어오라고 하셨다. 속으로 쾌재를 부르면 들어갔더니 집 전체가 깨끗하게 올 수리가 되어 있었다. 아주머니랑 앉아서 이런저런 얘기를 나누었고, 집안 상태가 너무 좋아서 욕심이 났다.

이 집은 남편분이 사업을 하면서 돈을 빌렸는데, 그것을 갚지 않아 채권자가 경매로 집을 넘긴 것이었다. 나는 아저씨와 아주머니 전화번호를 받고, 내 전화번호를 드리고 낙찰받으면 월세로 임대를 놓을 생각이라고 말씀드리고 나왔다. 그런데 집에 정신이 팔려서 정작 확인해야 할 것은 물어보지 못했다. 두 분의 관계가 확실하게 법적인 부부인지를 물어봐야 하는데 깜박한 것이다. 혹시 이혼한 상태로 동거만 하는 관계라면 자칫 임대차가 성립할 수 있어서 문을 나서며 아주머니께 물어봤다.

"저기 실례지만, 아저씨랑 법적으로 부부관계 맞으시죠?"

아주머니가 잠깐 생각하시더니, 실소를 띄며 답하신다.

"부부이기도 한데, 부부가 아니기도 해요."

이게 무슨 말인가?

부부인데 가정에 소홀한 남편이 미워서 부부가 아니라는 것인지, 같이 살기는 하는데, 이혼해서 부부가 아니라는 것인지 도저히 가늠할 수가 없었다. 아까 은행에서 대출 당시에 임차인은 없었다는 것을 확인했지만 그래도 뭔가 찜찜했다. 아주머니께 혹시 다른 사람들이 경매 때문에 찾아오면 문전박대하라고 말씀드리고, 엘리베이터를 기다렸다. 기다리는 동안 집에 들어가셨던 아주머니가 전화기를 들고 다시 나와서 남편이라고 통화해보라고 했다. 아저씨는 경매 때문에 왔냐며, 근저당을 말소해서 경매를 취하시킬 예정이니 내일 괜히 법원 와서 헛걸음 치지 말라고 하셨다.

난 다시 좌포님께 전화했다.

"좌포님. 돈 갚아버리고 경매 취하시킨다는데요?"

"여태껏 못 갚았던 돈이 낙찰된 이후에 생긴다냐? 그럴 수도 있지만 그렇지도 않을 수 있으니 내일 법원은 가봐야 해."

취하시킨다는데 오고 가는 경비와 시간을 버릴 것 같아 가기 싫었지만 좌포님이 가보라 해서 다음 날 길을 나섰다. 법원에 도착해서 게시판을 보니 경매가 진행되고 있어서 새삼 좌포님의 예측에 놀랄 수 밖에 없었고, 좋은 집을 단독으로 받을 수 있을 것 같다는 생각에 가슴이 뛰었다. 그렇지만 100% 확신이 들지 않는 소유자와 점유자의 관계가 맘에 걸렸다. 그래서 채무자에게 다시 전화를 걸었다.

경매가 취하가 안 되었다고 말하니, 진짜로 입찰까지 갔냐고 타박을 주는 아저씨는 낙찰 후에 근저당을 갚을 것이라며 또 으름장을 놓았다. 이미 단독 낙찰이라는 생각에 딴 얘기는 귀에 들어오지 않았고, 나는 다시 물어봤다.

"사장님, 사모님과 법적인 부부가 맞긴 맞으시죠?"

"맞는데, 그건 왜 자꾸 물어봐?"

"아 그냥 궁금해서요."

쾌재를 부르며 감정가보다 24만 원 더 써서 신건에 낙찰을 받았다. 단체로 들어간 물건에서 패찰을 한 나를 챙겨준 좌포님에게 고맙다고 전화드리고 좋은 지역에 올 수리된 물건 받았다며 좋다고 집으로 돌아왔다.

그런데 며칠 뒤에 보니까 이 아저씨가 진짜로 근저당을 갚아서 취소기각이 되었고, 좌포님이 나를 생각해서 주신 물건인데 놓친 것이 너무나 아까웠다. 지금 생각해보면, 낙찰을 받고 빨리 잔금을 쳐서 내 소유권으로 이전했어야 하는데 안일하게 대처했던 것 같다. 이렇게 나는 또 한 가지 사실을 몸소 경험하면서 배웠다.

1년 만에 6,000만 원 올라준 무피 세팅 아파트

앞에서도 말했지만 나는 더리치 새싹반 13기 출신이다. 13기가 끝나고 한창 탄력받아서 전국을 싸돌아 다니고 있을 때, 14기들이 수업을 받고 있었다. 그런 14기 중에 청아한님이라고 계신다. 처음 본 게 더리치 버스 단체 임장 때로 기억이 나고, 바둑의 고수라는 것 외에는 아는 바가 없었다. 열심히 연회원반 수업도 듣고 특강, 공개강의를 들으며 뒤풀이에도 열심히 참여하다 보니 어느샌가 함께 임장을 다니면서 친해져 있었다.

연회원 수업이 끝난 어느 날, 날짜는 모르겠지만 좀 더 정확히 말하자면 연안부두님이 팟캐스트 녹음을 하던 날이었다. 그 당시 나는 팟빵에 게스트로 참여하는 데 맛을 들여서 녹음을 하려고 기다리고 있었는데 청아한님이 춘천에 물건을 찍어놨다며, 함께 임장을 가자고 했다. 춘천에 대해서 아는 것이 없어서 함께 가면 지역을 알 수 있을 것 같아서 따라나섰다.

해당 물건지에 가보니 사이드이긴 했지만 24평에 14층이라서 괜찮아보였다. 초등학교도 끼고 있었지만, 집에 가보니 허리가 아프신 할머니께서 살고 계신 것이 흠이라면 흠이었다. 소유자는 할머니인데 채무자는 가족 중에 한 분이었고, 할머니는 해줄 말이 없다면 문전박대하셨다. 우리는 그렇게 내부는 보지 못한 채 뒤돌아 나와서 나왔다.

그렇게 임장을 다녀오고 입찰 하루 전에 청아한님께 전화를 했다. 청아한님은 편찮으신 할머니가 계시는 것도 마음에 걸리고 별로 하고 싶지 않다고 했다. 나는 순간적으로 그러면 내가 입찰한다고 말했고, 청아한님은 그러라고 해주었다.

과거 낙찰가율이 100% 수준인 아파트라 입찰이 꺼려지기도 했고, 할머니를 상대로 명도를 하려니 망설여지기도 했지만, 임장 다녀온 것이 아까웠고, 한번 입찰이나 해보자는 마음으로 내가 가진 종잣돈 범위 내에서 쓸 수 있는 최대의 입찰가를 써서 냈다. 당연히 떨어지리라 생각하고 보증금 돌려받고 춘천 구경이나 하려고 기다리고 있던 나는 낙찰이라는 집행관의 말을 듣는 순간 어안이 벙벙했다. 낙찰을 받고 나니 기쁘다기보다는 오히려 큰일이 난 것처럼 좌포님께도 전화하고 동기인 로드님과 이 물건을 임장했던 밤규님께도 전화해서 이것저것 물어보기 바빴다.

낙찰을 받고 법원식당에서 점심을 먹고 사건기록열람을 하려니 아직 집행관사무실에서 서류가 넘어오지 않아서 못한다고 한다. 그래서 집행관사무실에 가서 집이 머니 열람 좀 하자니 안 된단다. 더 기다리면 보고 올 수도 있었지만, 어린이집에서 오는 아이를 기다려야 해서 어쩔 수 없이 다음에 올 것을 기약하고 집으로 돌아왔다.

나중에 열람하고 할머니와 통화해 만날 날을 잡고, 첫째 아이를 데리고 춘천으로 향했다. 할머니와 명도 협상하는 데 첫째의 존재가 혹시나 도움이 될까 싶어서였는데, 결과는 대성공이었다.

집에 들어가보니 텔레비전 옆에 사진이 있는데, 할머니께도 우리 첫째 딸과 비슷한 또래의 손녀가 있었던 것이다. 본인 손녀 대하듯이 집안 곳곳에서 사탕과 초콜렛을 꺼내다 주시며 손녀 얘기, 본인의 가족인 채무자의 사업 실패 얘기와 함께 앞으로 그 집에서 계속 살고 싶다고 하셨다. 나는 그때 시세대로 월세를 놓고 싶었지만 허리에 복대를 차고 힘들어하시는 할머니의 모습을 보면서 자칫 명도가 길어질 수 있겠다 싶어, 내 투자금이 전액 회수되는 수준에서 합의를 봤고, 현재 많이 올라주어서 효자 아파트가 된 상태다.

낙찰물건	춘천
감정가격	95,000,000
최저가격	95,000,000
매매시세	97,000,000
전세시세	80,000,000
입찰가(낙찰가)	86,915,500
감정가입찰율	91.5%
취득세	869,155
지방교육세	86,916
법무사비 등	840,346
명도비(이사비)	-
미납관리비	-
리모델링비	-
중개수수료	-
총투자금액	88,711,917
대출금액	77,200,000
이율(%)	3.58%
연이자	2,763,760
월이자	230,313
보증금	12,000,000
월세	330,000
실 투자금	- 488,084
월 현금흐름	99,687
실투자금 수익률	-245.1%

▲ 두 번째 낙찰 물건 수익률표

▲ 카페 낙찰 축하글

카페 회원들끼리 33채 아파트를 낙찰받다

기관 공매로 진행되는 물건이 있었는데, 좌포님께서 많이 고민하신 물건이었다.

이 물건을 브리핑하면서 들려주신 말에 의하면 2015년 봄에 국방부에서 내놓은 기관 공매 물건으로 아파트 2동 32개 물건이 있어 그 물건의 입찰을 준비하고 있는데 어떤 사람이 첫 매각기일에 낙찰받아갔다고 한다. 그래서 속 쓰리고 있던 차에 이번에 기관 공매로 44채가 나와서 적어도 30채 정도는 가져올 수 있겠다는 생각으로 입찰을 하려고 준비했던 물건인데 회원들이랑 같이 입찰을 하기로 마음을 바꿨다는 말씀을 해주셨다.

이 물건은 기관 공매라 회원들에게는 좀 생소한 것이었다. 그렇지만 우리는 좌포님을 믿고 진행할 수 있었다. 좌포님은 우량물건이라면서 운영진들에게는 우선 참여할 권한을 주셨고, 운영진이었던 나는 남향 프리미엄 층의 물건을 낙찰받았다.

이 물건에도 로드님과 함께 임장을 갔고, 깨끗한 관리 상태와 탁트인 전망 등 모든 것이 마음에 들었다. 게다가 좌포님께서 단체의 힘을 이용하기 위해 계약부터 명도까지 다 책임지고 해주셔서 나는 별로 할 일이 없었던 물건으로 기억된다. 이 물건에는 단체로 버스를 빌려서 임장을 갔는데 나는 그 당시 둘째가 태어나서 그 버스에는 함께할 수가 없어 너무나 안타까웠던 기억이 난다.

프로젝트에 함께하는 회원들이 다 같이 강의실에 모여서 입찰할 물건을 선정했고, 입찰가까지 모두 확정한 후에 대부분 낙찰을 받았다. 이 물건을 낙찰받고 나는 셀프수리에 대해서 많은 것을 알았다.

주말에 낙찰자들끼리 서로 품앗이로 일을 도와가며 수리를 했고, 나는 콘센트·스위치 교체, 페인트칠, 손잡이 교체 등 많은 것을 선배들로부터 직접 배웠고, 갓 낙찰받은 후배 새싹반 회원을 도우며 1박 2일간 신나게 수리를 한 기억이 난다.

내가 받은 집은 나름 깨끗해서 수리하는 데 큰 문제는 없었지만, 화장실 문이 뒤틀어졌는지 잘 닫히질 않았다. 주위에 물어보니 문을 통째로 갈아야 하고, 비용이 많이 든다고 해서 퍼뜩 이런 생각이 들었다. 문을 깎아서 맞춰보자. 차로 30분 거리에 있는 이마트로 가서 조각칼을 사왔다. 변기에 걸터앉아 화장실 문 아랫부분을 깎기 시작했다. 덩치가 커서 좁은 공간에 몸을 넣고 문을 깎는 일은 여간 어려운 일이 아니었다. 그렇게 몇 시간 문을 깎아내서 마침내 문을 여닫는 데 문제없는 상태가 되었을 때는 너무 기분이 좋았다. 표면을 좀 다듬고 유성페인트를 칠하니 새 문 같았다. 내가 수리하고 청소한 욕실에서 시원하게 샤워 한 번 하고 다른 동료들 집을 돌아다니면서 구경도 하고 조언도 주고받았다.

낙찰받은 회원 중에는 멀리 광주광역시에서 오는 아지랑이님도 계셨다. 아지랑이님은 도배기술을 익히셨고, 본인 집을 직접 도배 한다길래 나는 도배도 배워볼 겸 아지랑이님도 도울 겸 해서 돕기를 자청하고 나섰다. 하지만 도배를 너무 쉽게 생각했던지 재단과 풀칠과 붙이는 일이 생각 만큼 쉽지 않았다. 힘들고 하기 싫었지만, 도와주기로 약속했기에 나는 도배가 완료될 때까지 아지랑이님을 도왔다. 그리고 다짐했다. '도배는 셀프보다는 돈을 주고 맡기자'

이 태안아파트는 회원들과 잊을 수 없는 수리의 추억을 안겨주었고, 나에게 셀프와 돈 주고 맡기는 것에 대한 경계를 확실하게 만들어준 잊을 수 없는 경험을 안겨주었다. 원래 월세수익을 목적으로 낙찰받았지만 낙찰가격보다 전세가격을 더 받을 수 있어서 무피로 세팅을 했다.

이 물건은 2017년 3월에 매도를 했다. 괜찮은 시세차익을 얻었고, 이 맛에 경매를 하는 것이 아닐까 느끼고 또 느꼈다.

낙찰받고 무효 처리된 아까운 물건

연회원 수업에서 진주에 있는 아파트가 추천 물건으로 나왔다. 의정부에서 진주까지 멀긴 하지만, 이미 불붙은 나에게 거리는 문제가 되지 않았다. 1박 2일로 임장과 입찰계획을 잡고 진주로 내려갔다. 마침 동기였던 선택님도 진주에 다른 물건에 관심이 있어서 함께하기로 했다.

사실 이 아파트는 전달 추천 물건으로 1회 유찰 후 연회원들의 관심 속에서 멀어져 가던 아파트였다. 나는 사설정보지에 개인계정을 연회원을 시작하면서 바로 결제해서 가지고 있었는데, 여기에 추천 물건을 기록해놓으면 유찰된 물건은 낙찰되기 전까지 자동으로 달력에 계속 표시해준다. 1회 유찰되었고 거리가 멀어서 연회원들의 관심이 없을 것으로 판단했고, 나는 이 틈새를 노렸던 것이다.

▲ 진주 아파트 전경

입찰일이 월요일이어서 일요일에 새싹반 13기 반장이신 선택님과 해당 아파트들의 임장을 진행했고 우리는 남강변에 있는 모텔에 숙소를 잡고 저녁에 삼겹살에 소주를 먹으며 물건에 대한 이런저런 얘기를 나눴다. 내가 입찰하자고 한 아파트는 진주 중심과 너무 떨어져 있어서 선택님이 입찰에 부정적인 의견을 냈지만, 나는 괜찮다고 판단했다. 싸게만 받으면 수익률도 좋았고, 주변 동네의 신혼부부들이 많이 들어오는 곳이어서 매매도 어렵지 않을 것이라고 생각했기 때문이다.

입찰 당일에 아니나 다를까 연회원 중 2명을 법원에서 만났다. 법원에서 또 다른 연회원을 만나니 같은 물건에 입찰하는 것은 아닐까 걱정을 했는데, 다행히 3명 입찰에 모두 다른 물건이었다. 우리들은 신이 나서 3건 모두 낙찰을 받자고 의기투합했고 법원 근처 카페에서 열심히 입찰표를 작성했다.

먼 타지에서 우연히 카페회원을 만나면 경쟁해야 할 대상으로 생각이 들지만, 한편으로는 그렇지 않다. 서로의 물건에 대해 조언도 하고 지역에 대한 얘기도 나누며 입찰가에 대한 피드백도 서로 주고받을 수 있어서 너무나 좋다.

이 물건에 나는 아내 이름으로 입찰을 하려고 했다. 카페에서 웃고 떠들며 인증사진도 찍고 물건에 대한 얘기도 하며 입찰표를 작성하고 보증금도 챙겨서 대봉투에 잘 넣었다. 이날 근처 지방에 있던 로드님이 응원차 법원에 와서 5명이서 신나게 입찰준비를 했다. 서로의 입찰가도 두 번씩 확인했다.

그렇게 철저하게 입찰준비를 했고 모두 낙찰을 기원했다. 개찰이 시작되고, 나는 내가 입찰한 물건에 10명이 넘게 입찰한 것을 알 수 있었다. 법정에서 잘 보고 있으면 내가 입찰한 물건에 몇 명 정도가 입찰했는지는 새싹반 법원실습 때 배웠기 때문이다. 입찰한 사람이 많은 것을 보니 살짝 긴장이 되었다.

다른 물건에 낙찰자가 계속해서 발표되는 가운데 나는 속으로 입찰표와 보증금을 맞게 썼는지 생각해보았다.

'보증금 맞게 넣었고, 대봉투에 아내이름으로 잘 썼고 입찰표와 위임장도 잘 써서 넣었고, 인감증명서도…!?!?'

인감증명서를 넣었는지 안 넣었는지가 생각이 나질 않았다. 의자 밑에 있던 가방을 뒤져보니 대봉투안에 있어야 할 인감증명서가 거기에 떡 하니 있었다. 카페에서 웃고 떠들며 입찰가와 입찰표 작성에만 신경을 쓰다 보니 그만 대리입찰이란 것을 깜박했던 것이다. 로드님과 선택님을 불러 이 사실을 알렸다. 그때 그 둘의 표정을 나는 아직도 잊을 수 없다.

이미 엎질러진 물이었다. 입찰자가 10명이 넘으니 내가 쓴 입찰가로는 낙찰이 안 될 것이라고 스스로를 위로하고 또 위로했다. 그런데 내가 쓴 그 가격이 최고가였다. 집행관은 최고가를 써냈지만, 인감증명서가 첨부되지 않아서 탈락이라고 말했다. 너무나 아까웠다. 1박 2일 동안 기다려서 입찰한 것인데 말이다. 다른 2명은 모두 낙찰이었다. 이번 입찰을 계기로 나는 대리입찰을 갈 때는 입찰표와 인감증명서를 집게나 클립으로 집어서 가지고 간다.

▲ 법원과 카페에서 사진 찍느라 정신이 없었다

이번에도 또 무피 투자 물건

이 물건도 앞의 진주 물건처럼 지나간 실전반 추천 물건이었다. 지나간 추천 물건은 또다시 추천 물건으로 나오지 않는 이상, 우리 회원들이 잘 가질 않고, 진주와 마찬가지로 서울에서 멀었기 때문에 아무도 오지 않을 것이라는 생각에 입찰하고자 마음먹었다.

여수는 혼자 입찰을 가야 해서 입찰 전 날 일찍 자고 새벽 3시에 일어나 출발했다. 8시 즈음 여수에 도착해 해당 아파트로 가서, 경비 아저씨도 만나보고, 단지 앞 편의점에서도 이런저런 얘기도 듣고 집에 가서 벨도 눌러봤지만 아무도 없었다. 계량기가 돌아가고 있었지만 이미 출근했을 것이라고 짐작했다.

아파트 주위를 둘러보니 산 아래에 위치하고 있었고 주변에 체육시설이 갖춰진 공원이 조성되어 있어서 시원하니 좋았다. 24평 6층이라서 평수와 높이도 적당했고, 단지 바로 옆에 초등학교가 있어서 임대도 괜찮게 나갈 것이라 판단했다.

이날 밀양에 있던 로드님이 응원차 여수까지 와주어 함께 입찰가를 상의하게 되었다. 6,900만 원대와 7,000만 원대를 넘기는 2개의 입찰가를 가지고 고민했지만, 두 가격 모두 실투금은 비슷했다. 물론 어느 가격대에서 받아도 수익률은 좋았다. 나는 너무 멀고 하니, 6,900만 원대를 써보고 떨어져도 후회는 말자고 생각했고, 로드님도 7,000만 원대를 넘기는 것에는 반대해서 6,900대를 써서 제출했다. 이때도 아내 이름으로 입찰했는데 인감증명서 넣는 것을 잊지 않았다. 똑같은 실수를 2번 할 수는 없었기 때문이다.

결과는 차순위와 40만 원 차이로 아주 기분 좋게 낙찰받았다. 여수라는 먼 곳까지 왔기 때문에, 사건기록 열람을 하려고 신청을 했더니 이해관계인이 아니라며 열람을 못한다는 것이다.

그래서 카페에 있는 이해관계인의 글을 보여주었더니 담당자가 뒤에 계시는 분과 상의를 하더니 열람하도록 해주었다.

이해관계인이란?

경매 절차상의 이해관계인은

1. 압류채권자와 집행력 있는 정본에 의하여 배당을 요구한 채권자

2. 채무자 및 소유자

3. 등기부에 기입된 부동산 위의 권리자

4. 부동산 위의 권리자로서 그 권리를 증명한 사람을 말한다(민사집행법 제90조).

위의 이해관계인은 경매가 시작되기 전에도 경매 기록을 열람하고 복사할 수 있는 권리를 가진다.

우리가 낙찰을 받고 당일에 경매 기록을 열람하려고하면 이해관계인이 아니라고 하면서 거부를 당하는 경우가 종종 있다.

하지만 '부동산등에대한경매절차처리지침' 제53조에 보면 위의 경매 절차상의 이해관계인 외의 사람으로서 경매 기록에 대한 열람·복사를 신청할 수 있는 이해관계인 범위에 최고가매수신고인, 즉 낙찰

자도 포함이 된다고 되어 있다.

따라서 이럴 경우 당황하지 말고 관련 직원에게 해당 지침을 보여주면서 사건기록열람까지 낙찰일에 하고 온다면 많은 시간과 비용을 아낄 수 있다.

낙찰 후 해당 아파트를 찾아가서 벨을 누르니 역시 아무도 없었다. 같은 층 다른 집에 문이 열려 있어서, 실례를 무릅쓰고 안에 계시던 할아버지께 아파트 사정과 집주인에 대해 여쭤보았다. 할아버지는 그 아파트에 오랫동안 계셔서 모든 것을 다 알고 계셨다. 내가 낙찰받은 집 사정도 다 알고 계셔서 나는 점유자를 만나지 않고도 그 집이 왜 경매로 넘어갔는지, 현재 상황은 어떤지 훤히 알게 되었다.

날이 저물어가고 있었다. 문틈에 쪽지로 낙찰 사실과 연락처를 남기고, 관리실에 가서 점유자에 대해 물어보고, 아파트 게시판에 있는 전월세 게시물도 살펴보고, 중개업소에 전화도 해보았다.

언제 올지 모를 점유자를 기다리기에는 너무나 지루하고 힘들어서 근처 카페에서 좀 쉬면서 기다리기로 했다. 시원한 커피 한 잔을 마시며 쉬고 있을 때 점유자에게 전화가 와서 박카스 한 박스를 사들고 집으로 찾아갔다.

집 안에 들어가니 내부는 깨끗하고, 싱크대도 깔끔하니 좋았다. 역시 속으로 쾌재를 부르며, 가능하다면 월세로 사시라고 말씀드렸더니, 그럴 형편이 못 된단다. 점유자는 한 달의 시간을 주면 이사를 가겠다고 하며, 그 집에서 추석을 마지막으로 쇠고 싶다길래 추석 이후 이사 날짜가 잡히면 다시 연락을 달라고 하고 집을 나왔다. 그렇게 이 집은 하루의 시간을 들여서 명도까지 수월하게 모두 마쳐서 여수~의정부를 오가지 않아도 되었다.

서울로 출발하면서, 그래도 여수까지 왔는데 그냥 갈 수 있겠냐며 의기투합한 우리는 여수 밤바다나 보고 가자고 차를 돌려 바닷가로 향했다. 남자 둘이 수박 겉핥기식으로 밤바다를 보고 왔지만 그래도 나름 재미있었다. 그렇게 하루 만에 임장 – 낙찰 – 명도까지 마치고 집에 돌아오니 새벽 3시였다. 꼬박 24시간을 경매에 매달려 올인했다.

▲ 여수밤바다~♩♪

낙찰물건	여수
감정가격	83,000,000
최저가격	58,100,000
매매시세	71,500,000
전세시세	60,000,000
입찰가(낙찰가)	69,180,000
감정가입찰률	83.3%
취득세	691,800
지방교육세	69,180
법무사비 등	800,000
명도비(이사비)	500,000
미납관리비	-
리모델링비	1,000,000
중개수수료	220,000
총투자금액	72,460,980
대출금액	66,000,000
이율(%)	4.20%
연이자	2,772,000
월이자	231,000
보증금	10,000,000
월세	350,000
실 투자금	- 3,539,020
월 현금흐름	119,000
실투자금 수익률	-40.4%

▲ 낙찰 물건 수익률표

▲ 점유자를 만나기 위해서 기다리는 동안 카페에 쓴 흔적 남기기

꿩 잡는 매

신나게 낙찰받으면서 지내다 보니 종잣돈이 마르기 시작했다. 너무 월세만 몰아서 한 것이었다. 좌포님께서는 종잣돈을 불릴 수 있는 투자도 하라고 조언해주셨다. 그래서 두 번째 입찰 때 얘기했던 친구랑 얘기를 좀 나눴다. 당시 나는 갭 투자라는 것을 잘 몰랐고,

그 친구는 갭 투자만 하고 있었다. 나에게 월세 투자는 왜 하냐고 비웃던 녀석이었는데, 지금은 오히려 나를 부러워한다. '그때 너를 따라 월세를 좀 투자해놨으면 이자의 압박에서도 벗어나고, 아등바등 안 살 텐데' 하며 아쉬워한다. 나는 좌포님 조언에 따라, 그리고 그 친구 따라서 전세 투자를 몇 개 했다.

어느 날 집에 있으니 그 친구에게 전화가 왔다. 일산에 있는 아파트에 매물이 하나 나왔는데 가보라는 것이다. 500만 원이면 투자가 가능하고, 잘하면 무피로도 가능하다면서 나보고 가서 얼른 하나 하라고 했다. 나는 친구 좋다는 것이 이런 것이구나 생각하며 일산으로 가보았다. 역시 매물이 하나밖에 없고 전세가와 많이 붙어 있었다. 좌포님과도 통화해서 상의하고 난 뒤에 매매계약서를 썼다.

하지만 나중에 알고 보니 이 친구가 그 아파트 단지에 매물이 있었고, 자기가 내놓은 전세가격과 비슷하게 매매물건이 나오자 그것을 없애기 위해서 나를 끌어들인 것이었고 난 거기에 보기 좋게 걸려든 것이었다.

하지만 마음을 악하게 먹으면 벌 받는다고, 내가 늦게 샀지만 전세는 내 것이 먼저 빠졌다. 그 친구의 물건이 더 고층이고 좋았는데도 말이다. 그리고 그 친구는 전세가도 내가 놓은 것보다 500만 원 더 싸게 해서 겨우 놓았다. 친구는 마음 고약하게 쓰다가 벌 받은 것이다. 좌포님께서 늘 말씀하신다. 부동산 투자를 하려면 덕을 쌓아야 한다고 말이다. 나는 그 친구에게 덕 좀 쌓으라고 매번 얘기해주고 있다.

나는 지금 의정부의 24평 아파트에 살고 있는데, 이 아파트가 위치가 나쁘지 않다. 그래서 주위에 있는 아파트에 비해서 평 단가가 높은 편이다. 그런데 전고점이 시세보다 5,000만 원이나 더 높은 것을 확인하고, 앞으로 오르지 않을까 생각만 하고 있었다. 마침 4층에 매물이 하나 나왔고, 싸게 매입해서 당시 최고 전세가를 찍으면서 갭 투자에 성공했다. 종잣돈이 없기 때문에 최대한 싸게 살려고 했고, 비싸게 전세를 놓으려고 발로 뛰어 다니니 그것이 실제로 이루어졌다. 정말 기분 좋은 투자였다.

좌포님은 항상 이렇게 말씀하신다.

"꿩 잡는 매가 되어야 한다. 경매든, 공매든, 일반 매매든 당신들이 목적하는 바를 이루기 위해서는 다양한 방법을 선택할 줄 알아야 하고, 경매로 부동산을 공부해서 수익을 많이 내는 방법을 선택해야 하고, 돈이 부족할 때는 전세라는 레버리지를 이용할 줄 알아야 한다"고 말씀하신다. 그래서 종잣돈이 떨어진 나는 이런 방법을 선택해서 투자를 하고 있다. 2017년에 들어서면서 대출에 대한 규제가 심해서 은행권 레버리지를 이용하는 것이 어려워져서 임차인 보증금 레버리지를 이용하는 투자로 방향을 전환했지만, 지금도 호시탐탐 경매와 공매 물건을 노리고 있다.

나는 오늘도 길을 나선다

내가 부동산 투자 세계에 발을 디딘 지도 벌써 만 2년이 지났다. 실질적인 종잣돈 하나도 없는, 다른 사람들이 볼 때는 무모하다고 할 수 있는 상황에서 부동산 투자를 용기 하나로 시작했다. 나에게 그렇게 할 수 있게 용기를 준 곳이 바로 더리치였다.

'좌포의 부동산 경매 더리치'와의 만남은 내 운명을 바꿔놓았다. 처음에 올 때는 많이 망설이고 강의장까지 와서도 많이 고민했지만, 용기 내어 내딛었던 한걸음이 지금은 결코 가볍게 볼 수 없을 만큼 큰 자산으로 돌아와 있다.

경상도 남자 아니랄까 봐 좌포님께 고맙다는 말 한마디를 제대로 한 적이 없는 것 같다. 이 글을 빌어서 그 고마움을 전하고 싶다. 좌포님 덕에 오랫동안 경매라는 세계에서 살아남았고, 현재도 좌포님과 함께할 수 있어서 너무나 기쁘다.

시중에 많은 경매 학원과 카페들이 있지만 적은 돈으로 내 자산을 불려나가게끔 알려주는 곳은 없다고 생각된다. 또한 돈 버는 것도 중요하지만 돈을 잃지 않아야 한다며 항상 리스크 관리를 중요하게 이야기하는 곳은 그리 많지 않다. 나는 아직 365일 월세가 들어오는 시스템은 구축하지 못했지만 일주일에 몇 번은 월세가 척척 들어오는 머니 파이프를 구축했다.

얼마 전부터는 영광스럽게도 '좌포의 부동산 경매 더리치'에서 경매 중수들을 상대로 하는 '투자 준비반'과 경매 입문과정인 '일요 새싹반'을 맡아 경제적 자유를 꿈꾸는 분들에게 강의를 하고 있다. '좌포의 부동산 경매 더리치' 카페의 운영진도 하면서 경매와의 끈을 놓지 않고 좌포님과 그리고 경매 친구들과의 인연을 이어가기 위해서 노력 중이다. 그리고, 투자자로서의 감을 잃지 않기 위해서 현장으로 쉼없이 달려가고 있다.

어떤 일을 맡겨도 끝까지 책임을 다 하는 실전님은 두 아이의 아빠다. 아직 마흔 살이 안 되었지만, 경제적 자유를 만끽하며 살고 있다. 매일 월세를 받는 수준까지는 올라오지 않았지만 출발 자체가 워낙 가진 것 없이 출발했기에 이 자리까지 온 것도 기적에 가깝다.

실전님은 새싹반 13기 출신이다. 함께 시작한 동기들 간에 우정이 돈독해 서로 똘똘 뭉쳐서 앞으로 달렸다. 더리치 새싹반의 동기들은 서로에게 기댈 언덕도 되어 주지만 포기하기 않고 계속 나아가게 하는 원동력이 되기도 한다.

그렇게 2년이 지난 지금 실전님과 함께 시작한 동기들 중 남아 있는 사람은 앨리님 한 분이다. 이처럼 이 바닥에서 살아남는다는 것은 결코 쉬운 일이 아니다.

종잣돈이 넉넉지 않은 상황에도 열심히 임장을 다니고 낙찰을 척척 받는 모습이 굉장히 인상 깊었고, 운영진을 지원해 카페를 위해 봉사하고, 쉬지 않고 경매라는 비를 맞기 위해서 노력

하는 모습이 보기 좋았다

실전님은 꾸준히 투자 활동을 통해 올해 꿈에 그리던 33평 아파트를 실거주로 샀다. 가화만사성이라고 집안이 화목하면 모든 일이 잘 이루어진다는데, 실전님이 그 전철을 밟아가고 있다. 또한 실전님은 '좌포의 부동산 경매 더리치'에서 경매 기초반인 일요 새싹반과 투자 준비반에서 경매 입문자들에게 하나라도 더 가르쳐주기 위해서 열심히 강의를 하고 있다. 강의가 재미있어서 열심히 하기도 하지만, 투자자로서 정체성을 잃지 않고 늘 현장으로 나간다.

34살 젊은이의 투자 이야기

유재창 또순님

'꽈과과광~~ ♪ 🎵'

거실에는 베토벤의 운명 교향곡이 울려 퍼지고 영화에서 본 그림이 펼쳐진다.

악단 맨 앞에서 지휘자의 몸집이 모든 사람의 시선을 사로잡는 손 끝. 나는 깊숙이 쇼파에 몸을 묻는다.

아침 햇살이 살그머니 내 발등에 내려왔다.

그래도 나는 아는 체 하지 않고 깊은 상념에 빠져 있다.

거침없이 달려온 1년 7개월.

32살 먹던 어느 가을날에 운명처럼 부동산 경매에 푹 빠져서 멀다면 멀고, 가깝다면 가까운 경기도 오산에서 '좌포의 부동산 경매 더리치' 카페 강의장이 있는 서울역 뒤편을 무던히도 오고 갔다.

2016년 초에 낙찰받은 나의 첫 물건을 매도해 잔금을 받고, 어제 늦게 집에 돌아왔다. 새로운 아침을 맞으면서 스스로 내가 대견하다는 생각하면서 낙찰에서 매도까지의 과정 중에 만난 사람들의 얼굴이 지휘자의 손끝에 클로즈업되었다.

거침없이 달려왔다. 쉬지 않고 달려왔다.

그 과정 안에 수많은 장애물도 있었고, 나를 달콤하게 유혹하는 대박의 꿈이 마음을 흔들리게도 했지만, 소신을 잃지 않고 잘 버텨 왔다.

좀 특별한 아이

지난날을 뒤돌아보면 나에게는 남들과 다른 조금은 특별한 무엇이 있었다. 또래 아이들과는 달리 유난히도 돈에 대한 관심이 많았던 기억이 있다.

초등학교 2학년 때 내가 사용하지 않는 물품(장난감 등)을 모두 챙겨서 아파트 단지 놀이터 등나무 밑에서 혼자 돗자리를 깔고 중고 물품을 거래했던 적이 있었다. 지금 생각해보면 어린 나이에 대견한 것 같은데, 당시 상황이 지금까지도 기억나는 것은 좋은 기억과 나쁜 기억이 함께 공존하는 추억이었기 때문일 것이다.

내가 물건을 팔고 있을 때 어떤 아줌마가 찾아와 나에게 한소리를 했다. "어린것이 싹이 노랗다. 안 쓰는 물건이면 그냥 줘야지, 왜 돈을 받고 팔고 있냐"라고 짜증을 내면서 내가 판매하는 물품 중 한 가지를 그냥 들고 가버린 것이다. 알고 봤더니 내가 파는 물건을 본 어떤 어린아이가 어머니에게 용돈을 달라고 졸랐고 그 얘기를 듣고 나에게 찾아왔던 것이다. 그렇게 나의 첫 경제활동은 한 아주머니에 의해 무참히 뭉개지고 말았다.

지금 생각해보면 정말 그 아주머니는 나에게 큰 가르침을 주었던 분이지만, 그 당시 내 눈에는 참으로 웃긴 사람으로 보였다. 어린아이가 스스로 판매하는 걸 그냥 들고 가버린 도둑에 불과한 사람이었으니 말이다.

그렇게 시간이 흘러 대학생이 되었고 돈을 벌기 위해 다양한 생각은 계속 되었다. 쉽게 결정을 내리지 못해 많은 경험은 없었지만, 축제기간 막걸리와 파전 장사를 해보기도 하고, 주식 투자 동아리에 가입해 기존 동아리에서 진행하지 않던 펀드 투자팀을 만들어 내 나름대로의 재테크에 대한 관심을 늘려갔다.

회사 선임의 뒷모습에서 미래의 나를 발견하다

입사 후, 업무를 익히고 일에 치중하느라 재테크를 실행할 수 없게 되었고, 그러다 보니 투자에 대한 관심도 차츰 차츰 사라지게 되었다.

매일 반복되는 회사 생활에 시간적·경제적으로 여유를 찾지 못하고 '무엇인가 움직여야 하지 않을까' 고민만 하던 중 내 선망의 대상이었던 회사 선배들의 경제적 자유를 누리지 못하는 모습이 눈에 들어왔다. 회사에서는 높은 직책과 기술력, 그리고 명예를 누리고 있는 분들이었지만, 막상 현실에서는 경제적 비자유인의 삶을 살고 있었던 것이었다.

'아, 나의 몇 년 후 모습이겠구나.'

입사하기 전 생각했던 미래에 대한 기대감이 여지없이 무너지는 순간이었다. 그렇지만 내가 선택할 수 있는 것은 아무것도 없었고, 그냥 하루하루 쳇바퀴 돌 듯 평범한 회사 생활을 하는 기계의 부속품처럼 지내고 있었다. 이런 나에게 어느 날 현실의 벽을 넘어 새로운 도전을 하도록 이끌어주는 손길을 만나게 되었다.

부동산의 매력 속으로 빠뜨리게 한 선배님

평소 친하게 지내던 대학교 선배와 대화를 하게 된 적이 있었는데, 당시의 충격적인 대화 내용이 평범한 삶을 살고 있던 내 인생을 송두리째 바꾸어버렸다.

그 선배가 해주었던 대화의 내용은 다음과 같다.

"너니깐 얘기해주는 건데, 나 집이 5채야."

이럴 수가…! 그냥 나와 같이 평범한 삶을 살고 있을 것이라고 생각했던 대학교 선배가 금수저일 거라고는 생각도 하지 못했기 때문이다.

　더군다나 평소 그 선배 집에 많이 가보기도 하고 형수님도 잘 알고 있었는데 부자라니…. 믿기지 않았고, 뭔가 모를 배신감이 나를 엄습해왔다.

　살면서 집이 이렇게 많은 사람은 내 주변에 본 적이 없었는데, 그게 바로 대학교 선배였을 줄이야. 하지만 일명 꾼들이 사용하는 전형적인 내용이라 의심도 들었지만, 대화가 이어지고 내용을 알아가면서 조금씩 이해가 되기 시작했다. 선배는 부동산 소액 투자를 하고 있었던 것이었다.

　그 선배는 나에게 '좌포의 부동산 경매 더리치'라는 카페를 소개해주었고, 경매 기초를 가르쳐주는 새싹반 강좌를 수강하길 권유하였다.

　이제 본격적인 시작을 위해 카페에 가입하고 카페 게시글을 둘러보았는데 선배가 이야기했던 새싹반 강의 신청 공고를 확인하니 맙소사 강의비가 38만 원이나 한다. 게다가 강의 공고 게시글을 쓴 작성자가 나를 꼬셨던 그 선배였다.

　'수강 신청 인원 할당을 위해 나를 이 곳으로 밀어 넣는 것은 아니겠지'라는 생각과 함께 그냥 맛보기 강의를 듣는 정도로는 '38만 원'이라는 금액의 벽이 정말 높았다. 또 한 번 선배에 대한 정확한 의도가 무엇인지 의심이 들었다.

　절대 그럴 선배가 아닌데. 혹시 부동산을 통한 다단계가 아닐까 하는 생각까지 했지만 선배와 지난 세월을 생각해보면 절대로 나를 수렁으로 끌어들일 사람이 아니란 걸 알기에 더 많은 고민이 되었다.

'왜 나를 이 세계로 끌어들일까?'

그 선배가 이곳에서 집을 5채나 소유했다는 현실이 내 마음 속 깊은 곳에 숨어 있던 재테크 감성을 자극하고 있었다.

나에게 2015년은 경제적 자유를 위해 정말로 특별한 한 해가 되었다.

매주 한 번씩 서울을 올라가야 한다는 것과, 퇴근 후 3시간씩 받는 교육 시간이 부담스러운 상황에서 가격 역시 만만치 않았기 때문에 고민스러운 마음으로 몇몇 친구들에게 같이 수업을 듣자고 했다(당시 더리치에서는 함께하면 오래간다는 의미로 친구 2명이 함께 신청하면 66만 원으로 인당 5만 원 할인되었다).

하지만 그 친구들은 모두 큰 관심을 보이면서 호감을 가졌지만, 결정은 하지 않았고, 괜히 문제가 되는 곳은 아닌지 다시 알아보라고 나에게 당부를 했다. 결국 나 혼자 쌈짓돈을 꺼내어 강의를 신청하게 되었는데, 하필 그때 인터넷에서 의심스러운 얘기들을 많이 보게 되어 강의를 신청 후에도 취소할까 정말 많은 고민했다.

선배를 믿고 있는 나였고, 선배의 성공적인 선행 사례가 있지만, 선배와 내가 함께 실패의 나락을 걷게 되는 것은 아닌지 이런 불길한 생각이 새싹반을 신청하는 순간까지 나를 따라 다녔다.

'에이 그래도, 기회가 생겼을 때 한번 믿고 잡아보자'라는 생각으로 일단 강의를 들으면서 판단하자는 최종 결정을 내리게 되었다.

하지만 당시에는 몰랐다. '나비효과'라고 이 작은 시작이 나에게 얼마나 큰 변화를 가져오게 만들었는지….

> 여러분, 안녕하세요.
> 여러분들은 혹시 경제적 자유를 꿈꾸시나요?
> 경제적 자유를 꿈꾸는 이들에게 부동산 경매 강의를 통해 미약하지만 그 길을 안내해드리려고 합니다.
>
> 2015년, 부동산 투자자들에게는 특별한 한해가 될 것입니다.
> 삶의 전환점이 될 2015년, 용기내어 그 분을 두드려보세요.
> —좌포 김종성—

▲ 더리치 새싹반 18기 강의 공지에 포함되어 있는 문구

여자 친구와 함께한 부동산 전국 투어

몇 년 동안 한 곳에서 회사를 다니다 보니 똑같은 생활 패턴으로 삶이 다소 지루해지고 있었는데, 이때 진행한 새싹반은 즐거움과 설렘 그 자체였다.

계속해서 걱정했던 것들은 기우에 불과했고, 일주일에 한 번 서울행 버스를 탈 때마다 설렘과 함께 그 시간이 기다려졌다.

또한 내가 잘못된 곳으로 엮이는 것은 아닌가 했었던 걱정도 첫

수업시간을 통해서 말끔하게 해소되었다. 나보다 나이가 어린 대학생도 왔고, 이미 상당히 부를 축적한 분들도 새싹반을 신청했고, 멀리 지방에서 올라오는 분들도 계셨다.

수업을 들으면서 나를 이곳으로 소개한 선배님처럼 투자를 할 수 있을 것 같은 확신을 갖게 되었고 더불어 가지고 있는 종잣돈은 얼마 안 되지만 충분히 투자할 수 있다는 가능성을 알게 되었다. 부동산 투자는 돈 많은 사람만이 할 수 있는 것이란 고정관념이 깨지면서, 어릴 때부터 계속 열망했던 '현금'에 대한 관심이 다시 뜨거워지면서 활동량 또한 많아지기 시작했다.

▲ 더리치에서 1년 7개월 동안 찍은 나의 Google map Timeline

　자료를 보면 점이 더리치 활동을 하면서 내가 투자를 위해 머물렀던 장소다. 전국을 투자 대상으로 삼고, 소액 투자를 하기 위해 어쩔 수 없이 지방에 있는 소형, 우량 물건을 찾으러 다닌 결과다. '좌포의 부동산 경매 더리치'에서 부동산 공부를 시작함과 동시에 첫 차량을 구매한 것도 전국을 다닐 수 있게 도움을 많이 주었다.

　내 임장 지역 선택 기준은 다음과 같다.
- 소액 투자금으로 월세 세팅이 가능한 물건이 있는 지역
- 인구 유입이 있고, 자족 도시가 될 수 있는 지역
- 맛집과 문화가 겸비되어 여행을 병행할 수 있는 지역

　특히 3번을 강조하며 여자 친구와 함께 가려고 노력을 많이 했다. 그로 인해 여자 친구에 있어서는 부동산 임장을 '드라이브를 하며 놀러갈 수 있는 것'으로 생각하게 되었다. 그러면서 투자를 이곳 저것 진행하게 되었는데. 비용을 줄이기 위해 셀프 청소·수리도 많이 다녔다. 이름하여 청소 데이트와 셀프 인테리어 데이트!

　일반적으로 여자 친구와의 만남이 길어질수록 소원해지는 경우

▲ 열심히 셀프수리를 하고 있는 20대 여성의 아름다운 청춘

가 많아진다고 하는데, 나와 여자 친구 코몽이(카페 닉네임)는 그 반대가 되었다. 연애가 길어질수록 서로 기쁨과 즐거움을 함께 나누면서 관계가 더욱 좋아진 것이다. 특히 내가 알려준대로 열심히 수리하고 있는 모습이나 땀을 뻘뻘 흘리면서 청소하고 있는 모습이 그렇게 사랑스러울 수가 없었다. 미안한 마음으로 더 그런 감정이 생기는 것 같고, 결혼하기 전 이런 데이트를 하는 커플이 얼마나 있을까 싶다. 1% 안에 드는 특별함, 경험해본 사람들만이 알 것이다.

가슴 아픈 분양 아파트

한참 새싹반 동기들과 단체 카톡 대화방이 활발하던 시기였다.

나는 경기도 남부에 살고 있었는데 당시 새싹반 동기 중 한 분이 나와 나름 가까운 곳에 살고 있었다. 동기는 나보다 훨씬 연배가 많았지만, 같은 지역에 살았고 새싹반 수업 과제 해결을 위한 여러 번의 지역 임장을 통해 친분이 많이 쌓인 회원이었다. 그 동기와의 대화를 나누던 중 주변 아파트 분양에 대한 이야기가 나왔는데, 아직 분양을 하고 있는 곳이 있으니 관심을 가져보라는 것이었다.

당시는 2015년도 가을 첫 투자를 하기 전이었는데, 아파트 분양 시장 열기가 너무나 대단해서 누구나 프리미엄을 이야기하는 그런 시점이었다. 그렇게 살면서 처음으로 모델하우스를 다녀오고 이런 저런 나만의 계산을 하면서, 홀린 듯한 마음으로 단지에 청약을 하기로 마음을 먹었다.

당시 나는 업무시간에 컴퓨터를 사용할 수 없어서 친누나에게 부탁해 청약을 했는데, 당일 저녁, 내가 선택한 타입의 결과는 1순위 미달이었다. 이는 청약 결과가 나오지 않았어도 바로 당첨이 되었음을 알 수 있는 것이었다. 청약을 도와준 누나가 청약 결과가 단지의 매력을 나타내는 지표라고 말해주었는데, 우울한 생각이 드는 하루가 되었다.

모델하우스 오픈 첫 3일 동안 수만 명이 모델하우스를 다녀갔다고 뉴스에도 나올 정도로 엄청난 열기였지만, 막상 현실은 그러지 않았던 것이다. 그렇게 일주일이라는 시간이 지났고 청약 당첨 결과가 나왔었는데 16층에 당첨되었다. 전체 24층 중 16층이었기에 나름 로얄층이었지만 19~21층 정도를 기대한 나였기에 아쉬움이 많이 남았다. 그리고 청약 경쟁률이 낮았기 때문에 저층이 걸리면 계약을 하지 않으려 했는데 어떤 아파트든지 입주 시점에는 조금은 오르긴 한다는 소위 주변 비전문가의 이야기를 듣고 계약을 하게 되었다.

내가 가지고 있는 돈에 비해서 아파트 평형과 분양 가격이 만만치 않았지만 여차하면 계약해서 신혼집으로 살면 될 거라는 허황된 생각을 한 것이다.

나중에 안 사실이지만 해당 아파트의 단점은

- 교통과 상권에서 멀리 떨어져 있다.
- 초등학교 부지가 단지 바로 앞에 있지만 개교가 확정되어 있지 않았다.

사실 2가지는 주택 선정에 있어서 일반 사람들이라면 가장 중요하게 여기는 부분인데, 나는 그 부분을 보지 않고 단지 주변의 쾌적한 환경만을 바라보았고, 여차하면 신혼집으로 쓸 생각으로 그만 눈이 멀었던 것이다. 실거주 입장에서, 그것도 신혼집으로는 안성맞춤인 주변 환경이지만 투자자 입장에서 보면 실수한 투자로, 투자금이 장기간 묶여 있을 수 있다는 생각이 들었다.

사실 아파트 단지 자체는 좋을 수 있지만, 해당 지역은 단기간에 아파트 공급이 많은 곳으로 물건에 대한 소화를 못하고 있는 상황이기도 했다.

핑계를 대고 싶은 마음에, 운도 참 없다는 생각이 많이 들었다. 그 좋은 시기에 받은 분양권이 하필 수도권에 있는 몇 안 되는 좋지 않은 단지였던 것이다. 확률 낮은 복불복 게임에서 와사비가 들어 있는 당첨 제비를 씹은 것 같은 기분이 들기도 했다.

입주 예정자 대표 활동을 통해 얻은 새로운 경험들과 기회

분양권 열기로 실거주 목적이 아닌 투자를 위해 분양을 받은 사람들이 상당수였기 때문에 입주 예정자 대표회가 구성되지 않고 있었다. 이 때문에 입주 예정자 카페는 홍보 게시글만 올라왔는데 이대로 진행되다간 편의시설과도 가깝지 않고, 품질까지 떨어지는 아파트가 탄생할 것 같다는 생각이 들게 되었다.

여기에 아파트 건설 · 건축 · 디자인과는 전혀 아는 내용이 없었지만, 사람들이 모이면 무언가 진행될 것이라는 생각으로 카페에 가입한 입주 예정자들 모임을 유도하기 시작했다. 그렇게 타의 반, 자의 반으로 모임에 참석한 사람들 모두 하나씩 감투를 쓰고 입주 예정자 대표회 활동을 시작하게 되었다(사실 이 모임을 진행할 때, 참석하면 분명 뭔가 맡아서 오게 될 것이라고 여자 친구의 엄청난 반대가 있었으나 몰래 참석하게 되었고, 지금까지도 그 벌을 톡톡히 받고 있다).

그렇게 열정으로 시작했던 입주 예정자 대표회 활동을 하다 보니, 예상과는 다르게 움직이는 부분들로 인해 많은 트러블이 생기게 되었다.

운영진으로는 있지만 활동을 전혀 하지 않는 사람들
활동을 하는 사람들끼리 의견 충돌로 인한 다툼
대안은 없이 반론만 내는 입주 예정자들에 대한 서운함

이런 모든 부분들을 뒤돌아보니 돈도 벌면서 즐기기 위해 시작한 일들이 나에게 또 다른 짐이 되기는 했지만, 얻은 것도 많았다.

활동을 통해 내가 전혀 알지 못했던 내용들을 많이 알 수 있었고, 새로운 사람들과의 만남, 그리고 앞으로 내가 부동산 투자를 하면서 정말 많은 도움이 될 것이라는 생각이 들게 되었다. 젊을 때 고생은 사서도 한다고 하는데, 기회가 있을 때 경험할 수 있게 되어서 좋다는 생각을 한다.

하지만 이런 나의 노력에도 불구하고 분양받은 지 벌써 1년 6개월이 지났지만, 아직도 매도될 기미는 보이지 않고 시간만 흘러가고 있다. 나중엔 어떻게 될지 모르겠지만, 그래도 시작한 일을 스스로 해결하기 위해 최대한 노력을 하는 과정 중이다. 특히 공부가 되지 않은 상태에서 큰 금액의 부동산 투자가 얼마나 위험한 것인가에 대해 지금까지도 톡톡히 수업료를 내고 있는 것이다.

내가 느꼈던 교훈

재테크 모임을 가보면 꼭 뒤풀이가 있다. 이곳에서 나온 이야기는 재테크 강의보다 더 귀한 정보들이 나온다.

그리고 그런 정보를 근거로 바로 투자를 하는 사람들이 많다. 그렇지만 확인되고, 검증된 정보는 강의시간에 있었지만 뒷풀이 자리에서 얻은 정보가 나만 아는 정보인 것 같은 생각을 한다. 같은 의미에서 학부모 모임 등에서 얻은 정보를 귀하게 여기고, 여기에서 얻은 정보들을 바로 실행하는 경우가 많다. 귀한 정보일 수 있지만 검증되고, 확인되지 않은 정보일 수 있다.

열심히 부동산 공부를 하고, 나름대로 지역분석, 물건 분석을 해서 물건을 찾았지만, 옆지기의 한 마디에 그냥 포기를 한다고 한다. 분명히 공부는 내가 했는데 공부를 안 한 옆지기의 결정에 나는 동의를 해버린다. 이처럼 비전문가들의 짧은 말 한마디가 전문가의 강의보다 솔깃할 수 있다. 투자자들은 항상 뒤에서 오고 가는 이야기에 맘을 빼앗기지 말아야 한다. 나는 그 말 한마디에 아직도 고생을 하고 있으니 말이다.

아름다운 해안 도시에 위치한 나의 첫 투자 물건

한참 부동산 공부 심취해 있을 때 여자 친구 부모님께 인사를 드리러 다녀온 적이 있었던 경상남도 통영. 이때 여자 친구와 잠시 밖을 나와 아파트 구경을 했었다. 이곳저곳 다니다 보니 신기하게도 황금 비율의 좋은 아파트를 발견하게 되었다. 바로 월세 투자자들이 아주 좋은 수익률의 기준으로 삼고 있는 8,000/1,000/40(매매가/보증금/월세)의 물건을 찾은 것이다. 전혀 모르던 곳 통영에는 월세가 좋은 아파트 단지들이 꽤 많이 숨어 있었다.

그렇게 부동산 투어를 하고, 좌포님에게 상담 전화를 드리니 그정도 수익률이면 훌륭하니 해보라는 것이다.

이 아파트 단지는 연식이 오래되었지만, 통영 남부에선 가격 대비 최고의 수익률이라는 생각에 기분 좋은 상상을 하기 시작하게 되었다.

일단 마음의 결정을 내리지는 않고 물건을 다시 보기 위해 한 번더 통영을 내려가게 되었다. 처음 볼 때는 현관에서 바다가 보이고 그렇게 좋아 보였던 단지였었는데, 신기하게 다시 찾아가 보니 바다 바람이 너무 강해 왠지 좀 아쉽다는 생각이 많이 들었다.

그런데 당시 여자 친구 부모님이 실거주 집을 옮기고 싶어 하는 상황이어서 더 좋은 가격대의 물건을 함께 찾다 보니 12,000/3,000/50 짜리 24평 물건이 눈에 들어오게 되었다. 해당 아파트는 내가 원하는

가격대의 물건은 아니었지만, 실 거주를 하기에는 정말 적합한 단 지였다.

▲ 첫 투자가 이루어진 아파트 단지

주변에 주민센터와 해양공원 그리고 교통까지도 괜찮은 아파트다. 시기도 좋았던 것이 근처에 소규모 아파트 입주가 있었는데, 그쪽으로 이사를 가는 사람들이 이 아파트를 조금 저렴하게 내놓고 이사를 진행하고 있어 가격을 11,750까지 내려서 받을 수 있게 되었다.

그러던 중 여자 친구 부모님이 이런 저런 사정으로 이사를 보류하게 되어서 이 물건은 나에게 첫 월세 투자 물건이 되었다. 신기하게도 매매를 위한 가계약금 입금 후 며칠 뒤, 월세 세입자가 보증금 1,500만 원에 월세 50만 원으로 계약이 되었다. 그것도 계약 후 바로 입주를 해야 한다고 해서 공실 없는 투자 물건이 되었다. 해당 아파트 단지는 대출이 없는 집이 보증금 3,000만 원에 50만 원 정도가 시세였지만, 소액임차인 최우선변제금 때문에 보증금을 1,500만 원 이상 받기 어려운 상황이어서 그냥 별다른 얘기는 하지 않았다.

최우선변제금이란?

임대차 보호법에 의해 임차인이 살고 있던 주택이 경매나 공매로 매각되었을 때 보증금의 일정 금액 이하인 임차인은 보증금 중 일정액을 다른 선순위 권리자보다 우선해서 배당받을 수 있다. 여기서 우선 배당받게 되는 보증금을 최우선변제금이라고 하는데 지역별로 기준과 금액이 다르며 당시 통영의 경우는 1,500만 원이었다.

그래서 임대차 계약과, 아파트 매매 계약서를 함께 작성하러 일주일 만에 다시 한 번 통영으로 기분 좋은 발걸음을 하게 되었다.

부동산에 찾아가서 무사히 계약서를 작성하고, 전 주인이 미리 새 아파트로 이사를 간 상태여서 아파트가 내 소유가 되기 한 달 전에 미리 월세를 받게 되었다. 물론 세입자의 보증금을 중도금으로 매도자에게 전달하긴 했지만, 잔금 치르기 전에 월세를 받는 기분을 알게 되었다.

사실 부동산에 대한 경험이 없는 나는 이렇게 해도 되나 해서 망설였지만, 카페 회원들의 조언과 '좌포의 부동산 경매 더리치' 카페로 초대한 선배님의 이야기를 듣고 이렇게 투자하는 것을 배웠다.

부동산을 바라보는 내 눈이 서서히 열리고 있던 것이었다.

첫 경매 투자 이야기

계약을 마친 후 살펴보니 같은 단지 다른 동에 경매 물건이 나와 있었다.

세가 너무나도 빨리 맞춰졌기에 물건에 대한 욕심이 많이 생겼고,

혹시 모르니 경매 물건에 입찰해보기로 했다.

　이미 경매 정보지에는 세대 내 점유자가 없다는 암묵적인 정보가 있었기에 공실이라는 예상을 하고 현관문 초인종을 눌러 보았다. 예상대로 여러 번 눌렀음에도 아무런 반응이 없자 올라오는 안도감, 그리고 새싹반 수업에서 배운 대로 전기 계량기를 살펴보았는데, 전혀 움직이지 않고 있었다. 그래도 운이 좋았는지 현관 문 앞에 연락처가 하나 붙어있어서 집에 가서 전화를 해봐야겠다고 생각했다. 연락처도 있으니 소기의 목적은 달성했기에 임장은 접어야겠다고 생각하던 찰나 나와 함께했던 여자 친구가 현관문을 열어보았다.

▲ 떨리는 마음으로 찾아간 세대 현관문 앞

　잠겨 있을 것이라 생각했던 현관문이 잠겨 있지 않았다. 임장도 내가 더 많이 다녀보고 경매 공부도 내가 더 많이 했다고 생각했었는데, 결정적인 순간에는 확실히 여자가 더 예리한 것 같았다. 알고 보니 현관문이 살짝 열려 있었는데 내가 보지 못했던 빈틈을 발견했던 것이었다.

경매 정보지에서와 같이 사람이 전혀 살고 있지 않았던 공실이었다. 점유자를 찾아낼 방법이 복잡하기에 일반 경매보다 공실 명도가 더 어렵다고 배웠지만, 그런 것들은 머릿속에 떠오르지 않았다. 집 안으로 들어갈 수 있었던 것은 낙찰받기 위한 좋은 징조라고 이야기를 하며 여자 친구와 기쁜 마음으로 집 안 구석구석 살펴보았다.

▲ 내부에는 사람이 살고 있지 않았으나, 일부 짐이 놓여 있었고 오래된 공실의 흔적이 여기저기 남아 있었다.

깔끔하지는 않았지만 손을 좀 본다면 정말 멋지게 탈바꿈할 수 있을 것이라 생각했다. 경험이 아직 부족할지라도 얕은 지식으로 봤을 때, 셀프수리가 가능할 것 같은 모양새를 하고 있었기 때문이다.

그렇게 집 내부를 모두 살펴보고 현관문을 닫은 후에 낙찰 이후를 생각하면서 집으로 돌아왔다. 나는 야간 운전 중에는 피곤함을 좀 많이 느껴서 졸음 쉼터를 잘 이용하는데, 이날만큼은 낙찰에 대한 생각으로 또렷한 정신을 유지할 수 있었다.

전화를 하기 전, 정보지를 보고 권리분석을 하면서 얻은 정보를 기반으로 대화의 내용을 짜보았다. 권리상 모두 말소가 되는 건으로, 특이사항은 없었으나 1억 원이 넘는 금액의 경상남도 가압류의 이유가 궁금했다.

집에 돌아가자마자 현관문 앞에 붙어 있던 연락처로 전화를 걸어보았는데, 이미 세상에 없는 채무자의 장인어른이었다. 당시 전화를 할 때 미리 정리한 내용을 기반으로 통화를 하게 되었는데 주된 내용은 3가지와 같았다.

- 집이 비워져 있는 이유
- 경상남도 가압류의 내용
- 경매 이후의 일정

정리한 내용으로 대화를 나누다 보니, 참 딱한 사정이 있었다. 채무자는 교직원이었는데 스포츠 도박에 빠지게 되어 나랏돈에 잠깐 손을 댔다가 그게 문제가 되었다고 했다. 상황이 커지게 되어 채무자가 세상을 떠나게 되었고, 이 때문에 부동산의 공동 소유자였던 채무자의 부인은 그 집과의 추억을 지우기 위해 아파트를 비운 상태라고 했다. 대화를 나누고 나니 가슴이 먹먹했다. 이미 집을 비운 상태였기 때문에 명도는 큰 문제는 없을 것이라 생각했지만, 이러한 스토리를 알고도 '입찰을 해야 하는가'에 대한 고민이 컸다. 그리고 정확한 내용은 물어보지 못했지만 세상을 떠난 장소가 집 안이라고 한다면 정말 입찰을 하면 안 될 것 같은 생각이 들었다.

입찰을 하기 위해서 먼저 세상을 떠났던 장소가 집인지, 집이 아닌지에 대해 확인이 필요했다. 일반적으로 이 정도의 사건이라면 지역 신문에 게재가 될 수도 있기 때문에 인터넷에서 검색을 해보았다.

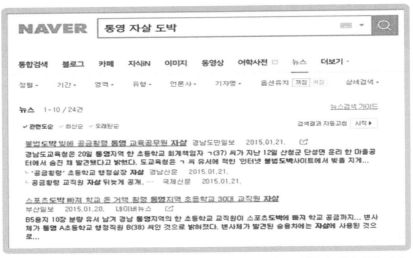

▲ 경매에서 일반적이지 않은 상황은 인터넷에서 어느 정도 정보를 얻을 수 있다. 검색 결과 바로 조회가 되어서, 정말 꺼내기 힘든 내용을 채무자의 장인어른에게 직접 물어보지 않을 수 있었다.

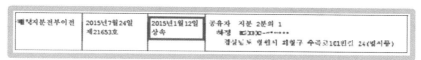

▲ 기사에 나타난 날짜와 상속의 날짜가 동일함을 확인해서, 문제가 없음을 확인하고 입찰을 결심하였다.

이렇게 권리분석을 끝내고 입찰을 하기 위한 마음의 준비를 모두 완료했다. 입찰을 위해 또 다시 통영으로 떠나게 되었는데, 살면서 처음 가보았던 통영을 한 달이 채 되지 않아 4~5번을 왔다 갔다 하게 된 것이다.

▲ 입찰을 결심한 물건. 1억 2,200만 원 감정가였지만, 얼마에 입찰을 할지가 큰 고민이었다.

경매 물건 입찰을 하러 간다고 여자 친구의 어머니가 일찍부터 아침상을 차려주셨다. 처음 인사하러 찾아와서 몇 주 연속 계속 통영으로 찾아오더니 설 연휴 다음 날 경매 아파트 물건을 입찰한다고 하는 미래 사위를 이해해주시는 부모님이 어디에 있을까? 이런 생각으로 감사한 마음이 들어 꼭 낙찰받고 싶었다.

'이 물건 낙찰을 받고 꼭 미래 장모님에게 큰 식사를 대접하리라.'

회사에 휴가를 냈던 여자 친구와 아침 일찍 법원에 찾아가게 되었는데, 재밌었던 건, 여자 친구가 당시 다니던 회사는 휴가를 잘 쓸 수 없는 곳이었지만 여자 친구가 법원에 갈 일이 있어서 휴가를 써야겠다고 이야기를 하니 엄청 걱정하면서 휴가를 쓰라고 했다는 것이다. 틀린 말은 아닌데, 지금 생각해도 죄송한 마음도 들고 웃음이 난다.

어쨌든 아침 9시가 되자마자 찾아간 입찰장에는 사람이 아무도 없었다. 내가 제대로 찾아온 것은 맞는지 불안한 마음에 안내 데스크에 찾아가 여쭤보니 아직 여유가 있어 1시간 정도 후에 다시 찾아오라고 한다. 정보지에 10시 20분이 입찰 시간이었는데 경험이 없다 보니 10시 20분에 시작(11시 20분 입찰 마감)이라는 것을 정확히 알지 못했던 것이다.

그래서 새싹반 수업에서 배운 것처럼 경매가 취하되었는지 확인해 보고 문제 없음을 확인한 후 마음을 가라앉히기 위해 주변을 산책하기도 했다. 창원 지방법원 통영 지원은 경매장 주변에 바다가 있어서 잠시 산책을 하기에는 최적의 위치에 있다.

시간이 조금 흘러 입찰장에 돌아오니 하나둘 사람들이 모여들기 시작했는데, 다행히 대부분이 아파트 입찰에는 관심이 없을 것 같은 이미지였다. 떨리는 마음으로 가상 수치의 입찰 예상 인원을 예상해보고 입찰가를 정했는데 감정가(1억 2,200만 원)에서 1,400만 원 정도 낮은 1억 844만 원에 입찰하려고 했다.

첫 입찰이고 꼭 낙찰을 받고 싶다는 생각으로 최초 생각보다 조금 더 비싸게 입찰가를 작성했다(참고로 통영의 경우는 조선업 불황의 여파로 낙찰가가 상대적으로 낮은 곳이다). 이때 다른 사람들의 시선을 피해서 차 안에서 입찰가를 작성하고 있었는데 자꾸 옆에 앉아 있던 여자 친구가 200만 원을 낮추라고 말한다.

처음에는 여기까지 왔는데 낙찰을 못 받을 것 같은 생각에 큰 반발을 하다가, 입찰하는 사람이 많지 않을 것 같다는 생각으로 100만 원만 낮추기로 서로 합의를 해서 최종 결정을 했다. 그리고 날쌘뚱보님에게 입찰 서류를 실시간 사진 발송해서 서류에 문제없음을 검증받고 떨리는 마음으로 기다리게 되었다.

왜 이리 시간이 안 가는지…. 한참 기다린 끝에 내가 입찰한 물건의 차례가 되었고 입찰한 사람은 총 3명으로 내가 예상했던 입찰자 수와 정확히 일치했다. 그리고 하나 둘 가격을 부르는데, 한 명은 1억 초반, 한 명은 1억 400만 원, 그리고 내가 1억 744만 원으로 최고가매수신고인이 되었다. 낙찰이 확정되는 순간 고개를 뒤로 돌려 여자 친구를 향해 환하게 웃음을 지었는데, 지금 생각해보면 정말 부끄러웠던 행동이었다. 그냥 점잖게 아무렇지 않은 척했었어야 했는데 말이다. 이렇게 첫 입찰부터 낙찰을 받고 즐거운 마음으로 집으로 들어올 수 있었다.

상속자가 된 채무자의 대화 그리고 첫 명도

집에 돌아오니 이제 내 신분이 해당 사건의 이해관계인으로 바뀌어 있었다. 당당하게 채무자의 장인어른에게 전화를 해서 따님의 전화번호를 가르쳐달라고 했다(사실 집 안을 살펴볼 때 개인 서류들이 남아 있어서 연락처는 이미 알고 있는 상태였다). 이때부터 대화를 할 때 조금 조심하기로 마음먹었다. 나를 경매의 길로 끌어들인 날쌘뚱보 날쌘뚱보님은 대화하고 녹취할 때 항상 내가 누구인지, 상대방은 누구인지 명확하게 이야기를 한 후에 대화를 하라고 했다. 불안한 마음에 컴퓨터 메모장에 시나리오를 모두 작성하고 물어봐야 할 내용과 예상 질문들에 대한 대답 리스트를 작성 후 전화를 하게 되었다.

"안녕하십니까 사건번호 2015타경 ○○○○ ○○ 아파트 ○○동 ○○호 낙찰자 ○○○입니다. 혹시 본 사건의 이해관계인인 ○○씨 되십니까?" 전화가 연결되자마자 컴퓨터를 보면서 선배에게 배운 내용을 그대로 읽었다.

이렇게 떨리는 마음을 안고 대화가 이뤄졌는데 옆에서 아기 우는 소리가 들린다. 정작 긴장되는 사람은 내가 아니라 이 사람일 수 있겠구나, 참 딱한 생각이 들어 최대한 도움을 드리고 싶다는 생각을 하게 되었다.

안녕하세요. 박공진

2015타경 5ㅁ8 사건 ㅁㅁㅁ아파트

1ㅁㅁ호 ㅇㅇ5호 물건 관련 연락를 드렸던

낙찰자 류재진이라고 합니다.

유선상으로 말씀드렸던

1. 문자로 보내주신 도어락 비밀번호로

입실하여, 내부의 물건은 제가 임의로

정리(폐기)하도록 하겠습니다.

2. 미납되어있는 아파트 관리비는 제가

관리사무소와 연락하여

정산처리하도록 하겠습니다.

3. 이후 경매절차로 인해 이사를

나가신다는 준비이 필요하여 현관을

도어락 변경 및 양호를 변경하도록

하겠습니다.

이미 유선상으로 협의했던 내용이오나

해당 사항에 동의하시면 동의한다는

답장을 부탁드리겠습니다.

※ 첨부 : 낙찰자를 영수증.

창천지방법원 동영지원.

2월 18일 오후 7:21

▲ 선배에게 배운 내용으로 전화를 통해 협의 완료했고. 좌포님에게 조언
을 받아 문자로 요약 발송 후 협의 내용을 받아들이겠다는 문자 회신
을 받았다. 그런데 내가 보낸 이 문자의 2번 항목 때문에 미납 관리비
를 개별·공용부분 모두 내가 납입하게 되었다. 나는 공용 부문만 내겠
다는 의도로 보낸 것이었지만, 상대방은 그렇게 생각할 수가 없는 문구
였던 것이다. 문구는 조심하고 또 조심하자.

    대화를 나눠보니 상대방은 집에 대한 미련이 전혀 없다고 말했
다. 이사비도 받고 싶은 생각이 없으며 미납관리비가 조금 쌓여 있
는데, 형편이 어려워 그 부분만 해결해달라고 했다. 보통 공용 관리
비에 대한 부분은 낙찰자가 부담하는 판례가 있어 어짜피 내가 지불
할 생각이었고, 대신 첫 물건이 잔금 내지 않은 상태에서 월세를 받
은 것이 떠올라, 이 물건도 잔금을 납부하기 전에 수리를 하고 싶다
는 이야기를 했다. 사실 매각허가결정이 나려면 시간이 2주가 지나
야 하지만, 빨리 임대를 내고 싶은 생각에 그때까지 기다리고 싶지

않았다. 다시 말하자면 소유권이 넘어오기 전에 내부를 수리하고 그 상태에서 임대를 놓겠다는 생각이었다. 해당 아파트 단지는 경매가 이뤄지기 전 공용난방에서 개별난방으로 전환되고 있던 상황으로, 내가 입찰한 물건만 개별난방 전환이 이뤄지지 않아 빠른 수리가 필요했다.

고생의 시작! 첫 셀프수리를 진행하다

사전에 명도가 어느정도 마무리되고 매각허가가 결정되기 전 다시 한 번 여자 친구와 통영으로 달려가게 되었다. 참고로 날쌘뚱보님의 18평 소형 아파트 수리를 도왔던 경험이 있어서 수리 방법을 인터넷에서 찾아보고 용감하게 돌진했다.

▲ 처음에 멋모르고 빌코니를 제외한 내부를 모두 유성으로 칠해서 페인트 냄새가 사라지는 데 정말 많은 시간이 걸렸다.

수리를 하고자 마음먹은 부분은 크게 3가지였는데,

- 베란다 내벽 페인트

- 방 문 페인트, 방 문 손잡이

- 내부 나무 샤시 페인트

◀ 점유자들이 사용하던 퀸 사이즈 침대. 매트리스가 엘리베이터에 들어가지 않아 계단으로 옮길 수밖에 없었는데 분리수거장으로 옮기는 데 정확히 1시간 30분이 걸렸다. 가끔 셀프수리를 하러 떠나면 예상치 못했던 변수가 시간을 많이 잡아먹는다.

지금 뒤돌아보니 고생은 많았는데 뭐 한 게 별로 없는 것 같다. 페인트 말고는 딱히 큰 건 없었지만 청소까지 하는 데 정말 오랜 시간이 걸렸으니 경험이 정말 부족했었나 보다. 특히 수리하고 집에 올라올 때 피곤함을 참으면서 다시는 멀리 있는 장소는 셀프수리를 하지 않겠다고 마음먹게 되었다.

멀리 떨어진 지역 사람에게 많은 지원을 받자

1박 2일 동안 고생하며 수리를 해놨는데, 매각불허가가 날까 노심초사였다. 이 경우 셀프수리한 것이 그냥 수고로 끝나게 될 수 있었기 때문이다(잘못하면 원상 복구를 해놔야 한다). 그래도 다행히 매각허가결정이 떨어졌다. 이제 또 다른 난관을 넘어야 했는데, 아파트를 내가 알아서 개별난방으로 전환을 하는 것이었다. 위에 잠깐 이 내용을 언급했지만, 난방 관련 지식이 전혀 없었기 때문에 아파트 관리소장을 직접 찾아가게 되었다.

내가 들고 간 음료를 함께 마시면서 2시간 동안 설명을 들었는데 도저히 내가 스스로 처리할 수 있을 만한 내용이 아니었다. 전화상으로 업체들과 통화했을 때 단순히 보일러만 설치하면 될 것이라 생각했는데 막상 그것이 아니었던 것이었다. 한 달 전 같은 단지 매매계약을 했을 때 아파트 단지 내에 붙은 전단지에 보일러 모델별로 130~140만 원의 비용이 발생하는 것을 보았었는데 알고 보니 그 정도는 저렴한 금액이었던 것이다.

아파트 단지 단체로 작업을 했던 업체의 연락처를 받아서 연락했으나, 이미 작업 인원들이 철수를 했고 한 세대 때문에 찾아가서 작업을 할 수는 없다고 했다. 사정을 해도 어쩔 수가 없어서 통영지역 보일러 설비 업체들을 알아보고 했지만, 관련 지식이 없다 보니 해당 건을 해결하기가 너무 복잡하고 시간이 많이 걸렸다.

대략 알아본 정보로는 보일러 설치, 난방 배관 설치, 미장, 설비 등 4가지 방면의 전문가가 필요한 것이었다. 물론 종합 설비를 하는 업체들도 있었지만, 가격을 어마어마하게 요구해서 쉽게 진행을 요청할 수 없었다.

그래서 인터넷으로 보일러 설비 업체들을 연락해 관리사무실 소장에게 연계를 시켜줬다. 내가 알고 있는 지식이 부족했기에, 관리사무실 소장의 도움이 없으면 작업이 되지 않았기 때문이다. 몇 군데 견적을 받으면서 그때마다 관리사무실 소장으로부터 많은 도움을 받게 되었고, 가장 괜찮은 가격으로 작업을 할 수 있게 되었다. 사실 이런 도움을 받을 때 아무런 탈 없이 진행이 된 것은, 과거 전 소유자와 명도를 진행할 때 관리비에 대한 정산 건으로 대화를 많이 나눴고 그 사이에 친분이 꽤 쌓였기 때문이다. 물론 공용 관리비뿐 아니라, 개별 관리비도 내가 모두 지불했기 때문에 관리사무소장의 짐을 하나 덜어 주었던 것도 한몫했을 것이다.

그렇게 잔금을 치른 후 2주라는 시간이 지났을 때 개별난방 작업이 완료되었는데, 셀프수리했던 부분들이 손상이 많이 가게 되었다.

주의해서 작업을 해달라고 전달했음에도 그렇게 신경을 써서 작업을 한 것 같아 보이지는 않았다. 그 상태 그대로는 임대를 놓을 수 없는 상황이기에, 도움을 줄 수 있는 분을 찾고자 지역 맘카페에 글을 하나 올렸다.

> 혹시 아파트 내부 청소 해주실 분 계신가요?
>
> 입주 청소처럼 막 구석구석 할 필요는 없구요 방/문틀/베란다/화장실 청소하고.
> 집 내부에 자잘한 쓰레기들이 있는데 버려주실 분이요..(예전에 청소 다 해놨었는데, 얼마전 도배하고 보일러 공사하느라 조금 더러워져 있더라구요.)
>
> 지역이 너무 멀어서 직접 가지 못해, 청소 가능하신 분 찾아보고자 합니다.
> 장소는 최수 ██이구요. ███ █-███ 23평입니다. 비용은 4만원 드리려고 합니다.
>
> 관심있는분 문자 보내주세요~

▲ 지역 정보를 가장 빠르고 정확하게 알 수 있는 지역 맘카페. 부동산 투자를 하게 되면 직거래 등 활용도가 높아 필수로 사용을 해야 한다.

다행히 많은 분들로부터 연락이 왔다. 가정일을 하면서 용돈벌이라도 해야겠다는 생각으로 연락을 주신 것 같았는데, 아마 수고비를 받으면 기쁜 마음으로 치킨 같은 것을 사 들고 집에 가지 않았을까 싶다.

어쨌든 여러 사람 중 그중 가장 잘해주실 것 같은 분에게 부탁을 드렸다. 하지만 청소하는 일에 익숙하지 않은 일반인이 짐이 하나도 없는 24평 아파트를 정리한다는 것이 얼마나 어려운 일인지 청소를 해본 사람들은 알 것이다. 그리고 저녁이 될 때 쯤 생각보다 너무 힘들었다는 말과 함께 청소가 완료된 사진을 나에게 보내주었는데, 사진 속에는 베란다 샤시까지 물로 청소해준 것이 눈에 들어왔다. 이에 죄송스러운 마음이 들어 애초에 얘기했던 4만 원에 1만 원을 추가해서 5만 원을 보내드렸고, 이것을 마지막으로 임대를 위한 준비를 모두 마치게 되었다.

계약금 받기 프로젝트

임대를 위한 모든 준비가 끝났다.

중개업소에 임대를 요청 후 다양한 커뮤니티(피터팬, 개인 블로그, 교차로 등)에 홍보를 계속하게 되었고, 주기적으로 모니터링을 하면서 문의가 있는 분들에 대한 대답을 바로바로 해드렸다.

그렇지만 생각한 것만큼 쉽게 일이 성사되지 않았고, 흐지부지한 상태로 몇 주 정도 지났을 때 집을 보고 싶다는 사람이 있어 비밀번호를 가르쳐주었다. 어차피 아무런 짐이 없으니 문제가 되지는 않을 것이라 생각했다. 그리고 집을 잘 보았다고 대답을 받았는데 직거래보다 중개업소를 끼고 거래를 하고 싶다고 해서 나도 그렇게 하면 더 좋겠다고 했다. 사실 상대편에서도 나를 알지 못하고, 나도 내집에 들어올 사람이 누군지 모른 상태에서 계약을 하는 것이 조금은 꺼림칙했기 때문이다. 물론 부동산 중개 수수료를 생각한다면 직거래로 하면 좋겠지만 안전과 편의를 위해서 부동산 중개업소에 통하는 것이 좋을 듯했다. 그래서 매매계약을 했던 중개업소 연락처와 장소를 보내주었다.

하지만 그렇게 며칠이 지났을까 아무런 연락이 오질 않아 중개업소에 전화를 해보니 따로 받은 연락이 없었다고 한다. '혹시 그 사람이 내가 설치한 보일러를 떼어간 건 아니겠지' 하는 망상도 들었지만, 바로 연락하면 초조한 느낌이 전달될 것 같아 며칠을 더 기다리기로 했다. 그리고 시간이 조금 더 흐르고 도저히 기다리기 어려운 상황이 된 것 같아, 다시 한 번 더 임대차 계약에 대한 문의를 했는데 자신의 여동생이랑 집을 한 번 더 보고 싶다는 대답을 받게 되었다.

편한 날에 보고 다시 연락을 달라고 쿨하게 이야기를 했지만, 첫 물건의 임대차 계약의 기간을 생각하면 이 물건의 한 달 이상이란 공실은 너무나 길게 느껴졌다(당시엔 이런 감정이었지만 투자 물건이 많아지면 공실 기간에 내성이 강해지는 것 같다).

그리고 얼마 후 집이 마음에 든다는 말과 함께 계약을 하고 싶다고 해서 가계약금으로 100만 원만 보내달라고 하고, 나머지 계약은 중개업소에서 계약서를 작성하면 된다고 내용을 전달했다. 몇 시간 후, 대망의 가계약금이 내 통장으로 입금되어 여자 친구에게 바로 자랑의 카톡을 남겼다. 참고로 임대차 계약은 매매했던 아파트보다 2만 원이 더 높은 보증금 1,500만 원에 월 52만 원으로 2년 계약을 했다.

그리고 이 물건으로부터 매 달 17~20만 원씩(변동 금리 때문)의 순수익이 발생하고 있는데, 올해(2017년) 초 모르는 번호로부터 전화를 받게 되었다. 발신자는 세입자의 친 동생이었는데 혼자 거주하고 있는 세입자가 크게 다치게 되어 다시 방에서 살 수 없을 것 같다는 내용이었다. 지금 중환자실에 입원해서 직접 연락할 수 있는 상황이 아니기에 대신 연락을 했다고 했는데 순간 많은 생각이 들었다. '세입자가 중환자실에서 깨어나지 못하면 어떡할까', '월세와 보증금 처리는 어떻게 해야 될까' 세입자의 건강이 우선적으로 걱정이 되었지만, 현실적인 상황을 생각하는 내 모습을 보면서 이런 저런 감정이 교차했다.

그래도 세입자 당사자에게 연락이 온 것이 아니고 동생의 신원을 전화로만 확인할 수 없는 상황이어서 신분증과 가족관계 증명서를 요청했는데, 남매는 법적으로 한 가족은 아니었기 때문에(동생의 결혼으로) 이미 돌아가신 세입자의 어머니가 동일하다는 내용의 가족관계 증명서를 보내주어 신분을 확인하게 되었다(참고로 세입자와 계약 당시, 세입자 명의가 아닌 세입자의 어머니 명의로 계약을 한 적이 있어서 인적 정보를 알고 있었다).

살지도 않는 집에서 경제활동을 하지 못한 채 매달 52만 원씩 월세가 나간다는 것은 큰 부담이 될 것 같아 바로 중개업소에 내놓긴 했지만, 세입자에게 직접 연락을 받은 것은 아니었기에 조심스러운 부분도 있어 적극적으로 움직일 수 없었다.

시간은 속절없이 흐르고 그 이후에 세입자는 몸에 차도가 있어서 일반 병실로 옮겼고, 나에게 전화를 했다. 이제 몸이 조금 좋아지게 되었다는 말과 함께 귀중품은 없으니 현관문 도어락 비밀번호로 집을 자유롭게 볼 수 있도록 조치를 취해놨으며 집이 빨리 나갔으면 좋겠다는 이야기를 했다.

하지만 통영 경제가 주춤하고 있는 상황이었고, 월세가 상대적으로 높았기에 쉽사리 월세 계약이 되질 않는 상황이라고 판단해서 다시 한 번 통영에 찾아갈 일을 만들고 조금 더 셀프수리를 진행했다.

▲ 베란다 데코타일 작업 전/후 비교. 20년 된 타일 위에 덮여진 데코타일은 깔끔함과 고급스러움을 비교할 수가 없으며, 소요된 시간은 2시간, 단 돈 4만 원으로 작업을 마무리할 수 있었다.

단 10만 원으로 집의 가치를 올려놓게 되었는데 그 사이에 셀프수리 경험이 꽤 쌓이게 되어 방 3개 LED 조명 교체와 베란다 데코타일, 현관 타일 덧방 등을 빠르게 작업할 수 있었다. 셀프 인테리어를 계속하다 보면 노하우가 많이 생겨 최저가로 최단 시간 내에 예쁘게 포장하는 스킬이 늘은 것이다.

확실히 집 상태가 더 좋아지니 월세보다는 매도에 대한 의사를 많이 받게 되었는데, 몇 번 거절했었지만 고민 끝에 통영 지역 물건 리스크 분산을 위해 매도를 결정했다. 사실 시간이 지날수록 대출이 쉽게 나오지 않는 상황이었고, 투자금이 전혀 들어가지 않은 상황에서 매 월 20만 원씩 소득이 발생하고 있는데 이것을 포기한다는 것이 쉬운 일이 아니었다. 하지만 세입자의 어려운 상황이 계속 떠올랐고 찜찜한 마음을 계속 갖고 있었기에 무조건 나의 이익만을 고수할 수는 없었다.

▲ 이제는 제법 셀프수리 전문가가 된 여자 친구 코몽이. 나와 함께 부동산 공부를 하면서 장판도 까는 등 별걸 다 할 줄 아는 능력자가 되었다.

또한 나중에 어떤 변수가 생길지도 모르는 부분이니 조금이라도 수익이 날 때 정리하기로 결정했다. 다행히 조금 후에 매수자가 나타나게 되어 잘 거래를 했는데 혹시나 궁금한 분들이 있을 것 같아, 경매로 투자했던 물건에 대한 비용을 다음과 같이 정리해보았다.

경매 물건 투자금/손익 계산

투자금		수익	
구분	금액(만원)	구분	금액(만원)
A. 낙찰금액	10,744	A. 낙찰 금액	10,744
B. 담보 대출	8,540	B. 매도 금액	12,350
C. 신용 대출	1,500	C. 소득 금액	207
D. 임대 보증금	1,500	D. 지출 금액	819
투자금 (A-B-C-D)	-₩ 796	총 수입 (B+C-A-D)	₩ 994

▲ 총 수익을 계산해보면 위와 같다. (C = 임대소득)

내 현금 사용을 최소화한 채 레버리지 효과를 이용해 −796만 원의 투자금으로, 1년 7개월 만에 약 1,000만 원의 수익을 낼 수 있었다. 다시 말하면 내 현금은 전혀 없이(대출과 보증금으로 인해 오히려 약 800만 원이 내 수중으로 들어온 것이다) 투자 후 수익이 발생했다는 것이다.

이렇게 부동산 투자를 시작한지 2년이 채 되지 않은 상황에서 경매 물건 한 바퀴(매입-명도-임대-매도)를 돌려보게 되었다. 첫 낙찰 물건이 1년 5개월 동안 벌어들인 돈은 약 1,000만 원. 누군가에게는 큰돈이 아닐 수 있지만 나에게는 정말 소중하고 감격스러운 금액이다. 도전하고 부동산을 시작하지 않았다면 절대 손에 쥘 수 없는 금액이기에 이 경험이 나중에는 더 많은 수익을 가져다줄 것이라 믿어 의심치 않는다.

물론 물건 1개가 이런 수익을 가져다준 것이며, 같은 지역에 매매 했던 물건 또한 정리하게 된다면 그 물건도 약 1,000만 원 정도의 수익이 날 것 같다. 그 물건은 금리가 훨씬 저렴한 대출을 진행했고, 연 360만 원의 월세 순수익을 벌어주고 있으니, 임대 기간이 2년 동안 월세만 720만 원이라는 현금을 가져다 주는 물건이다.

경매 물건 지출/소득 상세

구분	지출(만원)	소득(만원)	비고
선수 관리비		6.5	채무자와 협의하여 채무자 미수령한 선수 관리비
취등록세 및 등기비	222		취등록세 : 120만원, 등기비 : 100만원
개별 난방 공사 빛 보일러	178		개별난방 공사비 * 1.1(부가세)
미납 관리비	140		잔금 후 공실기간 관리비 포함
기본 수리 #1차	10		페인트, 방문 손잡이 셀프 수리
매도 준비 수리 #2차	10		베란다데코타일, LED방 등, 현관타일 셀프 수리
도배	50		
복비 (임대차 서류대필)	5		
재산세	23		2년 치 재산세
복비 (아파트 매도)	60		
대출 중도 상환 수수료	67		=8540*0.015*19/36 (수수료 1.5% 일 할 계산)
월세 소득 (월세 - 이자)		200	=14개월치 월세 소득 - 공실 기간 지급 이자
양도세	54		=12,350-10,744-250(개인 공제)-222(취등록세)-60(복비)-178(보일러 수리) =896*0.06(세율)
합계 :	819	206.5	

▲ 경매 물건을 낙찰받고 매도하기까지 발생한 비용은 약 820만 원이다.

이 물건은 낙찰을 저렴하게 받았기 때문에 가능한 수익이며, 매매 가와 비슷하게 구입을 하는 물건은 매매가가 올라주지 않는다면 최 대한 장기 보유해야 손익분기점을 넘길 수 있다.

하지만 불과 몇 년 사이에 부동산 대출 규제가 점점 심해지고 있어, 이제는 내가 작년에 진행했던 방식대로 투자를 할 순 없어 새로운 환경에 맞는 투자 방법을 찾는 것이 새로운 목표가 될 것 같다. 그리고 많은 분들과 교류를 한다면 분명 나에게 맞는 방법을 찾게 될 것이고 경제적 자유에 도달하는 날이 언젠간 오지 않을까 싶다.

비행기를 타고 떠난 단체 임장

어느 날 카페 회원 한 분과 카톡 대화를 나눈 일이 있었다. 그분은 평소 내가 잘 따르던 걷는다님인데, 연회원 수업 때 전국에 있는 10개 혁신도시 지역 브리핑 임무를 맡았다는 것이다. 첫 번째 수업에 진행한 원주 혁신도시의 경우 좌포님이 직접 브리핑해서 9개 지역이 남았지만 한 사람이 매 회차 발표하는 것이 부담스러울 것 같다는 생각과 나도 한번 발표도 준비해보고 싶은 생각이 들었다.

"혹시 9개 중에, 1개는 제가 맡아서 진행해도 될까요?"

예상 외로 들려온 답변은,

"1개가 아니라 9개 모두 진행해도 된다"였다.

갑작스럽게 몰려오는 부담감. 그냥 1개만 하겠다고 이야기하고 부모님과 큰누나가 거주하고 있어 어느 정도 잘 알고 있는 충북혁신도시를 맡아보겠다고 했었는데, 하필 이번에 발표 준비가 된 지역이라고 한다.

그렇게 혁신도시 중 어느 것을 선택할까 고민하다가, 연회원 수업에서 진주 지역에 대한 좋은 내용을 많이 들었고, 통영과 가까운 지역이기도 해서 경남 혁신도시(진주시 위치)를 맡아서 진행하겠다고 했다.

이렇게 우연치 않게 경남 지역과 또 다른 인연이 생기게 되었는데, 진주는 내가 살고 있는 곳에서 승용차로 왕복 6~7시간이 걸리다 보니 하루이틀로 끝낼 만한 곳이 아니었다. 이 때문에 임장 노선을 상세히 정한 후 사전 조사를 위해 직접 진주로 내려가서 탐방을 하게 되었다. 이렇게 탐방을 하는 과정 중에 한 곳의 중개업소에서 월세 투자가 가능한 매력적인 물건이 있다며 연락이 왔다. 이곳은 경남 혁신도시와 차량으로 10분이면 도착할 수 있는 상당히 가까운 거리의 아파트 단지로, 내부가 깔끔하고 싱크대가 고급스럽게 수리됐고 가격은 3층에 8,300만 원, 월세 시세는 2,000/35 정도였다. 수리도 별로 필요 없었으며 70% 담보대출만으로 거의 투자금이 들지 않는 수익률이 몹시 좋은 아파트였다.

그래서 집을 보고 싶었는데, 살고 있는 세입자가 연락이 안 된다고 한다. 사진으로는 상태 파악이 됐지만, 저녁까지 기다리면 볼 수 있을 것 같다는 생각으로 진주 지역 이곳저곳을 돌아다니면서 중개업소의 연락을 기다렸다.

하지만 저녁이 되어도 중개업소로부터 연락이 오지 않아 혹시나 하는 마음에 집 주소로 찾아가니 집 안에 불이 켜져 있었다. 세입자가 집에 돌아온 것 같다고 중개업소로 연락했는데 하필 그 사이에 누군가가 가계약금을 걸었다고 한다. 물건과 사랑에 빠지지 말라고 했지만, 내 것이라고 생각했던 물건을 눈앞에서 놓치니 참 씁쓸했다. 숲(지역)과 나무(아파트) 모두가 마음에 들었는데 이렇게 빈손으로 돌아가니 아쉬운 마음이 들었다. 참고로 그 단지 수리가 전혀 안 된 아파트가 최근 9,600만 원(최고가는 1억 원)에 거래되었다. 그 물건을 매입한 사람은 불과 4달 만에 1,300만 원의 시세차익을 보게 되었을 것이다.

아쉬움도 잠시, 나의 원래 목표인 경남 혁신도시 브리핑을 위해 진주 지역에 2번 정도 더 다녀온 후 지역 분석 자료를 정리해서 연 회원 대상 발표를 진행하게 되었다. 약 한달 동안 발표를 준비했던 만큼 생각보다 브리핑의 반응이 좋았고, 확실히 내가 잘 알고 분석하는 만큼 투자에 대한 확신이 서게 되는 것 같다. 그 때문에 발표 역시도 보다 자신감 있게 진행이 되었고, 우연인지 발표 후, 바로 진주·사천지역 KTX 단체 임장(더리치 회원들과 함께 먼 지역을 KTX로 이동하여 단체로 지역 임장) 일정이 생기게 되어 카페 회원들을 이곳으로 인솔하게 되었다.

이때 많은 인원들을 가이드한다는 새로운 경험을 해볼 수 있었으며, 지금도 즐거웠던 추억으로 남게 되었다. 또한 참석했던 많은 분들과 소식을 접해들은 회원들(나를 포함한 7명)이 진주·사천 지역에 투자를 하게 되었는데, 내가 공들여서 준비했던 지역 분석, 단체 임장인 만큼 회원들이 투자한 물건이 많은 수익이 났으면 좋겠다.

▲ 진주·사천 지역 KTX 임장 완료 후 사천공항에서 비행기를 타고 서울로 돌아오게 되었는데, 사진이 더리치 전용기와 같이 나왔다.

여유로운 생활의 꿈을 꾼다

어린아이였을 때에는 큰 고민 없이 시도했던 주체적인 경제 활동이 시간이 지날수록 겁만 많아지고 새롭게 시도도 하지 않은 채 세월만 흘려보냈다.

하지만 주변에 함께할 수 있는 누군가가 있고, 나를 가이드해줄 수 있는 멘토가 있다면 조금은 빠르게 실천할 수 있다. 나 역시 혼자는 시작도 하지 못했을 일이었지만, 선배님의 소중한 한마디로 여기까지 올 수 있었고, 좌포님을 비롯한 더리치 회원들과 함께하면서 또 다른 나를 찾을 수 있었다. 정말 더리치는 돈을 사용하기만 하고 있던 나에게 돈을 벌어주는 취미 생활을 할 수 있도록 도와준 큰 은인이다.

그리고 어느덧 내 나이도 제법 차오르게 된 것 같다는 생각이 들어 더 늦어지기 전에 올해 결혼을 준비하고 있다. 결혼을 생각하다 보면 예전에는 육아에 대한 큰 부담이 많았었는데 지금은 생각이 많이 바뀌게 되었다. 어느 정도 현금 흐름(월세 소득)을 맞추어가고 있고 그때쯤 되면 한시적인 외벌이가 된다고 할지라도 심적인 부담이 조금은 줄어들 것이라는 생각 때문이다. 이렇게 투자를 시작하기 전에 걱정 덩어리였던 부동산이 나에게 마음의 여유를 찾아준 것이다.

지금부터 약 6년 반 전인 사회 초년생 때 곰팡이가 푹푹 피어나는 원룸 단칸 전세방에서 지금은 9채의 부동산의 소유자가 되었고, 매월 100만 원이 훌쩍 넘는 월세가 들어오고 있다.

조금만 더 노력하면, 좌포님이 꼭 도달해보라는 365일 월세를 받을 수 있을 것이다. 그날이 올 때까지, 경제적 자유를 위해 제2의 월급이 나올 수 있는 머니 파이프를 구축하기까지 멈추지 않고 새로운 방법을 모색하고 달려가봐야겠다.

그런데 이 글을 끝낼 무렵에 좌포님이 내 인생의 방향에 대해서 툭 던지시는 말씀을 주셨다. 좌포님이 연회원을 위한 실전반 수업때 '말뚝론'에 대해서 가끔 말씀하시면서 이번에는 나에게 실거주 강남

입성론을 이야기해주셨다.

이미 충청도에 신혼을 대비해서 집을 준비해놓았는데, 그 사정을 너무나도 잘 알고 계시는 좌포님이 선문답처럼 '강남 입성'에 대해서 툭 하고 말씀을 던지신 것이다.

365일 월세 받는 꿈, 대한민국에서 가장 핵심이라는 강남에서의 실거주, 이런 신문에나 나올 법한 이야기가 지금 내 가슴속에서 꿈틀거리고 있다.

2016년 가을의 어느 날, 좌포님의 특별한 배려로 갭 물건을 하나 계약했다. 너무나 고마워서 직장에 휴가를 내고, 좌포님을 모시고 시내 호텔에서 점심을 대접해드렸는데 그때 환하게 웃는 좌포님의 모습을 보면서 언젠가는 다시 한 번 꼭 식사를 대접해 드리겠다고 스스로 다짐했는데 어서 그날이 오길 기다려본다.

또순!

많은 사람들이 여자로 생각하는 닉네임을 가지고 있다.

우리 카페에서 젊은 축에 속하지만 내실 있고, 의욕적인 투자자다.

대기업에 다니는 샐러리맨이지만 현실에 안주하지 않고, 삶을 긍정적으로 변화시키고자 지금도 끊임없이 꿈을 꾸고 있다.

좌충우돌 전국을 돌아다니며 투자한 부동산이 지금은 9개지만 몇 년 더 고생한다면 30개를 채울 수 있고, 매일 월세 받는 사람이 될 것이다.

지금부터 약 10년 후 직장은 자기실현을 위해서 다니고, 별도의 현금 흐름을 통해 경제적 자유를 누리기 위해 지금 흘리는 노력의 땀방울이 성공할 수 있는 자양분이 되기를 바란다.

365

365

PART
02

많이 남는 물건보다
쉽게 팔 수 있는 물건이 좋다

01

팔기 쉽고 리스크가 적은
소형 아파트가 답이다

1. 인구는 줄어들지만 세대수는 늘고 있다

에코세대라고 하는 1979~1997년생들은 대략 1,000만 명 정도되는데 가구수로는 630만 가구로 우리나라 전체 가구의 36%를 차지하고 있다. 이 세대가 사용하고 있는 주거의 형태는 월세가 42%, 전세가 31%이다. 이 세대가 선택할 수 있는 주거는 3인 가족이 살기 편한 소형이 일차적이다.

인구가 줄고 있다. 그렇지만 세대수는 늘어나고 있다.

통계청에서는 2035년까지 매년 20여만 가구가 늘어날 것으로 예상하고 있다. 그 이유는 4~5인 가구에서 3~4인 가구로, 3~4인 가구에서 2~3인 가구로 줄어들었고, 단독 세대와 노인 세대가 늘어나기 때문이라고 진단하고 있다. 노인 세대도 한쪽이 먼저 죽고, 나홀로 세대가 증가할 것으로 전망하고 있다. 그래서 베이비붐 세대는 인구가 줄었지만, 큰 집에서 작은 집으로 이동하기 때문에 가구 수는 늘어난다.

다음 기사를 한번 보자.

인구주택총조사에서 드러난
40~50대 1인 가구 증가세 다른 연령층 압도

10년이면 강산도 몰라보게 달라지는 것처럼 사람들의 삶에 대한 가치관이나 사회경제적 환경도 빠르게 변한다. 그 변화의 결과를 압축적으로 보여주는 지표가 있다. 바로 인구구조와 가구형태의 변화인데, 통계청의 '인구주택총조사'의 변화에서도 이러한 변화가 여실히 드러난다. 1980년에는 '5인 이상 가구'가 전체 가구의 절반을 차지하며 가장 일반적인 가구유형이었다. 한 집에 3대가 거주하며 아이들을 키우고 노부모까지 모시는 가장의 삶이 대한민국의 전형이었다.

그로부터 35여 년이 지난 지금 이런 가구 유형과 가족 형태는 '희귀종'이 됐다.

통계청이 지난 7일 발표한 '2015년 인구주택총조사'에서는 1인 가구가 전체 가구의 27%를 차지한 반면에 5인 이상 가구는 6%에 그쳤다. 그리고 지난 35년 동안 전체 가구수는 인구수보다 더 빠른 속도로 증가하고 있는데, 이 역시 1인 또는 2인으로 구성된 소규모 가구가 급속하게 늘어난 탓이다.

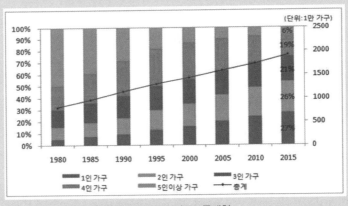

▲ 가구 구성의 변화 추이(1980~2015) 자료 : 통계청

40~50대가 전체 1인가구 증가 주도해

전문가들은 경제력이 취약한 계층일수록 가족 단위가 해체되고 홀로 사는 가구가 늘어나는 속도가 더 빠르다고 추정해왔다. 소득

분포로 보면 빈곤층 연령대로는 노년층이 1인 가구 증가를 주도하는 것이 전 세계적인 흐름이기도 했다. 이 외에도 비혼 증가와 초혼연령의 상승 등으로 '독신 청년'이 늘어난 것도 1인 가구 증가의 주요 요인 중 하나로 꼽힌다. 그런데 2000년대 한국의 1인 가구 증가는 이상과 같은 일반 통념과는 사뭇 다른 양상으로 전개되고 있다.

	2005	2010	2015
20세 미만	1.4%	1.2%	1.1%
20대	21.4%	18.6%	17.0%
30대	19.9%	19.0%	18.3%
40대	**15.0%**	**15.0%**	**16.3%**
50대	**11.5%**	**14.1%**	**16.9%**
60대	13.6%	12.8%	12.8%
70대 이상	17.3%	19.3%	17.5%

1인가구의 "연령대별" 비중(표)

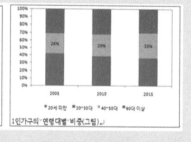

1인가구의 "연령대별" 비중(그림)

한겨레경제사회연구원(HERI)이 지난 10년 동안 인구주택총조사의 연령대별 가구구성 추이를 분석해보니 1인 가구의 빠른 증가를 이끄는 연령대가 노년층이나 청년층이 아닌 40~50대인 것으로 나타났다.

2005년 317만 1,000이던 전체 1인 가구수는 2015년 520만 3,000으로 64.1% 증가한 반면 50대 1인 가구는 같은 기간 36만 6,000에서 87만8,000으로 늘어 전체 평균의 2배를 훌쩍 넘는 139.7%의 증가율을 기록했다. 40대 1인 가구 증가율도 79.2%(47만 4,000→84만 9,000)로 평균을 웃돌았다. 이에 비해 20대(30.7%)와 30대(51.5%) 60대(55.4%)의 1인 가구 증가율은 상대적으로 낮았다.

이에 따라 전체 1인 가구에서 40~50대의 비중이 2005년 26.5%에서 2010년 29.1%로 커졌다가 2015년 조사에서는 33%까지 치솟았다. 가구원 수가 한 명인 집의 셋 가운데 하나는 40~50대가 차지하고 있는 셈이다.

반면에 20~30대와 60대 이상이 전체 1인 가구에서 차지하는 비중은 지난 10년 동안 되레 줄었다. 가장 왕성한 경제활동을 하고 있고 따라서 소득·소비 능력도 가장 높은 중년층의 1인 가구 증가세가 가장 빠른 것이다.

2016. 09.28. 한겨레
이민영 한겨레경제사회연구원 동향분석센터 선임연구원
alsdud84@hani.co.kr

기사에서 볼 수 있듯이 지금 40~50대에서 나홀로 세대가 늘어나고 있고 이들이 선택할 수 있는 주택은 소형이다. 많은 사람들이 인구 감소에 따른 주택 투자에 부정적인 이야기를 많이 하고 있지만, 기사를 보면 투자 방향을 짐작할 수 있다. 또한 주거용에서 소형은 팔기도 쉽고, 사기도 쉬워서 내가 팔고 싶을 때 큰 평형보다 고생을 덜 할 수 있는 장점이 있다.

2. 투자, 꼭 아파트여야 하는가?

그럼 왜 아파트일까?

사람의 취향과 능력에 따라서 다르게 설명할 수 있지만, 필자가 투자 초보자들에게 권하는 것은 소형 아파트를 권한다. 소형 아파트는 다른 부동산보다 팔기가 쉽고 소비자 층도 두껍기 때문이다.

빌라는 언제 가격이 가장 높을까? 일반적으로 빌라는 분양할 때가 가장 가격이 좋고, 시간이 흐르면서 가격이 내려간다. 연식이 오래된 빌라는 수리비가 지속적으로 들어가야 하고, 임대 맞추기도 어려움이 있을 수 있다. 또 내가 팔고 싶을 때 쉽게 팔 수 없는 단점이 있다. 필자는 잘 파는 재주가 있는 사람은 빌라를 투자하라고 한다. 수익률이 좋기 때문이다.

그러나 일반적으로 파는 것에 소질이 없고 부동산 중개업소 사장님에게 전적으로 의지해서 물건을 판다면 한번 정도 생각해볼 부동산임은 틀림이 없다. 물론 빌라 투자를 잘 하는 사람들이 있어서 필자의 경험이 100% 정답은 아니다.

월세가 꼬박 꼬박 나오는 소형 오피스텔은 어떤가? 월세 수익 투자용으로는 참 좋은 부동산이 오피스텔이다. 특히 역세권에 있는 소형 오피스텔은 서로 한 채씩 가지려고 난리다. 필자도 예전에는 오피스텔에 관심이 많았고 여러 채 소유해서 월세를 놓기도 했지만 지금은 선호하지 않는다. 이유는 딱 한 가지다. 내가 팔 때 소형 아파트보다 시세차익이 많지 않다.

그러나 멀리 지방에 다니기도 싫고 신경 쓰고 싶지도 않다면, 그리고 항상 공실이 없는 임대 물건을 찾으려면 역세권 소형 오피스텔을 찾으면 정답일 수 있다. 은행에 넣는 것보다 수익이 더 크다. 그러나 명심할 것이 있다. 농산물이 농사 짓는 사람의 발자국 소리를 듣고 크듯이, 임대 부동산도 임대인의 관심과 애정에 비례해서 가격이 형성된다는 것을 알아야 한다.

상가는 많은 사람들이 가지고 싶어 하는 로망의 물건이다. 그러나 상가는 가장 중요한 것이 입지다. 또, 한 번에 큰돈이 들어갈 수 있는 종목이다. 물론 레버리지(대출과 임차보증금)을 이용할 경우에 무피로도 상가를 소유할 수 있지만 목이 좋은 상가를 우리 같은 소시민이 투자하기에는 쉽지 않다.

상가는 선수들이 하는 종목이다.

1년 공실을 염두에 두고 시작해야 편하다. 상가를 잘할 자신이 있는 사람은 상가를 하면 대박을 칠 수 있다. 그러나 부동산 한 번 사본 경험이 없는 절대 대다수의 사람들에게 상가 투자는 쉽지 않다. 따라서 당신이 부동산에 대한 초보자라면 일단 사고 팔기 쉽고 가지고 있으면 가격이 오르는 소형 아파트를 필자는 권한다.

3. 왜 주거용 중에서 소형이 중요한가?

요즘은 수익형 부동산이 대세다. 그 이유는 저금리 때문이다.

한 달에 꼬박 꼬박 나오는 월세는 미래를 책임져주기에 역세권 오피스텔이 인기이고, 상가가 인기이고, 구획 정리되는 단독주택 토지가 몇 1,000대 1로 분양이 된다. 이런 것 모두 다 좋다. 그러나 필자는 초보자들에게 이런 물건을 "바라보지도 말라"고 한다.

주거용인 소형 아파트는

- 부동산 경기가 안 좋다고 해도 가격이 얼마 안 빠진다.
- 공실이 되어서 월세가 안 들어와도 이자 부담이 크지 않다.
- 일단 팔기 쉽고, 사기 쉽다
- 임대 수요층이 두터워 임대가 잘되고 관리가 쉽다.

사람들은 당연히 대단지 아파트, 역세권 아파트, 브랜드 아파트, 새 아파트를 선호한다. 그래서 투자를 하려면 이런 물건을 선택하라고 한다. 그런 물건에 투자하면 당장 임대도, 미래 전망도, 시세차익도 좋다.

그러나 이런 물건은 경매에서 경쟁이 치열하고, 결국은 비싼 가격 아니면 낙찰받기 어렵다. 경제적 여유가 있는 분들은 도전해볼 만하다.

우리 회원 중에 지방에 있는 오래된 아파트에 입찰하려고 했는데 식구들이 말렸다고 한다. 그래서 그 이유가 뭐냐고 했더니 지방이고, 너무 오래된 아파트라서 그랬다는 것이다. 우리는 이 사례에서 일반적으로 많은 사람들의 취향을 확인할 수 있다.

소형 아파트를 투자하는 데 굳이 역세권을 고민할 필요는 없다. 그 지역에 소형 아파트가 필요로 하는 인프라가 있는지(임차인 수요)를 고민하면 된다. 소형 아파트가 있는 지역에서도 시장이나 학교, 교통여건 등 생활편의시설이 좋은 단지를 찾고, 그 지역의 인구분포가 필요로 하는 평형대별 가격을 도출해내서 투자에 적합한지 판단하면 된다.

4. 소형 아파트가 언제까지 오를 것인가?

이것은 물가 상승이란 개념을 생각해야 한다. 물가가 내린 것을 경험해본 적이 있는가? 버스비가 내리고 지하철 요금이 인하된 것을 경험해본적이 있는가? 거의 없을 것이다. 다시 말하자면, 물가는 계속 오른다. 물가가 내리면 경제가 마비된다. 우리가 마트에 가서 커피를 하나 사려고 하니 광고문 하나가 있다.

자세히 읽어보니 내일 사면 10%을 깎아준다는 것이다. 그럼 커피를 살까? 내일 사면 더 싼 가격으로 사는데. 그 다음 날 다시 가봤더니 또 내일 오면 10%를 싸게 살 수 있다고 한다.

그럼 오늘도 소비자들은 물건을 사지 않는다.

이처럼 물가가 내리면 장사하는 사람도 망하고, 그 물건을 만드는 사람도 망하고, 시장에는 돈이 돌지 않아서 모두 힘들어진다. 그래서 국가 경제정책은 물가를 잡는다고 말하지만 실제적으로는 물가가 내려가는 것은 아니다.

그런 의미에서 집을 지어서 파는 사람의 입장에서 아파트 가격이 계속 내려간다면 집을 지을 필요를 느끼지 못하고, 집을 살 사람도 내릴 때를 기다려 집을 사지 않는다. 그렇게 되면 생산이 멈추게 되고 나라 경제가 어려워질 수밖에 없다. 그래서 한번 정한 가격은 내려갈 줄 모른다.

아파트를 짓는 데는 큰 평보다는 작은 평형이 짓기도 어렵고 돈도 더 들어가서 수익이 떨어진다. 그래서 회사에서는 작은 평형을 잘 안 지으려고 하고 정부에서는 작은 평형 의무비율이란 것을 만들어서 짓도록 했다. 그런데 이제 그 의무비율이 옛날과 달리 많이 낮아졌다.

결국 작은 평형은 필요로 하는 사람은 많은데, 공급은 적다는 것이다. 이런 시장 원리를 이해한다면 답은 쉽게 찾을 수 있다.

최근에 소형이 트렌드라 작은 평형을 공급하는 경향이 있는데, 가격이 장난이 아니라는 점을 인지해야 한다.

5. 소형 아파트 투자 조건

가장 중요한 것은 입지다. 사람이 살 만한 곳이어야 한다. 물론 큰 도시에 사람이 살 만하지 않은 곳이 어디 있냐고 말하겠지만, 가급적이면 교통이 좋아야 한다.

1) 동선이 짧아야 한다

소형 아파트에 거주하는 사람들은 쾌적한 주거환경과 이동하는 동선이 짧아야 한다. 직장인들(젊은이들)의 출퇴근이 용이할 수 있는 교통편의시설이 잘 발달되어야 한다. 아침 출근도 중요하지만 저녁 늦게 귀갓길이 한적하면 절대로 안 된다. 특히 그 지역에 젊은 여성들이 일하는 일터가 많다면 더 더욱 그렇다.

2) 집과 학교의 동선을 살펴보자

요즘에는 단지 안에 학교가 있는 경우가 많지만, 왕복 8차선을 건너는 경우도 있다.

아이들이 학교 갈 때는 녹색어머니회가 교통정리를 해주고 아파트 단지에서도 교통정리를 해주지만, 하교할 때는 아이들 스스로 학원을 가야 해서 바삐 움직이는 경우가 있다. 어린이들 사고는 아침보다는 학교가 끝난 이후에 그 빈도가 높다.

3) 학교 레벨

일명 학군이라 말한다. 소형 아파트에 거주하는 사람들의 경우 초등학교와 중학교가 중요할 수 있다. 서울의 중계동은 을지 초등학교, 일산은 오마 초등학교, 분당의 수내 초등학교 같은 초등학교 학군을 중심으로 아파트 단지들이 형성되어 있는 경우가 있다. 중계동 은행사거리는 지하철과 멀고, 상대적으로 교통에 취학한 경우일 수 있지만 역세권보다 아파트값이 더 비싸다.

4) 입지와 지역적 호재

앞에서 언급한 조건에 더해서 지역적 호재가 있다면 얼마나 좋을까? 부동산은 호재에 따라 등락의 편차가 크다. 그렇지만 초보자가 호재만을 좇아서 무리한 투자를 할 필요는 없다.

우리는 이런 입지조건을 잘 살펴야 하고 호재보다 더 중요하다.

즉 갭 투자에서 가장 조심해야 할 것은 내가 투자한 물건의 가격이 빠지지 않을 지역(입지)을 찾는 것이다.

6. 어떤 아파트는 가격이 떨어지고 어떤 아파트는 가격이 오르는가?

필자가 강의를 할 때 중형 아파트는 오를 때 화끈하게 오르지만, 떨어질 때는 한없이 떨어진다고 말한다. 부동산으로 고생해본 사람들은 다 안다. 그런데 소형 아파트는 어지간하면 떨어지지 않는다. 더군다나 전세가 대비 매매가가 90%인 소형 아파트라면 이런 아파트는 가격이 떨어질 리가 없다. 떨어지지 않을 아파트에 투자를 하면 된다.

7. 조심해야 할 아파트

1) 나홀로는 피하라

교통이 좋은 지역에 있는 나홀로 아파트, 산업 단지에 가까이 있는 나홀로 아파트는 조심할 필요가 있다. 일시적으로 매매가 대비 전세가격이 좁아졌다 하지만 교통이 좋은 나홀로 아파트는 갭 투자용이 아닌 월세 수익용으로 접근을 해야 하고, 산업단지와 가까운 나홀로 아파트는 경기가 좋지 않을 때는 썰물처럼 사람들이 빠져 나갈 수 있다.

이런 아파트를 매입하는 목적은 오피스텔처럼 월세에 그 목적을 두어야 한다. 따라서 이런 종류의 아파트가 갭이 좋고 월세 시세가 좋다고 덥석 매입하지 마라.

광주광역시에서 필자가 운영자로 있는 '좌포의 부동산 경매 더 리치' 연회원을 위한 실전반에 다니고 있는 산너머님이 이런 물건을 매입하고 싶어서 몇 차례 의견을 물었지만 필자의 반대에 매입을 포기했었다.

이런 물건은 가격 변동이 얼마나 있었는지 과거 거래 현황 3년치를 보라. 그것을 보면 살 물건인지, 피해야 할 물건인지 알 수 있다.

2) 공급을 살펴라

공급이 많은 지역은 더더욱 조심해야 한다.

모든 투자자가 그러하다는 것이 아니라 소액 투자자가 갭으로 투자를 할 때 그렇다. 일시적으로 시장에 풀린 전세물량이 많으면 전세가격이 내려가고 세입자들은 갈아탄다. 이럴 경우, 투자자들은 일시적으로 돈이 더 투입되어야 한다.

재건축을 한다든지 재개발을 하는 지역은 필연적으로 갭 차이가 좁다. 갭이 좁다고 덥석 물지 말고 미래에 있을 공급까지 고민해야 한다.

그런데 한 가지 확인해보자.

전세가격이 내린 적이 있는가? 앞에서 말한 것처럼 물가가 내린 적이 없듯이, 전세가격이 내린 적이 없다(그 지역에 공급이 있을 때 일시적으로 전세가격이 하락하기는 하지만, 2년 후에는 일반적으로 다시 가격이 회복하는 경우가 많다).

물론 일시적인 현상은 존재하지만, 지금 매매가격 대비 전세가격이 90%라면 이 물건은 당신에게 행운을 가져다 줄 부동산이다.

8. 소형 아파트 투자 요령

① 매매 목적을 분명히 하라

지방의 소형 아파트는 가급적이면 임대수익률에 중점을 두고 매입가격은 1억 원 정도를 상한선으로 접근하라. 그 이상을 넘으면 수익률이 떨어진다.

② 입찰을 할 때 양도차익을 계산하면 낙찰받기가 쉽지가 않다

따라서 양도차익이 발생하면 보너스로 생각하고 일단은 수익률에 초점을 맞춰라. 지방의 소형 아파트는 월세로 현금 흐름이 목적이기 때문이다.

③ 경·공매로 매입을 할 경우 가급적이면 레버리지를 충분히 살려서 소유권을 이전하고 전세보다는 월세로 하면 수익률이 좋다.

간단하게 표로 계산해보자.

낙찰받은 부동산 가격이 8,500만 원이라고 하고 현재 전세 시세가 8,000만 원.

월세 시세는 보증금 1,500만 원에 월 40만 원이라고 하자.

이 물건을 전세로 놓는 것이 좋을까? 월세로 놓는 것이 좋을까?

	전세로 놓을 때	월세로 놓을 때	
매입가격	85,000,000	85,000,000	
임대가격	80,000,000	보증금 : 15,000,000	월세 : 400,000
대출	없음.		68,000,000
이자	없음.	연4%	230,000
투자금	5,000,000	2,000,000	
월수입	없음.	월	170,000

④ 일반 매매로 매입할 경우 가급적이면 전세가 있는 것을 매입하고 전세기간이 끝나면 월세로 돌려라.

세입자가 있는 물건은 매도가 쉽지 않아서 상대적으로 저렴한 가격으로 매입할 수 있다.

⑤ 금리가 낮을 때는 월세로 머니 파이프를 구축하는 계획을 세워라.

금리가 오르면 부동산 가격도 오르고 그때 제2의 방향을 설정하라.

⑥ 인구가 집중되어 있는 도시, 공단, 학교가 있는 곳이 좋으며 더더욱 개발 호재가 있으면 금상첨화다.

이것은 누구나 다 알고 있는 사실이지만 나만 모를 수 있다. 그중에 하나가 국책사업이 기획되고 있는 곳은 두말할 것도 없다. 따라서 가급적이면 인구 30만 이상인 도시를 눈여겨보라. 또한 갑자기 시세가 오르는 지역은 투자세력들이 들어간 곳일 수 있어서 조심할 필요가 있다.

⑦ 24평대 이하에 중점을 두어라.

30평대로 넘어가면 임대수익률이 떨어진다.

⑧ 소형 아파트 매입 계획지도를 작성하라.

큰돈 들이지 않고 첫 해에 8개, 두 번째 해에 12~15개, 세 번째 해에 15개 이상을 매입하겠다는 매입계획지도를 작성해서 실천해보라. 대략 30~40개 정도가 되면 머니 파이프가 만들어진다. 어려우면 반으로 줄이고 기간을 배로 늘려보라(일반적으로 첫 해에 많은 물건을 매입(낙찰)할 수 있고 다음 해부터는 종잣돈이 소진되어서 더 매입이 어려울 수 있다).

⑨ 분양 아파트는 가급적 피하고(투자금이 많이 들어감) 분양 전환하는 아파트를 찾아보라.

의외로 수익이 좋은 부동산을 만날 수 있다.

⑩ 관리는 직접 하는 것도 좋지만 지역 부동산 중개업소 사장님의 도움을 받아라.

⑪ 수익률 8% 투자금 1,000만원이면 아주 좋다.

이런 물건을 찾아라.

⑫ 낡은 아파트라고 기피할 필요는 없다.

수요층만 충분하다면 아무런 문제가 없다. 대신 나홀로 아파트 저층 아파트. 1층은 가급적 피하는 것이 좋다. 수익률이 좋아도 나중에 빠져 나올 때 힘들다.

⑬ 한 채당 투자금이 800만 원 들어가고 임대수익률이 15%가 나온다 해도 한 단지에 여러 개를 사는 것은 신중할 필요가 있다.

가급적이면 3개를 넘지 마라.

⑭ 무피 투자만 선호하지 마라.

가급적이면 무피 투자와 소액 투자를 분산 배치하라.

⑮ 매입 3년차부터는 자금 흐름을 원활하게 하기 위해 매도를 준비해야 한다.

종잣돈이 샘물처럼 나오지 않기 때문이다.

02

소액 투자자들의 로망인
무피 투자

에이스 : 좌포님 전에 낙찰받은 집 전세 계약했어요.

좌포 : 오, 잘 하셨네요. 그런데 얼마에 계약을 했나요?

에이스 : 3억 2,000만 원에 계약했어요.

좌포 : 얼마에 낙찰을 받았지요?

에이스 : 4억 1,200만 원에요

좌포 : 그럼 대출은 모두 상환했나요?

에이스 : 네, 전세로 놓아야 해서 모두 상환했어요.

좌포 : 그럼 대략 1억이란 돈이 묶이게 되네요.

에이스 : 네, 앞으로 2년간 그 돈이 묶일 것 같아요.

좌포 : 그럼 이제 투자를 못하겠네요?

에이스 : 좀 힘들 것 같아요.

좌포 : 아이고, 혹시 무피 투자란 것을 들어보셨어요?

에이스 : 무피 투자요? 그게 뭔데요?

좌포 : 제 책을 읽어보시지 않았군요?

에이스 : 네, 아직 읽어보지 않았어요.

좌포 : 그게 지금 자랑이라고 말씀하시는 거예요?

에이스 : 죄송해요. 읽어보려고 했지만 시간이 나지 않아서

좌포 : 제가 제 책을 선전하려고 하는 것이 아니라 그 속에 초보자들이 가져야 하는 투자 마인드가 잘 나타나 있어요. 특히 소액 투자자들이 즐겨 하는 무피 투자에 대한 내용들이 잘 나타나 있거든요. 그 책만 읽었어도 이런 투자를 하지 않았을 것인데, 아쉽지만 다 지난 일이니 모두 잊고 심기일전해보면 좋겠어요.

에이스 : 죄송해요 좌포님. 그런데 무피 투자가 뭐예요?

좌포 : 그럼 무피 투자에 대해서 한번 살펴볼까요?

다음 자료는 2015년에 동아닷컴뉴스 경제면에 나온 기사예요.

먼저 한번 읽어볼까요? 물론 저는 이 기사에 대해서 모두 동의하는 것은 아니에요. 다만 한번 읽어보시고 무피 투자에 대한 개념을 잡아보면 좋겠다는 생각에 소개해봅니다.

요즘 부동산 시장 '개미'들이 움직인다

맞벌이 직장인 이모 씨(33·여)는 요즘 주말마다 18개월 된 딸을 안고 서울 강북권의 부동산을 보러 다닌다. 역세권에 있는 빌라나 전용면적 60m² 이하 소형 아파트에 투자하기 위해서다. 이 씨가 손에 쥔 돈은 1억 원. 김 씨는 "전세를 끼고 2억 원대 소형 아파트를 2채 정도 살까 하는 생각도 있고 1억 원대 분리형 원룸을 사서 월세 50만~60만 원을 받을까 하는 생각도 있다"고 말했다.

한때 '큰손'들이 좌지우지하던 부동산 시장에 1억 원 이하의 소액 투자자들이 속속 뛰어들고 있다. 초 저금리 시대에 조금이라도 높은 수익을 챙기려는 '부동산 개미 투자자'들이다. 이들은 2000년대 중반에 은행 빚을 내 아파트를 사서 큰 시세차익을 노리던 부동산 투자자들과 사뭇 다른 투자 양상을 보여주고 있다.

'무피 투자'가 대세

요즘 부동산 개미 투자자 사이에는 '피땀 흘려 번 내 돈을 가능한 한 덜 들이고 투자한다'는 뜻의 '무피(피를 흘리지 않는다는 뜻의 은어) 투자'가 대세다. 2,000만~3,000만 원으로 투자처를 물색하는 이들도 적지 않다. 서울에서 전세가율(매매가 대비 전세금 비율)이 70%를 넘어선 집이 속출하면서 전세를 끼면 많지 않은 비용으로 소형 아파트나 오피스텔을 살 수 있기 때문이다.

이런 분위기 덕분에 불과 얼마 전만 해도 '찬밥' 신세였던 전세 낀 아파트가 좋은 투자 대상으로 떠올랐다. 서울 관악구 봉천동의 전용 60m² 아파트를 전세 놓은 직장인 김모 씨(39)는 최근 공인중개사무소 여러 곳에서 "전세를 끼고 집을 팔 생각이 없느냐"는 전화를 받았다. 김 씨의 집은 가격이 4억 원 정도. 전세금은 3억 2,000만~3억 3,000만 원이다. 1억 원이 채 안 되는 돈으로 살 수 있는 꽤 괜찮은 투자 대상이 된 셈이다.

투자 규모가 작다는 점 때문에 투자자의 연령대도 20대 중후반까지 낮아졌다. 서울 마포구 합정동에 있는 온누리공인중개사사무소 이정석 대표는 "3,000만~7,000만원을 가지고 침실과 주방이 따로 있는 분리형 원룸에 투자하겠다는 20~30대 직장인의 문의가 많다"고 말했다.

"대박은 바라지 않는다"

개미 투자자들은 초 저금리에 마땅히 투자처를 찾지 못해 부동산 시장에 들어오는 만큼 큰 수익을 쫓지 않는다. 이 씨처럼 1억 원 들여 2억 원대 소형 아파트 2채를 전세를 끼고 투자할 경우 각 아파트가 1,000만~2,000만 원만 올라도 잘한 투자로 본다.

이 씨는 "1억 원을 투자해 2년에 총 3,000만 원가량 오르면 중개보수, 취득·등록세, 양도소득세 등 각종 거래 비용 1,000만 원을 제외해도 약 20%의 수익을 챙기는 셈"이라며 "적금 펀드 등 웬만한 금융상품보다 남는 장사"라고 말했다.

이들의 주된 투자처는 '저평가된 우량주(住)'다. 서울 강남권처럼 집값이 크게 오르는 지역이 아니라 적게 오르더라도 실 수요자가 많거나 공급이 없어 전세가율이 높은 지역의 집이란 뜻이다. 인터넷 포털에는 '옥수동 부동산의 여왕', '부동산의 부동산스터디' 등

지역 맞춤형 투자 카페도 활발하다. 실제 공략 매물을 올리고 투자 성공기나 실패기도 공유한다.

박상언 유엔알컨설팅 대표는 "호황기에는 대출을 받아 큰 시세차익을 노렸다면 지금은 5,000만 원씩 쪼개 이삭 줍듯 투자한다"며 "최근 거래량이 1~2위인 서울 노원구 강서구 등에는 실수요자뿐만 아니라 이 같은 투자 수요도 들어왔다"고 말했다.

투자금 회수하면 바로 빠져

장기 투자가 일반적이던 부동산도 단기 투자로 양상이 바뀌고 있다. 이들 개미의 투자 목표 기간은 임대차 계약 주기에 맞춘 2년이다. 시세보다 저렴한 새 아파트를 분양 받은 뒤 웃돈을 받고 분양권을 판 후 다시 새 아파트로 갈아타면 1년 안팎으로 더 짧아진다.

최근 서울 강서구 화곡동에서 소형 아파트에 투자한 박모 씨(45·여)는 "세입자의 전세 계약이 종료되는 2년 뒤 팔 계획"이라며 "2년 뒤 시세가 생각만큼 오르지 않으면 전세금을 올려 투자금을 일부 회수한 뒤 한 텀(2년)만 더 돌 것"이라고 말했다.

박합수 KB국민은행 명동스타PB센터 부동산 팀장은 "최근 소액 투자자들은 내집빈곤층(하우스푸어)의 고통을 봤기 때문에 '사서 기다리면 아파트 값은 오른다'는 통념을 버리고 투자금을 회수할 수 있을 때 바로 빠져나오려 한다"고 말했다.

2015년 5월 15일 동아닷컴 홍수영 기자
gaea@donga.com

1. 무피 투자란 무엇인가?

원금을 보존하고 투자금을 잃지 않고 수익을 내는 투자를 한다면 얼마나 좋을까?

아니 원래 리스크가 있기 때문에 경우에 따라서는 원금 손실을 볼 수도 있지만, 소액 투자를 하는 사람들은 원금(매입 부동산)에서 손실을 보면 큰 낭패가 아닐 수 없다.

또 앞에서 말한 에이스님처럼 큰돈이 묶여서 재투자의 기회가 왔지만 그 기회를 상실할 수 있는 것도 리스크라고 할 수 있다. 초기에 자본이 투입되었지만 소유권을 이전하고, 임차인의 보증금으로 투자금을 회수해 원금을 보전하고, 그 돈으로 다른 투자처를 찾는 방법을 필자는 무피 투자라 말하고 있다.

투자자는 매입과 매도를 하면서 자기 투자 파이를 키워야 한다. 그런데 가지고 있는 종잣돈이 얼마 안 되면 금방 바닥이 난다. 따라서 낙찰(매매)받고 명도하고 세를 놓아서 투자금을 회수해야 한다. 이런 과정까지는 돈이 일시적으로 묶일 수 있다. 세입자가 입주하기 전까지 일시적으로 4~5개월은 돈이 묶이게 된다. 무피 투자는 일단 수익에 초점을 맞춘 것이 아니라, 투자금에 따른 기회비용을 최소화하는 것이다. 이런 무피 투자에는 2가지 방향이 있다.

1) 전세로 무피 세팅하는 방법

몇 년 전부터 역전세란 말이 나왔는데 이제는 일반화되었다.

부동산을 모르는 사람들은 잘 모르지만 부동산 투자를 하는 사람들은 역전세란 말을 모르는 사람은 아무도 없다. 시세보다 전세가격이 높은 경우가 실제적으로 존재하고 있다. 2016년 여름을 막 벗어날 즈음에 필자가 운영하는 카페의 운영진들에게 이런 물건을 소개해주었다.

매입금액 : 1억 4,000만 원
전세금액 : 1억 4,000만 원

먼저 1,000만 원 정도 계약금을 걸고 아파트를 계약한 다음에 잔금은 전세금으로 충당하는 방법으로 운영진들이 한 채씩 매입했다.

　새싹반 17기인 걷는다님과 새싹반 20기인 오케이요맨님은 더 좋은 케이스로 매입하기도 했는데, 1억 4,300만 원에 매입해서 수리비로 600만 원을 들여서 수리를 하고 전세를 1억 5,000만 원에 놓았다. 이 물건의 시세는 1억 6,500만 원인데 이렇게 싸게 매입하게 된 것이다. 카페 활동을 열심히 하는 두 사람(초등학교 동창임)에게 필자가 선물로 매입하게 도와주었다.

　이런 물건에는 사연이 있다.
- 집주인인 급히 이사를 가야 하는 상황이 생길 때 시장에 급매물로 나온다.
- 그 지역에 살지 않으면서 시세를 잘 모르는 상태에서 뉴스만 보고 불안감을 느낄 때 급매로 시장에 나온다.

　이런 물건이 시장에 나올 때는 그 물건을 매입했던 부동산 중개업소나 세를 놓을 때 이용했던 부동산 중개업소를 통해서 급매로 시장에 나오고, 선수들은 이런 물건을 잡는다.

　이렇게 나온 물건은 화장실을 포함한 올 수리를 하면 신혼부부들이 들어온다.

　그러면 무피로 아파트를 하나 매입할 수 있고, 경우에 따라서는 500만 원 혹은 600만 원 투자해서 아파트를 하나 소유하게 되고 2년 혹은 4년 후에 좋은 가격으로 매도하면 된다.

2016년 4월에 필자가 낙찰받은 아파트 하나가 1억 9,000만 원이다. 그런데 7월에 전세를 놓았는데 2억 원에 전세를 놓았고 이 책을 집필하는 시점에 2억 3,000만 원을 찍었다. 이 물건은 전세 놓을 때까지 운영자금이 들어갔지만 전세금으로 투자금을 모두 회수했다. 전세금을 지렛대로 투자하는 경우는 당장 눈앞에 수익이 나타나지 않는다. 전세로 하는 무피 투자는 현금 흐름을 내는 투자가 아니라 내 돈을 투입하지 않고, 시세차익을 내는 투자다. 2년 후 전세금이 오를 때 투자금이 회수할 수 있고, 투자금 회수 이후에 장기 보유를 할 수 있고, 경우에 따라서 매도를 해서 차익을 내는 투자다. 이런 유형의 물건들은 필연적으로 가격이 오른다(매매가격과 전세가격이 붙을 경우 전세가격이 매매가격을 밀어 올리는 경향이 강하다).

이런 투자는 일단 물건이 좋아야 한다. 그래야 높은 전세 가격임에도 거주하려는 사람이 마음에 들어야 하기 때문이다. 부동산 스스로 생산활동을 함으로써 만들어진 자금으로 소유권을 취득하고, 그곳에서 거주하고 있는 사람이 그 비용을 충당하는 투자 유형이다. 그 물건의 가치가 스스로의 내재된 조건 때문에 상승되어 세입자로부터 인정받는 물건이 되어야 한다.

경매나 공매로 낙찰받아 전세로 놓을 경우에는 시세가 가파르게 오를 수 있는 지역에서 물건을 골라야 하고, 가급적이면 낙찰금액이 전세금액 수준에서 낙찰받아야 한다. 그러나 전세가 씨가 말랐고 시기적으로 겨울에 낙찰받아 봄에 전세로 놓는다면 공격적인 가격을 써볼 필요도 있다.

다른 사연을 한번 들어보자.
이 물건은 2016년 9월에 공매로 낙찰받았다.

감정가격 : 1억 2,500만 원
낙찰가격 : 1억 3,200만 원
대 출 : 9,200만 원
투자금 : 4,000만 원

이 물건은 전세로 놓아야 해서 중도상환수수료가 없는 대출을 받아야 했는데 다행히도 중도 3개월 대출 상품으로 대출을 실행하게 되었다.

대출 조건이 까다로우면 대출해주는 법무사비용이 비싸다. 이 물건은 법무비가 150만 원 들었다. 그리고 수리비가 1,000만 원 들어서 총 투자비가 1억 4,500만 원 정도 들었는데 17년 02월에 1억 4,500만 원에 전세로 놓았다.

이처럼 전세가격이 오를 지역에서는 공격적인 가격으로 낙찰받아도 된다.

그러나 이렇게 공격적으로 낙찰받았다가 나중에 가격이 하락하면 어떻게 하느냐는 걱정 때문에 초보 투자자들은 공격적인 가격을 쓸 수 없다.

이 물건은 그 지역에 20년 된 21평형 아파트가 1억 6,000만 원에 거래되고 있어서 필자가 낙찰받은 32평인 이 아파트는 가격 하락을 우려할 필요가 없었다. 지금 당장 지역에서 실거래로 거래되는 가격만 바라볼 것이 아니라, 내가 투자하는 물건과 다른 물건의 가격을 비교해 보고 난 다음에 가격 상승폭을 따져봐야 한다.

2) 월세로 무피 세팅하는 방법

이 방법은 필자의 전작 《부동산 경매 필살기》에 자세히 소개되어 있다.

이 방법도 몇 가지 전제조건이 있다. 물론 전제조건이란 필자가 임의로 규정한 것이며 지역에 따라서, 물건의 특징에 따라서 다르게 나타난다.

- 레버리지를 최대한 활용해야 한다(각자 대출 조건이 다를 수 있음).
- 임차보증금을 최대한 많이 받는 것을 전제로 해야 한다(월세보다 보증금이 중요).
- 임대형식은 가급적 월세로 해야 하기 때문에 매입 금액이 1억 원 이하면 수익률이 좋다.
- 젊은 사람들이 많은 산업단지가 가까운 지역이어야 한다.
- 소형 아파트여야 하며 원룸이나 빌라와 경쟁을 해야 한다.
- 일반적으로 24평 이하의 아파트가 유리하다.

2. 무피 투자의 전제조건들

무피 투자를 하기 위해서는 몇 가지 전제조건이 있다.

- 매매가 대비 전세가가 붙어 있어야 한다
- 어떻게든 싸게 낙찰받아야(매매해야) 한다.
- 임차인이 보고 한 번에 맘에 들어야 한다(인테리어가 승부를 가를 수 있음).
- 전세매물이 귀해야 한다
- 시기가 중요하다(이사철보다 2~4개월 앞선 투자)
- 신혼부부를 염두에 두어야 한다(전셋값이 약간 비싸도 맘에 들면 계약을 한다).
- 미래를 위해서(팔 때) 인구유입을 계산해야 한다.
- 미래를 위해서 2년 후에 공급을 예상해야 한다.
- 학군과 편의시설(교통 − 출퇴근이 용이해야 함)이 좋아야 한다.
- 24평 이하 아파트에 일반적으로 해당된다.

필자가 월세로 진행한 사례를 한번 보자.
이 물건은 광주시에 있는 24평형 아파트다.

감정 : 9,500만 원
낙찰 : 9,100만 원

썩 좋은 가격이라 생각이 들지 않지만, 그래도 광역도시에 있는 24평형 아파트를 이 가격으로 낙찰받았다는 것은 잘 받았다고 볼 수 있다.

그럼 낙찰가와 제반 비용을 계산해보자.

취등록세 1.1% : 1,001,000원

법무비 : 700,000원

명도비용 : 들어가지 않았음.

수리비용 : 들어가지 않았음.

중개수수료 : 들어가지 않았음.

대출 : 72,000,000[매월이자: 4.5%(년) : 270,000원]원

합계 : 19,000,000(낙찰금에서 대출금 뺀 금액) + 1,701,000원

　　　=2,0701,000원

ⓖ 임차보증금 : 20,000,000. 월세 430,000원

ⓗ 총 투자금 : 701,000원. 월 수익: 160,000원

임차인의 보증금으로 초기 투자금을 회수했고, 매월 월수입이 16만 원이 된다. 70만 원 투자해서 매월 16만원의 수입이라 초보투자자 입장에서는 반응이 시큰둥할 수 있다. 그런데 이런 물건 10개를 투자한다면 어떤 현상이 일어날까?

700만 원 투자해서 매월 160만 원의 수익을 얻을 수 있다. 이만한 투자 수익률을 내는 것이 또 있을까?

더군다나 이 물건은 2017년 3월 현재 1억 4,000만 원 정도에서 실

거래 가격이 찍혔다. 무피 투자로 진행해서 자본금을 회수하고 시세 차익도 난 물건이다.

3. 무피 투자에서 리스크를 줄이기 위해서는

- 전세 월세로 들어 올 사람이 대기하고 있는지?
- 전세가격과 매매가격의 차이가 얼마나 되는지?
- 레버리지를 얼마나 이용할 수 있는지?

이런 점을 충분히 고려해야 한다.

또한, 앞에서 언급한 투자 물건이 월세용인지 전세용인지도 분명히 방향을 잡아야 한다. 그리고 가급적이면 대출을 잘 받고 세입자의 임차보증금을 잘 받을 수 있는지 먼저 확인되지 않으면 무피 투자가 쉽지 않다.

옛날에는 부동산에서 수익을 많이 가져온 투자 방법이 매도차익이었다. 그러나 지금의 패턴은 매도차익을 보는 투자와 임대수익을 통한 현금 흐름의 투자로 나눈다. 세상 흐름이 매도차익과 임대수익의 2가지 방향으로 전환되고 있는데 나만 매도차익을 지향한다면 이것 또한 리스크다.

또한 투자는 무조건 원가가 싸야 한다. 좋은 물건을 싸게 매입하는 것이 왕도다.

경매의 특징 중 하나가 매입가격을 내가 결정하는 것이다. 그래서 가급적이면 싸게 낙찰을 받는 것이 가장 리스크를 줄이는 방법이다. 그런데 소액물건에서는 감정가 이하에서 낙찰을 받기가 쉽지 않다. 그래서 발품이 필요하다.

따라서 매매가격과 전세가격이 차이가 없는 지역에서는 일반 매매로 투자 방향을 선택해볼 수 있다. 일반 매매나 경매로 낙찰받는 것이나 대출에서 큰 차이가 없기 때문이다.

4. 무피 투자의 원칙

1) 은행으로부터 나(신용)와 내 물건의 가치(담보가치)를 인정받아야 한다.

은행으로부터 나를 인정받으려면 신용관리를 잘 해야 한다.

기본적으로 연체된 기록이 없어야 하고, 제2금융권(경매나 매매 시 일반적으로 이자는 비싸지만 대출조건은 제2금융권이 유리할 수 있음)의 카드를 사용하고 통장에 잔고를 유지하며 자동이체를 설정해놓아서 그 금융권의 고객이 되면 유리하다.

내 물건의 담보가치를 인정받기 위해서는 KB시세가 높아야 한다. KB시세를 인위적으로 높일 수는 없지만, 의외로 KB시세가 낮게 책정된 아파트 단지도 많다.

그런 아파트 단지 앞에 가면 KB시세를 조사·보고하는 부동산 중개업소 사장님을 쉽게 찾을 수 있다.

지금 KB시세가 현 시세를 반영하지 못하고 있다는 점을 이야기하면서 함께 고민하면 KB시세에 거래시세를 반영할 수 있다.

2) 세입자로부터 내 집의 가치(살고 싶은 집)를 인정받아야 한다.

앞에서 이야기한 1억 3,200만 원에 낙찰받고 전세를 1억 4,500만 원에 놓을 수 있었던 것은 일단 집을 깔끔하게 수리를 했기 때문이다.

지역의 다른 아파트를 다 돌아봐도 이 집보다 수리가 잘 된 집은 없다는 것을 세입자가 알아야 한다. 높은 전세금을 받으려면 일단 수리에 만전을 기해야 한다. 필자는 새싹반 26기 반장인 하기님을 통해서 이 물건을 수리했다. 그러다 보니 수리비가 적게 들어갔고, 세입자가 맘에 들어했다.

또한 세입자가 내는 보증금은 없어지는 것이 아니기 때문에 신혼부부의 경우에는 금액을 감수하면서 세입자로 들어온다. 단, 세입자가 물건에 혹해야 한다.

3) 투자금을 회수하려는 투자 목적이 분명해야 한다.

1억 3,200만 원에 낙찰 받아서 1억 4,000만 원에 어떻게 세를 놓을 수 있어?

1억 9,000만 원에 낙찰받아서 어떻게 전세를 2억 원에 놓아?

세입자가 등기부등본을 보면 내가 매입한 가격을 알 것인데 가능할까?

이런 의구심을 버려야 한다.

나부터 인식을 바꾸면 가능하다.

부동산 중개업소 사장님들 중에는 그렇게는 절대로 전세를 놓을 수 없다며 손사래를 치는 경우가 있다.

언뜻 보면 이해가 되고 심정적으로 내가 무리를 하는 것이 아닐까 생각할 수 있지만 스스로 투자자임을 잊지 말고 생각을 다잡을 필요가 있다.

임차보증금을 받은 것이 현 시세보다 무리해서 받는 것이 아니라 다른 집보다 돈을 더 투자해서 살 만한 집으로 바꾸었고, 낙찰(매매)시보다 임대시세가 올라서 더 받는 것이기 때문에 도덕적으로 위축될 필요가 없다. 그리고 더 중요한 것은 임차보증금이 소멸성이 아니다는 점이다. 임차인은 계약이 종료될 때 자신의 보증금을 전액 돌려받아서 나가기 때문이다.

03

갭 투자는
입지 투자다

1. 갭 투자의 원리

언젠가부터 부동산 시장에 신종언어가 생겼다. 일명 '갭 투자'.

2016년 06월14일 새싹반 25기 첫 수업 때 거송님이 친구로부터 갭 투자란 말을 듣고 충격을 받았다고 한다. 세상은 이렇게 나도 모르는 순간에 트렌드가 생기고, 트렌드를 좇지 못하면 뒤쳐진 느낌을 받는 경우가 있다. 스스로 잘 하고 있는 투자라 생각하지만 뒤돌아보면 투자 트렌드가 바뀐 줄도 모르고 나만 한 우물을 파는 경우가 있다.

2014년 이전에는 부동산 투자에서 레버리지를 이용한 경매 투자가 유리했다. 그 이유는 경매로 취득할 경우 80%라는 대출을 받을 수 있었기 때문이다. 일반 매매로 취득할 경우에는 취득금액(매입금액과 KB시세 중 낮은 금액)의 60%에서 방 빼기(최우선변제금 정도의 금액을 대출금액에서 차감)를 하게 되어서 부동산 경매 투자의 레버리지 효과가 컸기 때문이다.

그러던 것이 가계부채 상승을 막고 부동산 거래 활성화를 위해서 일반 매매나 경매를 통한 매입 시 60%에서 70%로 조정되었고, 방 빼기를 하지 않는 상품이 시장에 나타났으며, 더 나아가 담보물에 대한 대출 기준이 차주(대출자)의 상환능력(년 소득대비 이자 갚을 능력)을 보는 방향으로 바뀌었다. 그러다 보니 대출을 통한 투자가 어렵게 되면서 갭 투자가 등장한 것이다.

'많은 사람들은 지금 주택을 사야 할까?'

'혹시 지금이 꼭지는 아닐까?'

'만약 대출을 끼고 집을 샀다가 대출금이 오르면 어떡하지?'

이런 우려 때문에 쉽게 주택을 구입하지 못하고 높은 전세금을 주더라도 원금을 지키고 싶어서 전세를 선호하다 보니 투자자들은 전세금에 소액자본을 합해 주택을 매입하게 되었고, 이런 현상이 몇 년 전부터 시장에 나타났다.

또한 2015년 하반기부터 전세금이 시세에 육박하면서 전세금에 500만 원에서 2,000만 원만 투자하면 수도권, 서울에서도 아파트를 하나 살 수 있는 조건이 만들어졌다.

2016년 수도권의 투자 방향이 바뀐 내용을 신문을 통해서 한번 살펴보자.

서울· 수도권 아파트 임대시장에서 월세 비중이 크게 줄어들고 있다. 지난 3월 38%를 넘었던 서울의 아파트 월세 거래 비중(전체 임대차 거래량 대비)이 지난달 31%로 떨어졌다. 경기도 월세 거래 비중은 지난 2월 40%에서 지난달 28%로 급감했다. (중략)

25일 한국경제신문과 부동산리서치업체 리얼투데이가 국토교통부와 서울부동산정보광장의 전·월세 실 거래 자료를 분석한 결과 올 3월 서울 전·월세 거래량(1만 5,591가구) 중 38.1%이던 월세 거래(5,940가구) 비중은 지난달 31.3%(전·월세 1만 6,059가구 월세 5017가구)로 낮아졌다. 2011년 초 15% 수준이던 아파트 월세 거래 비중은 5년간 계속 높아져 올 초 최고점을 찍었다. (중략)
경기도도 비슷한 추세다.
지난 2월 아파트 월세 거래는 전·월세 거래(1만 8,699가구)의 40.1%

를 차지했으나 지난달 이 비중이 27.9%(전체 전·월세 8,641가구 월세 2,413가구)로 떨어졌다. 세부 내용은 서울과 약간 다르다. 올해 아파트 임대차시장이 비교적 안정되면서 하반기 임대 거래가 모두 줄었다. 그중에서도 월세 거래 감소가 뚜렷하다(중략)

집을 빌려주는 집주인들은 예적금 금리가 낮아 최근 4~5년간 전세 물건을 월세로 잇따라 전환해 왔다. 전세보증금 일부를 월세로 돌리는 '준 전세'도 꾸준히 증가했다. 그런데 이 같은 추세가 왜 바뀐 걸까. (중략)

집값과 별 차이가 없을 만큼 높은 전세 보증금을 활용해 아파트를 매입하는 이른바 '갭(gap) 투자'가 올해 서울에서 크게 유행한 것도 또 다른 이유로 꼽힌다.

2016년 11월 25일 한국경제신문, 문혜정 기자
selenmoon@hankyung.com

2013년 신문의 경제면이나 포털사이트 부동산 정보를 보면 역전세, 깡통전세 등등의 용어가 많이 등장하고, 실제적으로 대구, 광주 지역에서는 매매가가 전세가보다 싼 경우가 있었다.

이런 시장의 흐름을 파악한 사람들은 이때부터 리스크를 감수하고 갭 투자를 시작하게 되었다. 즉 주택가격은 3억 원인데 전세가가

2억 7,000만 원이라면 자기 돈 3,000만 원을 투자해서 주택을 매입하고, 2년 후에 전세가격 상승으로 투자금 3,000만 원을 회수하고 주택가격도 올라가 수익을 내게 되었다.

이미 필자는 우리 카페 회원인 비오님은 2016년 봄에 아파트 한 채를 소개해주었고, 비오님은 수리비 포함해서 1,300만 원 투입했던 물건이 만 1년인 2017년 3월에 6,000만 원 이상 올랐다.

이때 필자뿐 아니라 벌써님, 양파꿈님, 날쌘똥보님, 크레마님등 많은 회원들에게 갭 투자 물건을 소개해서 투자를 했고 소액으로 많은 수익을 거둘 수 있었다.

2. 갭 투자의 조건

1) 추가로 들어올 입주물량이 적어야 한다

입주 물량이 많으면 일시적으로 전세 물건이 시장으로 나오기 때문에 전세금이 내려갈 수 있다. 이미 우리는 잠실에서 그런 경험을 했고, 동탄에서 이런 현상을 봤다. 따라서 갭 투자를 할 경우에 공급 물량을 확인해야 한다. 물량이 부족해서 당장 갭 차이가 적지만, 2~3년 후에 공급이 늘어날 경우 미처 빠져 나오기 전에 추가 비용이 투입될 수 있다.

2) 투자자들의 움직임을 보라

부동산에 영향력이 있는 사람들이 어떤 지역을 거론하면 일시적으로 투자자들이 그 지역에 몰리게 된다. 그렇게 될 때 일시적으로 매매가 상승으로 보이지만, 실제적으로 공급이 부족해서 전세가격과 매매가격이 상승한 것이 아니란 부분을 정확히 파악해야 한다. 2016년 성북구와 가양구에서 이런 현상이 두드러졌었다. 2년 후 투자자들이 가지고 있는 물건이 일시에 전세 시장으로 나오면 어려움에 빠질 수 있다. 시장이 이렇게 될 때 원하는 가격에 매도를 할 수 없고 전세도 저렴한 가격에 거래가 된다.

필자는 이런 현상을 부동산 착시현상이라고 말하고 싶다.

3) 월세 시장의 강세지역을 피하라

앞에서 한 번 언급한 것처럼 광주에 살고 있는 산너머님이 갭으로 투자하고 싶다는 아파트를 보면 전형적인 월세 임대가 강한 지역임과 더불어 그 단지 자체가 월세형으로 볼 수 있는 아파트다. 이런 아파트에 사는 사람은 그 아파트를 일시적 주거개념으로 잠깐 살고 이사를 나가는 곳으로 인식하고 있다. 이런 아파트는 임대료가 높지만 가격 상승이 잘 이루어지지 않은 물건이다. 갭 투자에서 무조건 갭이 좁다고 덜컥 매입해서는 안 된다.

이처럼 갭 투자는 당장 싸게 매입하는 것만 볼 게 아니라 그 지역의 인구유입 전망, 산업시설 전망, 그리고 2년 후, 4년 후 추가로 공급될 예정까지도 확인해볼 필요가 있다. 그래서 필자는 갭 투자를 입지 투자라 말하고 싶다. 입지는 미래를 말하기 때문이다. 매입 가격과 전세 가격의 차이가 적어서 투자금이 적은 갭으로 투자를 하는 것이 왕도가 아니라, 나중에 내가 팔 때 원하는 수익을 얻는 것이 왕도다.

어쩔 수 없이 그 지역에 투자를 한다면 시세를 잘 조절해야 한다. 포인트는 입주 물량이다. 지금 내가 매입하는 시점이 2017년 3월이라면 2018년 12월부터 다음 해 6월까지 그 지역의 입주물량을 반드시 체크해야 한다.

그때 입주 물량이 1,000가구라면 사실 그 지역의 물량은 1,500가구로 볼 필요가 있다. 새 집으로 이사를 가는 사람이 자기가 살고 있는 집도 시장에 내 놓기 때문이다. 이처럼 입주물량을 체크하지 않고 갭 투자를 한다는 아주 위험한 일이다.

또 앞에서 말한 투자자들이 그 지역에 얼마나 들어갔는지, 들어갔다면 언제 들어갔고 언제 빠질지에 대한 정보가 있어야 한다. 물론 서울이야 큰 영향이 없겠지만 작은 도시는 이런 영향이 아주 크다. 분명한 것은 투자자들이 언젠가는 빠져나간다는 것이다.

지금은 저금리시대다. 2017년 상반기에 미국금리가 올랐고, 한국 금리도 오른다 해도 동시대에 살고 있는 우리가 한 번도 경험해보지 못한 기록적인 저금리다. 많은 유동성자금이 부동산으로 유입되고 있다 보니 정부에서는 부동산 억제정책을 내놓고 있다. 과거를 보면 항상 그랬으니까.

투자자는 외롭다. 그리고 시기를 잘 모른다. 그렇기 때문에 혼자 하지 말고 함께 준비해야 한다.

3. 갭 투자의 리스크

부동산 하락기에 갭 투자는 위험할 수 있다. 갭 투자는 매매가격은 오를 것으로 예상하고, 전세 가격은 떨어지지 않아야 한다는 전제조건이 있다. 그런데 2017~2018년 부동산 전망을 해보면 금리 인상과, 대출 규제 강화로 주택 시장이 위축될 전망이어서 갭 투자에 신중할 필요가 있다.

전세가격이 하락하면 기존 세입자가 이사를 가고 새로운 세입자가 들어올 때 기존에 받았던 임대보증금을 다 받을 수 없어서 현금이 투입될 수 있기 때문이다.

따라서 갭 투자를 하려면 어느 정도 가용한 현금자산을 보유해야 한다. 갭 투자를 할 때는 그 도시가 자생 가능한 인구를 가지고 있고, 산업체가 얼마인지를 조사해서 투자해야 한다.

무조건 매입가격과 전세가격이 좁다고 해서 덜컥 매입하지 말고 위에서 언급한 내용을 잘 숙지해서 투자를 해야 한다

04

계속 패찰을 한다면

1. 패찰할 수밖에 없는 물건에 입찰하기

집행관이 말했다.

"이 물건 입찰한 사람 모두 나오세요."

"9,500만 원 이상 쓴 사람 있나요?"

두 사람이 있었다. 다시 집행관이

"9,600만 원 이상 쓴 사람 있나요?"

필자 혼자만 손을 들었다. 낙찰이다. 그런데 갑자기 법정 안이 소란스럽다. 어떤 젊은 여성이 나타나서 자기가 더 썼다고 한다. 필자보다 200만 원을 더 썼고 필자는 아쉽게도 패찰을 하고 말았다.

이 물건은 보증금 2,000만 원에 월 45만 원을 받을 수 있는 물건이라 투자자들은 욕심을 낼 만한 물건이다. 그래서 감정가보다 100만 원 더 썼지만 필자보다 더 고수가 있었던 것이다.

그렇게 패찰을 하고 며칠 후에 다른 물건의 임장길에 나섰다.

감정가 : 8,000만 원
현재 나와 있는 물건 : 9,600만 원

그곳에 있는 모든 중개업소를 방문해보았다. 나와 코드가 맞는 중개업소 사장님을 찾기 위해서다. 한 곳에서 15층 탑층에 매물이 하나 나왔는데 8,500만 원이고 초 급매라며 매매를 권한다. 수리도 해야 하고 탑층이란 단점이 있는 물건이다.

보증금 2,000만 원에 40만 원을 받을 수 있느냐고 물어보니 대출이 많으면 자기는 못 한다고 한다. 다시 보증금 1,500만 원도 가능하냐고 하니까 자신 있게 대답을 못 한다. 결국 매입 목적에 맞지 않아서 아쉬운 발걸음을 뒤로 하고 입찰 물건 임장에 치중했다.

경매로 나온 집을 방문했다. 그런데 현관문에 열쇠가 꽂혀 있다. 문을 두드렸더니 중학생 정도로 되어 보이는 여자 아이가 나온다.

"아저씨는 중개업소에서 왔는데, 열쇠가 꽂혀 있구나" 하며 열쇠를 건네주면서 내부를 살펴보았다. 짐이 아주 많은데 정리도 되어 있지 않아 매우 어수선했다. 그러면서 아빠 엄마가 집 이야기는 하지 않았는지, 혹시 이사 간다는 얘기는 없었는지 물어보았더니 그런 이야기를 듣지 못했다는 것이다.

관리사무실에 가 보았다. 집에서 나서기 전에 확인을 했지만 자초지종을 듣고 싶었다. 관리비가 400만 원이 넘게 밀려 있어서 그 내용을 확인하지 않을 수 없었다. 관리실의 따뜻한 난로 앞에 앉아서 한 시간을 보내며 이런 저런 이야기를 나누었다. 결국 입찰을 하지 않고 그냥 서울로 올라왔는데 다음 날 확인해보니 필자가 생각했던 가격보다 훨씬 높게 낙찰이 되었다.

'역시 그냥 올라오길 잘했다. 입찰했어도 낙찰받을 수 없었는데, 고생 덜 하고 경비도 덜 들고…' 이렇게 위안을 하고 나니 한결 마음이 편했다.

또 감정가가 너무나 낮아서 투자금이 많이 들어갈 수밖에 없기 때문에 망설여졌다.

이 물건의 투자 상황을 한번 살펴보자.

감정가가 8,000만 원이라서 대출은 8,000만 원에서 80%를 받으면 6,400만 원이다.

그런데 9,500만 원 정도에 낙찰되었으니 보증금 1,500만 원을 받는다 해도 세금 포함해서 2,000만 원이 투자가 되기 때문에 월세 투자 물건으로는 투자금이 너무 많이 들어가는 물건이다.

2. 5명 이상 입찰하면 필자는 패찰

필자는 처음에 경매로 낙찰을 받으면서 한 가지 큰 깨달음을 얻었다. '경쟁자가 3명이면 낙찰을 받고 5명 이상이면 패찰이다.'

이 말은 3명 중에 1명은 물건의 관계인(소유자 세입자 등)으로서 최저가로 들어오는 사람이고, 그중 한 명은 요행을 바라는 경매 투자자 혹은 철저히 수익률을 계산해서 입찰하는 투자자. 그리고 마지막은 필자다.

이렇게 3명 정도 들어오면 필자는 낙찰받을 확률이 높다. 그러나 다섯 명 이상이 응찰하면 필자는 패찰할 수밖에 없다는 교훈을 얻었고 지금도 이 교훈을 새기고 있다.

그러기 위해서 경쟁이 덜 한 물건을 찾으려고 무던히도 애를 쓴다.

경쟁이 높은 물건을 피하고 수익이 클 것 같은 물건을 피하기 위해서 물건을 검색한다. 남들은 아직 입찰 타이밍이라고 생각하지 않을 때 낙찰을 받고 가격이 올라주면 되니까 말이다. 그래서 필자는 단독입찰이 많다.

3. 계속 패찰을 하는 이유

현황만 보는 기대 수익에 문제가 있을 수 있다. 너무 쉽게 자산을 얻으려는 욕심 때문이 아닐까? 재화는 그렇게 쉽게 얻어지지 않는다.

그래서 다른 사람들이 아직 그 물건에 대한 이해가 덜 되었을 때 접근해보는 것이다. 그런 문제를 풀어보는 습관을 기르면 좀 더 색다른 물건을 발견할 수 있다.

필자가 수업 시간에 이런 물건을 브리핑하지만 사람들은 이런 물건에 욕심을 내지 않는다. 그렇지만 이것이 정답은 아니다. 정답을 찾기 위해서는

- 시야가 너무나 보편적인지,
- 너무 근시안적인지,
- 누구나 욕심낼 만한 물건만 바라보고 있는 것인지

등을 곰곰이 생각해봐야 한다.

그렇다고 판단이 되면 자신만의 기준을 세우고 자신만의 방향을 세워보자. 물건을 보는 새로운 안목이 생길 것이다. 선순위 세입자가 있는 물건만 집중적으로 보는 사람이 있다. 경매로 나온 집 앞에 있는 쓰레기통을 뒤져 근거를 찾고, 밤 12시까지 기다렸다가 점유자를 만나 내용을 파악한다. 선순위 세입자 때문에 보통사람들은 입찰을 포기하지만 이런 사람들이 낙찰을 받는다. 경매는 무척 외롭다. 철저히 자신과의 싸움이다.

4. 여러분이 목표로 하는 경매 수익률은?

필자가 운영하는 '좌포의 부동산 경매 더리치' 새싹반 첫 수업 때 자기소개 시간이 있다. 이때 정년도 얼마 안 남아서 제2인생을 준비한다며 월 600만 원 수입이 경매의 목표라고 말하는 사람이 있다. 이렇게 구체적인 목표를 가진 사람들의 꿈은 일단 환영하지만 이런 사람치고 경매를 오래하는 경우를 별로 보지 못했다.

꿈을 꾸는 것은 자유이지만 월 600만 원을 벌 수 있는 아이템이라면 불티나게 팔릴 것이다. 부동산으로 월 600만 원의 수익은 충분히 달성할 수 있지만 당신이 월 600만 원의 수익을 얻는다는 것은 다른 문제다.

월 600만 원이 결코 적은 돈이 아니기 때문에 쉽게 이룰 수 있는 것은 아니다. 인생의 절반이 넘는 기간에 다른 것에 올인했다가 책 몇 권 읽고, 강의 몇 번 듣고 입찰장 몇 번 다닌다고 해서 월 600만 원을 번다면 이 길은 매력이 없는 투자의 길이다. 그렇게 쉽게 도달하는 길이라면 대한민국의 모든 사람이 다 할 것이기 때문이다.

부동산을 취득하는 대표적인 2가지 방법은 다음과 같다.

1) 경매를 이용하는 방법

경매는 채권자가 채무자에게 돈을 빌려주면서 채무자 명의의 부동산에 저당권을 설정하고 채무자가 약정한 계약을 이행하지 않을 경우 국가기관을 통해 그 부동산으로부터 채권을 회수하는 방법이다. 이런 채권 행위에 우리가 참여해서 입찰하고 또 낙찰받아서 수익을 얻는다.

2) 부동산 매매를 통한 방법

부동산을 팔고자 하는 사람과 사고자 하는 사람의 이익이 만날 때 매매가 성사된다. 이때, 가격은 매수자 매도자 쌍방 간의 합의를 통해서만 결정된다.

경매를 하는 사람들은 이 2가지 방법으로 부동산을 취득하는데 일반 매매보다는 경매가 아무래도 더 저렴하게 매입할 수 있기 때문에 경매를 선호한다.

다음 물건을 보면서 생각을 정리해보자.

① 2010-1162[1]

강원 홍천군 서면 반곡리 9-7

감정가 : 4,455,000원, 낙찰가: 54,200,000(1,216.6%)원

처음에 감정가격이 49,735,700원이었던 것이 변경되어서 4,455,000원이 되었다. 그리고 75명이 입찰을 했고 아주 높은 가격으로 낙찰이 되었다. 그렇다면 이 땅의 가치가 과연 얼마일까? 그것은 아무도 모른다. 여러

2

분들이 이 주변을 갈 일이 있을 때 한번 들려보시라. 얼마나 변해 있는지.

② 2009-12022

강원 강릉시 임당동 117 - 2 - 5 118 - 2 금학동 10 - 10 경일 프라자 9층 901호
감정가: 570,000,000원, 낙찰가: 195,510,000(34.3%)원
감정 가격이 5억 7,000만 원인 9층 건물에 9층이다.
9층 중에 일부인 35평은 통신회사에서 사용하는데, 월세가 120만 원이다.
이 물건이 경매로 나와서 필자가 여러 번 임장을 갔었는데 나머지 80평
도 임대를 놓고 있었다.

이 건물은 강릉의 가장 번화한 곳에 있지만 건물의 상권은 죽었다
(3, 4층이 극장인데 폐관되어서 건물의 상권이 죽었다고 볼 수 있다). 그
러나 그 옆 건물은 신축 건물로 건물 관리비만 평당 12,000원이라
서 이 건물도 충분한 메리트가 있음을 확인한 이 사람이 물건을 낙
찰받았고 대박을 터트린 것이다.

이분은 대략 1억 5,000만 원 정도 대출을 받았고 자기 자본을
100% 회수했으며 매월 몇 백만 원의 월세를 받고 있는데 이런 사례
들은 현재도 꾸준히 생기고 있다.

374
375

5. 체계적인 공부가 필요하다

경매로 돈 버는 것, 결코 쉬운 일이 아니다. 하지만 지금 이 순간에도 많은 사람들이 큰 수익을 내면서 경매를 즐기고 있다. 물건 보는 안목을 더 높일 수 있게 조금 더 일찍 시작했더라면 하는 아쉬움은 누구에게나 있다.

또 지금이 입찰할 타이밍인지 아니면 다음에 들어가야 하는지 이런 판단에 대한 실수 때문에 눈앞의 이익을 놓치기도 한다.

지금 여러분에게 필요한 것은 경매에 대한 분홍빛 미래만 꿈꾸게 만드는 낙찰자들의 무용담이나 낙찰의 부러움이 아니라 좀 더 체계적인 공부가 아닐까 싶다.

- 실전에서 써 먹을 일이 별로 없는 어려운 판례 공부
- 상황에 따라 달라지는 명도의 신의 한수
- 뭔가 특별한 한 수가 있을 것 같은 고수들의 임장
- 고수들만이 식별해내는 물건 선별 방법
- 실타래처럼 얽혀 있는 특수 물건의 권리분석 및 수익창출 노하우

위의 5가지는 아주 중요하지만 당신이 초보자라면 이런 것은 별로 중요하지 않다.

투자자들 중에는 공부만 하는 투자자가 있고 투자를 위한 투자자가 있다.

당신은 어디에 속하는가?

- 체계적이고 확실한 권리분석을 통해서 3초에 권리분석을 끝내야 한다. 3초를 넘겨도 권리분석이 안 되는 물건은 과감히 패스하라.
- 부동산의 트렌드를 읽을 줄 알아야 한다. 그러기 위해서 경매를 지금 당신의 생활에 1순위로 놓아보자. 우리가 일상생활에서 차지하는 비중이 가장 큰 것이 직장이다. 그런데 경매는 직장에서 벌어주는 돈보다 더 큰돈을 벌어줄 수 있다. 지금부터 그 방향을 설정하고 부동산 숲을 보는 눈을 키워야 한다.
- 이 길을 함께할 도반을 만들어보라. 틀린 답이라도 나에게 확신을 주는 답이 필요할 때가 있다. 투자는 외롭기 때문에 동무가 필요하다.
- 시간을 투자할 줄 알고 자그마한 수수료를 지불할 줄(중개업소 방문 시 선물 등) 알아야 한다.
- 고수들의 수익률 계산법은 숲을 보고 판단하는 수익률이다. 단순한 수익률이 아니라 미래가치를 보고 계산된 수익률을 배워야 한다. 그러기 위해서 당신 옆에 부동산 투자 고수 한 분을 만날 수 있도록 최대한 노력하라.
- 고수들이 선택한 물건의 특징을 분석해보고 자신의 투자 상식을 바꿔보라(관념을 바꿔라).
- 글공부보다 맘공부에 더 치중하자. 그러면서 이 일을 즐겨야 한다.

내 것만 취하려고 할 때, 다른 사람의 패턴을 자기 방식으로 분석하고 판단해버릴 때 이미 당신은 한 가지 아니 많은 것을 잃은 것이다. 당신이 그 사람에게 배우려고 생각했는데, 배울 것이 없다고 판단한다면 이미 당신은 지는 싸움에 도전하는 것이다.

경매의 노하우가 생각보다 아주 작고 미미할 수도 있다. 하지만 내가 경험하지 못했다면 나에게는 크고 중요하다. 지금 당장 물건 하나 낙찰받는 것보다 당신을 도와줄 그런 사람 한 명 만나는 것이 더 중요하다. 만일 그 사람으로부터 기대만큼의 노하우를 얻지 못했다 하더라도 그 사람의 인맥에서 흘러나올 수 있기 때문이다. 사람과의 만남을 어떻게 금전적으로 매길 수 있을까?

내가 비록 경매 실력이 늘고 그 지역을 손바닥 보듯 훤히 알고 있더라도, 또 인맥이 포진해 있으며 상황판단을 잘 하고 정보습득 능력이 탁월하다 해도, 자만하고 안하무인이 되면 한순간에 추락할 수 있다. 항상 겸손하고 항상 배운다는 생각으로 경매를 해야만 영혼의 자유를 꿈꿀 수 있을 것이다. 계속 패찰한다 해도 마음의 여유를 갖고 꾸준히 노력하면 감격스런 낙찰을 만날 것이다.

05

───

행운은 준비된 사람이
잡을 수 있다

🏠

2016년 4월에 아파트를 하나 매입했다. 그 즈음 2억 3,000만 원 정도에 시세가 형성되고 있었는데 필자는 2억 1,500만 원에 매입을 했다. 집 주인은 2015년 8월 2억 2,500만 원에 매입하고 2,000만 원을 들여서 올 수리를 해서 그해 12월에 보증금 2억 500만 원을 받고 전세를 놓았는데 어떤 사정에 의해서 급하게 내 놓은 것을 필자가 산 것이다.

그런데 조건이 있었다. 무슨 사정인지 자세히는 모르겠지만 집 주인은 이틀 안으로 소유권이 넘어가야 한다는 것이다. 일단 가계약금 100만 원을 보내고 저녁 8시 30분에 만나기로 했다. 세입자가 퇴근해야 집을 보여줄 수 있다고 해서 그 시간에 약속이 되었다. 출발하기 전에 중개업소에서 전화가 오기를 그날 저녁에 매매를 매듭 지으면 좋겠다는 것이다. 큰 문제가 없을 것 같아 좋다고 하고 도착하니 조금 전에 세입자에게서 연락이 와서 10시 30분에 퇴근을 한다며 집을 볼 수가 없다는 것이다.

집을 못 본 상태에서 잔금을 치르려 하니 약간 찜찜한 느낌이 들었다. 그래서 즉시 등기부등본을 발급받아보니 '을구'가 없다. 등기부등본에 '을구'가 없다는 것은 빚이 없다는 것이다. 그리고 세입자는 자신의 보증금 2억 500만 원에 대한 전세금 안전장치의 보험이 가입되어 있는 것이다. 집 금액과 전세금이 큰 차이가 없어 불안한 세입자가 보험을 든 것이다.

전세보증금 보험이란?

전세금에 한해서 보험을 가입하는 것이다. 전세로 살고 있는 집이 경매로 넘어갈 때, 혹은 임대차기간이 만료되어 세입자가 임대인으로 하여금 보증금 반환을 요구했지만, 집주인의 사정으로 보증금을 반환받지 못할 경우에 세입자의 전세보증금을 보험회사에서 보증해주는 제도다.

그래도 한두 푼짜리 집이 아니니 잔금을 다음 날 치르자고 제안했더니 집 주인이 그럼 없던 일로 하잖다.

> 좌포 : 그래도 한두 푼이 아닌 집을 안 보고 거래할 수는 없잖아요. 더군다나 사장님은 집을 보여주어야 할 의무가 있어요.
>
> 주인 : 그래서 제가 이 일이 어려울 것이라 했어요. 내 사정이 있어서 그랬는데, 그럼 없었던 것으로 합시다.

그러면서 자리에서 일어난다. 자칫하면 일이 틀어질 판이다. 이런 저런 사정 때문에 진행이 쉽지가 않다.

필자는 법무사를 불렀다. 사실 돈 1,000만 원에 매입하는 것이고, 전세금을 안고 사는 것이며 밤 9시가 넘은 시간이라 큰 탈이 없을 것 같았지만, 다음 날 아침 9시 정각에 등기를 접수해야 할 상황이다.

비용 절감 차원에서 셀프 등기를 해도 된다. 하지만 이 경우에는 일을 많이 치러본 법무사 사무장의 노련한 솜씨가 필요했기에 등기를 맡겼다.

다음 날 저녁 중개업소 사장님이 직접 그 집을 방문을 해서 사진을 찍어 보냈다.

집은 올 수리가 되어 있었다.

그리고 등기부등본을 발급받아 보았다.

무사히 소유권이전 등기가 접수되었고 사무장님으로부터 접수번호를 받았다.

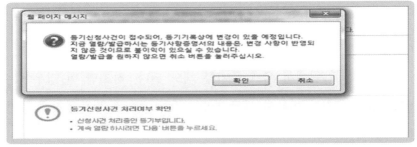

▲ 대법원 등기소에서 등기부등본을 발급받아 보면 위 그림처럼 지금 등기부등본에 변동사항이 생기고 있다고 나타나는 경우가 있다. 이 물건은 소유권이전을 신청했기 때문에 이렇게 나타난 것이며, 독자 여러분도 부동산을 매입할 때 혹은 임차로 들어갈 때 잔금을 건내기 전에 등기부등본을 열람해볼 필요가 있다

　소유권을 이전하고 부동산 중개업소에 들려서 고마운 마음에 차한잔 하면서 들은 이야기는 늦은 퇴근을 핑계로 약속을 못 지켰다는 그 세입자는 자신이 그 집을 싸게 매입하고 싶어서 일부러 약속을 안 지킨 것이었고, 단 하루 만에 계약이 성사될 줄 몰랐다며 매우 아쉬워했다. 2017년 6월에 2억 7,500만 원에 살 수 있는 매수자가 나타났는데 팔 것이냐며 전화가 왔지만 필자는 정중하게 거절했다.

　이런 일 앞에 많은 사람들이 망설이고 또 망설인다. 결코 쉽지 않은 결정이기 때문이다. 모든 일에는 나름대로의 합리적인 이유가 있는데 투자자인 우리에게는 어떤 이유가 필요할까?

　배고픈 사자를 떠올려보자. 재빠르게 사냥을 하는 사자가 있고 남이 먹다 남은 것을 노리는 사자도 있다. 어떻게 사냥하는지 구경만하면서 이러쿵저러쿵 훈수 두는 사자가 있고, 이빨이 부실해 먹잇감을 바라만 보는 덜 배고픈 사자, 저놈은 넘 빠를 것 같아서 그냥 포기하는 사자도 있을 것이다. 여러분은 어떤 부류의 사자인가?

　카페에 소풍님이라고 있다. 남편은 더리치 새싹반 19기 여행님이다. 소풍님이 2015년 7월에 더리치에 왔고 여행님은 2월부터 다른 곳에서 경매를 배웠고 10월 30일에 1박 2일 새싹반에 합류했다. 이분들은 지금 이자 빼고 170만 원 월세가 들어온다. 이분들을 만나면 항상 자기들이 밥을 산다. 이미 카페에 이런 사람들이 많다.

　이 책을 덮고 곰곰이 생각해보라.

　지금 당장 경매를 안 하면 큰 손해가 난 것처럼 맘이 바쁠 것이다.

그렇게 조급해하지 말자.

운동화 끈이 풀렸는지 몸을 낮추고, 고개를 숙여서 발을 한번 보는 여유를 가져보자

어제까지 경매의 '경' 자도 몰랐으니까 말이다.

대신 운동화 끈이 풀렸다면 단단히 조여보자.

그리고 지금부터 준비해보자.

경매는

- 나무를 볼 줄 알고
- 경매의 기술을 익히고
- 숲을 보는 안목을 길러야 한다.

지금부터 경매의 농사를 준비해보자,

'좌포의 부동산 경매 더리치'에서는 위의 3가지를 가르치는 투자 준비반을 운영하고 있다. 혼자 공부해도 되지만 도움을 받고 싶으면 용기를 내어서 한번 들어보라.

06

경매,
조금만 더 집중하자

1. 경매, 결코 만만한 것이 아니다

필자가 진행하는 팟캐스트 방송을 듣고 많은 사람들이 새로운 희망을 꿈꿔보고 경매를 시작하는 사람들이 많다.

'나도 가능할까?'

'소액으로 경제적 꿈을 이룰 수 있을까?'

'나도 종부세 좀 내봤으면 좋겠다?'

이런 저런 작지만 꼭 이루어보고 싶은 희망을 이야기하곤 한다. 그렇지만 경매는 큰돈이 왔다 갔다 하는 일이다. 강의 몇 번 듣고, 책 몇 권 읽어서, 수익 내고, 연봉 수준의 머니 파이프를 만들 수 있을 정도로 그렇게 쉽고 간단하다면 아무나 할 수 있는 일이 아닌가?

한두 번 낙찰을 받고 수익을 낼 수는 있다. 그것으로 당신의 꿈이 끝인가?

2. 권리분석의 기준은 등기부등본에 있다

우리 회원 중에 34세 젊은 청년 또순님이 있는데 경매를 생활의 1순위로 놓은 사람이다. 이제 경매를 한지 1년이 지났는데 자산 규모가 10억 원이 넘는다.

또순님을 보고 사람들이 성공한 투자자라고 말하지 않는다. 또순님 같은 사람들이 많기도 하지만 아직도 갈 길이 멀기 때문이다.

물론 자산이란 부채를 포함하기는 하지만, 그 나이에 이룬 성과가 앞으로 삶에 있어서 큰 변화를 가져올 것은 자명한 일이다.

혹자들은 "빚도 많지 않냐?"고 말할 것이다.

빚이 많기는 많다. 그러나 가진 종잣돈이 없으니 어쩔 수 없이 선택한 방법이고 또 이렇게 선택한 방법으로 많은 사람들이 성공을 거두기도 한, 검증된 재테크 수단을 또순님은 선택한 것이다.

경매는 참 매력적인 재테크 수단이다.

경매는 많은 사람들이 생각하는 것보다 매우 안전하고 투명할 뿐만 아니라 리스크는 다른 투자에 비해 매우 낮다. 그래서 많은 사람들이 6주간의 새싹반 교육만 받고도 경매 현장에 뛰어 들기도 한다.

경매는 조금만 공부를 해도 가능하고 투자하면서 경험을 쌓아도 된다. 가급적이면 카페 같은 동호회에 가입해서 멘토의 도움을 받으면 좀 더 안전한 투자를 할 수 있다. 다만 최소한의 준비와 공부도 없이, 상식 수준에서 경매 투자에 뛰어드는 것은 매우 위험하다. 경매로 사고 난 물건을 보면 참으로 마음이 아프다. 충분히 예방하고 조심할 수 있는 물건임에도 불구하고 보증금을 포기한 사례들이 의외로 많다.

이런 물건은 왜 미납했을까?

소재 지	경기도 수원시 영통구 원천동 548, ███████████		도로명주소검색			
새 주 소	경기도 수원시 영통구 중부대로448번길 28, ██					
물건종별	아파트	감 정 가	242,000,000원	오늘조회: 81 2주누적: 1400 2주평균: 100 조회동향		
				구분	입찰기일	최저매각가격	결과
대 지 권	34.46㎡(10.424평)	최 저 가	(34%) 83,006,000원	1차	2015-12-01	242,000,000원	유찰
건물면적	59.94㎡(18.132평)	보 증 금	(30%) 24,910,000원	2차	2016-01-07	169,400,000원	유찰
				3차	2016-02-17	118,580,000원	유찰
매각물건	토지·건물 일괄매각	소 유 자	신█	4차	2016-03-23	83,006,000원	낙찰
개시결정	2015-06-09	채 무 자	신█	낙찰 127,500,000원(52.69%) / 1명 / 미납		
				5차	2016-07-05	83,006,000원	낙찰
사 건 명	임의경매	채 권 자	웰니스자산관리(양도인:유니온상호저축은행)	낙찰 83,500,000원(34.5%) / 1명 / 미납		
				6차	2016-09-29	83,006,000원	

왜 그럴까?

이러한 물건들을 확인해보면 그리 어려운 부분도 아닌데 기본적인

임차인현황 (말소기준권리 : 2014.11.18 / 배당요구종기일 : 2015.08.25)							
임차인	점유부분	전입/확정/배당	보증금/차임	대항력	배당예상금액	기타
이■곤	주거용	전 입 일: 2014.11.03 확 정 일: 미상 배당요구일: 없음	미상		배당금 없음	
기타사항	□목적물에 대하여 2차에 걸쳐 현장조사차 방문하였으나 폐문부재로 소유자 및 점유자를 만나지 못하였으며, 이에 '안내문'을 부착하여 두었으나 점유자들의 연락이 없어 점유관계를 확인할 수 없으므로 관할동사무소에서 확인한 전입세대열람결과를 기재함. 전입세대열람결과 이■곤세대만 전입되어 있음. □이■곤은(는) 전입일상 대항력이 있으므로, 보증금있는 임차인일 경우 인수여지 있어 주의요함.						

등기부현황 (채권액합계 : 52,499,426원)						
No	접수	권리종류	권리자	채권금액	비고	소멸여부
1(갑7)	2014.06.26	소유권이전(매매)	신■		거래가액:198,000,000	
2(을16)	2014.11.18	근저당	(주)윌니스자산관리	39,000,000원	말소기준등기 양도전: 유니온상호저 축은행	소멸
3(갑8)	2015.06.09	임의경매	(주)윌니스자산관리	청구금액: 33,292,079원	2015타경22174	소멸
4(갑9)	2015.06.26	가압류	재단법인신용보증재단중앙 회	13,499,426원	2015카단51301	소멸

지식이 없이 입찰을 해서 손해 보는 경우다. 경매 사고는 큰 물건, 어려운 물건에서 사고가 나는 것이 아닌 권리분석이 어려운 물건에서도 사고가 나는 것이 아니다. 등기부등본만 볼 줄 알아도 큰돈 잃지 않을 수 있다. 경매에서 권리분석은 기초 중의 기초이고, 최소한의 지식이다. 낙찰받아 잔금을 납부하고 소유권이전등기를 하면, 등기부의 기타 모든 권리들은 말소되어야 한다. 하지만 말소되지 않고 등기부등본에 권리들이 살아 있는 경우가 있으니, 우리는 이런 것 때문에 권리분석 공부를 한다.

3. 임차인의 권리분석은 경매 실패의 절반이 넘는다

대항력이 무엇일까?

그리고 확정일자는 어떤 의미를 가질까?

경매 물건에서 임차인의 대항력은 말소기준권리를 기준으로 살펴봐야 한다. 그 이유는 말소기준권리보다 앞서서 전입된 임차인이 있을 경우에 임차인의 보증금에 대해서 낙찰자가 그 임차인의 임차보증금을 인수(물어줘야)해야 하는 경우가 있기 때문이다.

다음 물건을 한번 보자.

2014타경33○○○		* 의정부지법 고양지원	* 매각기일 : 2015.12.08(火) (10:00)	* 경매 9계(전화:031-920-6321)	
소재지	경기도 고양시 덕양구 행신동 983, ▨▨▨			도로명주소검색	
새 주 소	경기도 고양시 덕양구 충장로 ▨▨▨				
물건종별	아파트	감 정 가	210,000,000원	오늘조회: 61 2주누적: 805 2주평균: 58 조회동향	
대 지 권	33㎡(9.983평)	최 저 가	(49%) 102,900,000원	구분	입찰기일	최저매각가격	결과
건물면적	59.98㎡(18.144평)	보 증 금	(20%) 20,580,000원	1차	2015-05-12	210,000,000원	유찰
				2차	2015-06-16	147,000,000원	낙찰
				낙찰 165,000,000원(78.57%) / 1명 / 미납	
매각물건	토지 건물 일괄매각	소 유 자	박 구	3차	2015-08-25	147,000,000원	유찰
개시결정	2014-10-29	채 무 자	강 복	4차	2015-09-30	102,900,000원	낙찰
				낙찰 175,500,000원(83.57%) / 2명 / 미납	
				(2등입찰가:105,880,000원)	
사 건 명	임의경매	채 권 자	(주)케이씨씨	5차	2015-12-08	102,900,000원	

임차인의 대항력은 등기부등본상의 말소기준권리의 날짜와 임차

임차인현황 (말소기준권리 : 2013.04.22 / 배당요구종기일 : 2015.01.19)								
임차인	점유부분		전입/확정/배당		보증금/차임	대항력	배당예상금액	기타
소○○	주거용		전 입 일 : 2013.02.04 확 정 일 : 미상 배당요구일 : 없음		미상	배당금 없음	
기타사항	☞현장 방문시 아무도 만나지 못하였고, 주민등록표에는 임차인이 등재되어 있으므로 점유관계 등은 별도의 확인요망. ☞임차인으로 조사한 소○섭은 주민등록등재자임. ☞소「섭은(는) 전입일상 대항력이 있으므로, 보증금있는 임차인일 경우 인수여지 있어 주의요망.							

■ 등기부현황 (채권액합계 : 213,326,195원)

No	접수	권리종류	권리자	채권금액	비고	소멸여부
1(갑3)	2013.02.28	소유권이전(매매)	박ㅣ규		거래가액:167,000,000	
2(을8)	2013.04.22	근저당	(주)케이씨씨	140,000,000원	말소기준등기	소멸
3(갑4)	2013.08.06	가압류	서울보증보험(주)	66,826,195원	2013카단60029	소멸
4(갑5)	2014.03.07	가압류	서울보증보험(주)	6,500,000원	2014카단34855	소멸
5(갑6)	2014.10.30	임의경매	(주)케이씨씨	청구금액: 140,000,000원	2014타경33○○○	소멸

인의 전입일자를 비교해보면 쉽게 알 수 있다.

임차인의 전입일(2013.02.04)이 말소기준권리(2013.04.22)보다 우선일 경우, 임차인은 대항력이 있고 말소기준권리가 먼저라면 임차인은 대항력이 없다. 경매 물건에 입찰할 때, 이러한 임차인의 대항력 여부는 꼭 확인해야 한다.

더불어 선순위 임차인이 배당요구를 신청했는데, 확정일자가 근저당일자보다 늦는 경우에 배당에서 배당금액이 부족할 수 있고, 이때 자칫 임차인의 보증금을 물어낼 수 있다.

• 임차인현황 (말소기준권리 : 2008.01.14 / 배당요구종기일 : 2016.04.21)						
임차인	점유부분	전입/확정/배당	보증금/차임	대항력	배당예상금액	기타
임OO	주거용 전부 (방 3칸)	전 입 일: 2002.10.28 확 정 일: 2013.01.18 배당요구일: 2016.03.09	보50,000,000원	있음	배당순위있음 미배당보증금 낙찰 자인수	현황서상 전 : 2002.03.0 7
임차인분석	☞채무자(소유자)가 직접 점유하고 있지 않고, 목적물 전부에 대해 임대차 있다고 현장에서 만난 임차인이 진술함. ☞임대차관계 내용은 현장에서 만난 임차인이 진술한 내용으로 최초계약시 보증금 및 재계약 등에 대하여는 정확하게 알 수 없다고 하고 계약서를 제시하지 않아 정확한 내용은 미상임. ▶매수인에게 대항할 수 있는 임차인 있으며, 보증금이 전액 변제되지 아니하면 잔액을 매수인이 인수함					

• 등기부현황 (채권액합계 : 3,181,777,246원)						
No	접수	권리종류	권리자	채권금액	비고	소멸여부
1(갑1)	1991.03.04	소유권이전(매매)	김OO			
2(을10)	2008.01.14	근저당	한국외환은행 (여신관리부)	200,000,000원	말소기준등기	소멸
3(을11)	2010.06.04	근저당	기술신용보증기금	479,400,000원		소멸
4(갑2)	2011.01.24	가압류	이현지	105,221,695원	2011카단172	소멸
5(갑2)	2011.01.24	가압류	원베스트벤처투자(주)	263,054,238원	2011카단174	소멸
6(갑3)	2011.01.24	가압류	김종화	157,832,543원	2011카단173	소멸
7(갑4)	2011.04.18	가압류	신용보증기금	1,247,500,000원	2011카단100369	소멸
8(갑5)	2011.06.09	가압류	한국무역보험공사	728,768,770원	2011카단2771	소멸
9(갑13)	2016.02.04	임의경매	우리에프앤아이제23차유동 화전문유한회사	청구금액: 174,696,915원	2016타경OO	소멸

▲ 선순위 임차인은 배당요구종기일 안에 배당요구를 했지만 확정일자가 말소기준권리보다 늦어서 배당순위가 밀린다. 이럴 경우 배당까지 권리분석을 해봐야 하며 자칫 인수금액 이 발생할 수 있다.

4. 투자 유형에 따라 입찰금액도 달라야 한다

외형상으로 수익이 좀 날 것 같은 물건을 발견할 때 초보자들은 흥분한다. 그리고 일단 낙찰받고 보자는 생각으로 바뀐다. 그러다 보니 예상금액보다 더 높이 가격을 써 내기도 한다.

이렇게 낙찰을 받은 뒤, 미납한 많은 경우가 잔금 준비를 못해서 미납하고 보증금을 잃는다.

경매의 목적은 모두 수익에 있지만, 구체적으로 살펴보면 경매 물 건의 처분 방식에 따라 투자 목적이 달라야 한다.

단타를 할 것인지, 임대를 놓을 것인지, 임대에서는 전세로 놓을 것인지, 아니면 월세로 놓을 것인지에 따라서 입찰금액이 달라질 수 있다.

여기에는 필연적으로 자신의 종잣돈과 레버리지에 대한 숙고가 따라 붙는다. 경매의 매력은 싸게 사면서 수익을 내는 것이다. 경매는 일반 매매보다는 복잡한 일들이 있는 대신, 싸게 사는 장점이 있다. 그런데 시세파악을 잘 못해서 별 수익을 내지 못하는 경우가 종종 있다

2015년11월 30일에 새싹반 20기 법원 실습 물건에 대한 뜨거운 논쟁이 있었다. 한 번 유찰된 물건이 감정가를 넘겨서 낙찰되었기 때문이다.

2015타경24○○○			• 의정부지법 본원 • 매각기일 : 2015.11.30(月) (10:30) • 경매 6계(전화:031-828-0326)				
소 재 지	경기도 의정부시 신곡동		도로명주소검색				
새 주 소	경기도 의정부시 능곡로						
물건종별	아파트	감 정 가	153,000,000원	오늘조회: 76 2주누적: 282 2주평균: 20 조회동향			
대 지 권	19.17㎡(5.799평)	최 저 가	(80%) 122,400,000원	구분	입찰기일	최저매각가격	결과
건물면적	59.8㎡(18.09평)	보 증 금	(10%) 12,240,000원	1차	2015-10-26	153,000,000원	유찰
매각물건	토지·건물 일괄매각	소 유 자	구 식	2차	**2015-11-30**	**122,400,000원**	
개시결정	2015-06-29	채 무 자	구 식	낙찰 : 160,570,000원 (104.95%)			
사 건 명	임의경매	채 권 자	임 순	(입찰20명,낙찰:최 주)			
				매각결정기일 : 2015.12.07			

이 물건은 감정가를 넘겨서 낙찰받았지만 2017년 가을에 시세가 1억 7,000만 원에서 1억 9,500만 원이 되었다. 낙찰받을 때 감정가격보다 700만 원 더 써서 낙찰받는 것을 본 카페 새싹반 회원들은 저렇게 낙찰 받으려면 경매를 왜 하느냐고 볼멘소리를 했지만, 이 물건

은 가격이 많이 올라주었다. 현재 전세가격이 당시 낙찰가격보다 높으니 말이다.

매매	확인매물 17.02.22	건영 □		91/72	103동	17/25	**19,500**
			빠른입주가능 상태매우깨끗하고 전망나…				매경부동산
매매	확인매물 17.02.22	건영 □		75/59	103동	17/25	**17,500**
			로얄동, 상태 깨끗, 전망중아요				매경부동산
전세	확인매물 17.02.22	건영 □		75/59	105동	17/25	**16,500**
							부동산써브
전세	확인매물 17.02.22	건영 □		75/59	105동	17/25	**16,500**
			최근 특올수리, 빠른입주도가능, 최고로얄…				부동산써브

▲ 2016년 12월 아파트의 매매 전세 매물이다.

우리는 임장을 할 때 부동산 중개업소를 방문한다.

입찰하고자 하는 유사 물건에 대해서 매입 의사를 밝히면 아마도 부르는 가격이 조금은 높을 것이고, 유사 물건을 내놓으려고 하면 좀 낮은 가격을 제시하는 경우가 있다. 그래서 경매 물건 시세 파악이 힘들고 어렵다.

그리고 또 하나, 고가 낙찰의 전형적인 유형이 있는데 이것은 몇 번을 입찰하고 번번히 패찰하다가 어느 날 확 질러서 낙찰을 받는 경우다.

이런 실수를 줄이기 위해서는 '비록 낙찰을 받지 못해도 손해 본 것은 없다'라는 생각을 갖고 처음 마음을 유지해야 한다. 말하기는 쉽지만 상당히 어려운 일이다.

그래서 필자는 가끔 이렇게 말한다.

"수익률을 계산해서 약간 높이 받아도 큰 손해가 나지 않은 물건은 일단 받고 보라".

5. 수익률이 좋은데 왜 유찰이 될까?

수익률이 좋고 시세가 오르는 상황에서 유찰이 되는 경우는 많지 않다.

그런데 유찰이 되었다면 세심한 임장이 필요하다. 이런 물건은 눈으로 보지 못한 무슨 하자가 있을 가능성이 있기 때문이다. 그러므로 시세보다 너무 차이가 나는 물건은 자세히 확인하고 그 이유를 찾아내어 문제가 되는 사안을 해결할 수 있는지 판단해야 한다.

다음 물건을 한번 보자.

2015타경1○○○		·청주지방법원 제천지원 · 매각기일 : 2015.11.23(月) (10:00) · 경매 1계 (전화:043-640-2040~1)					
소재지	충청북도 제천시 장락동		도로명주소검색				
새 주소	충청북도 제천시 죽하로						
물건종별	아파트	감정가	85,000,000원	오늘조회: 3 2주누적: 191 2주평균: 14 조회동향			
대지권	34.766㎡(10.517평)	최저가	(80%) 68,000,000원	구분	입찰기일	최저매각가격	결과
건물면적	49.96㎡(15.113평)	보증금	(10%) 6,800,000원	1차	2015-10-19	85,000,000원	유찰
매각물건	토지·건물 일괄매각	소유자	손ㄴ경	2차	2015-11-23	68,000,000원	
				낙찰 : 84,990,000원 (99.99%)			

거래기간	전용면적	층	매매가
2015-09-01 ~ 2015-09-10	49.96	10	9,400
2015-09-01 ~ 2015-09-10	49.96	14	8,500
2015-08-21 ~ 2015-08-31	49.96	4	9,050
2015-08-11 ~ 2015-08-20	49.96	11	9,050

감정가보다 시세가 훨씬 높은데 첫 매각기일에 유찰이 되었고, 두 번째에 감정가에서 낙찰받았다. 이런 물건은 처음에 단독으로 입찰해야지 안전하게 내 물건으로 만들 수 있다. 조금만 집중하면 의외로 좋은 물건을 낙찰받을 수 있다.

6. 종잣돈보다 중요한 것은 열정

경매도 경제적 활동이라 피치 못할 한계가 각자의 발목을 잡는 경우가 있다. 그중에서 '종잣돈'이란 현실 앞에 조금은 신중하고 조금은 조심스럽다.

경매를 하는데 있어서 얼마의 종잣돈이 있어야 할까요?

물건 하나 낙찰받고 종잣돈이 투입된 다음에는 어떻게 해야 할까요?

소액으로 경매를 시작하는 사람들의 공통된 고민이다.

책 몇 권 읽고 도전하는 사람이 있기도 하고, 주위의 추천을 통해서 시작하기도 한다. 그러다 보니 경매의 기술은 강의를 통해서 알수 있고, 경매 선배들을 통해 배울 수 있지만 자신의 깊은 곳의 고민(포트폴리오)를 풀어낼 수가 없다.

더군다나 전문적으로 투자를 해본 경험이 없거나, 있다 하더라도 경우가 달라서 딱히 대비할 케이스를 찾기가 쉽지 않다. 시중에 나와 있는 책을 보면 '몇 백만 원으로 몇 억원을 벌었다, 물건은 수도 없이 많이 있다'라고 되어 있고, 그 책을 사서 읽어보면 가슴이 뛰고 나도 당장 성공하는 경매 투자자가 될 듯하다. 그래서 이곳저곳 강의를 들어 공부도 하고 물건 검색하고 법원을 가보지만, 턱없이 부족한 입찰가에 마음의 갈피를 잡지 못한 경우도 있다. 여러 가지 책을 보고 강의를 듣고 경매를 한 사람들의 이야기를 듣고도 섣불리 경매 법정까지 가지 못하는 것이 바로 이 종잣돈때문이다.

종잣돈이 없어서 혹은 종잣돈이 작아서 혹은 조금 있는 종잣돈이 묶여버리는 현상이 나타날까 봐 쉽게 출발을 하지 못한다. 부지런히 종잣돈을 모아서 시작해야지 하고 다짐해보지만 갑갑하고 답답한 마음은 마찬가지다. 그래서 고수들은 어떻게 물건을 검색하고 어떻게 물건을 찾아서 작은 돈으로 수익을 내는 것일까 항상 궁금해하며 이리저리 귀동냥한다.

여기에서 질문이 탄생한다.

'그럼 과연 얼마의 종잣돈이 모이면 시작할 수 있을까요?'

'그 종잣돈이 모이는 시기가 언제일까요?'

이 질문에 아무도 대답을 할 수 없다.

그 이유는 얼마의 종잣돈으로 시작해야 되는지 과학적으로 분석이 이루어진 것도 아니고 앞으로 얼마 있으면 종잣돈이 모일지도 확인할 수 없기 때문이다. 경매를 시작하면서 많은 초보자들은 물건 검색하면서 종잣돈을 계산해본다. 그러면서 타이밍을 놓치고, 일에 바쁘다 보면 우선순위로 선택하지 않고, 차츰 차츰 시들어간다. 생각해볼 것은 과연 종잣돈이 준비된 시점에 당신이 경매를 시작할 수 있느냐 하는 것이다. 지금 종잣돈이 넉넉하지 않다고 판단해서 한 번 시작한 경매를 접어둔다면 여윳돈이 생길 때는 이미 그 돈은 내 수중에서 사리진 뒤다.

필자는 경매 입문자들을 수도 없이 만났다. 절대 다수가 뜨거운 열정을 가지고, 경제적 자유를 향한 다짐은 대단하다. 하지만 경매에 발을 들여놓았던 시절의 뜨거운 열정이 강의 끝나는 시점에서 서서히 식어버리고 결국 미래를 기약하지만 시간 속에 희망도 꺼져버린다. 가정 경제에 조금이나마 여유를 가지려고 경매에 노크를 해봤지만 결국 비싼 수업료만 날리고 지난날의 추억 한 장으로 남는다. 종잣돈이 중요하다고 아무리 강조해도 그러나 종잣돈보다 더 중요한 것은 본인의 열정과 희망이다. 처음에 시작한 희망에 대한 열정이 종잣돈이란 현실적인 문제 앞에 꺾이는 경우를 보면서 필자가 조언을 하자면 소중한 인연 속에 지혜를 모으면 종잣돈 문제도 극복할 수 있다고 생각한다.

365

PART
03

임장의 핵심과
낙찰 이후

01

임장은
명도 저항을 측정하는 것이다

1. 절대 고수와 초보자들만 보는 물건 검색

다음 물건을 한번 보자.

2013타경37○○○		• 인천지방법원 본원		• 매각기일 : 2013.10.24(木) (10:00)		• 경매 26계(전화:032-860-1626)		
소재지	인천광역시 동구 송림동			도로명주소검색				
물건종별	아파트	감 정 가		144,000,000원	오늘조회: 4 2주누적: 254 2주평균: 18 조회동향			
대 지 권	37.548㎡(11.358평)	최 저 가		(49%) 70,560,000원	구분	입찰기일	최저매각가격	결과
건물면적	111.52㎡(33.735평)	보 증 금		(10%) 7,060,000원	1차	2013-08-23	144,000,000원	유찰
매각물건	토지·건물 일괄매각	소 유 자		김○○	2차	2013-09-24	100,800,000원	유찰
개시결정	2013-04-29	채 무 자		김○○	3차	2013-10-24	70,560,000원	
사 건 명	임의경매	채 권 자		우리금융저축은행				

위 사진은 인천 동구 송림동에 있는 한 아파트다. 감정가 1억

4,400만 원에서 두 번 유찰되어 최저가 7,000만 원이 되었다. 이 정도 되면 거의 모든 경매 투자자들은 적어도 한 번 정도 검색하고 권리분석을 해봤을 것이다.

초보자들은 보통 이렇게 저감된 물건이 있으면 무조건 살펴본다. 이렇게 감정가에서 많이 떨어진 물건은 경매의 절대 고수들과 초보자들이 좋아한다. 그러나 중수들은 검색도 하지 않는다. 왜 그럴까?

다음 내용을 살펴보자.

임차인현황 (말소기준권리 : 2008.10.09 / 배당요구종기일 : 2013.07.09)						
임차인	점유부분	전입/확정/배당	보증금/차임	대항력	배당예상금액	기타
김 '수	주거용	전 입 일 : 1994.12.07 확 정 일 : 미상 배당요구일 : 없음	미상		배당금 없음	
기타사항		☞ 본건 현황조사차 현장에 임한 바, 폐문부재로 이해관계인을 만날 수 없어 상세한 점유 및 임대차관계는 알 수 없음				
참고사항						

• 등기부현황 (채권액합계 : 130,000,000원)

No	접수	권리종류	권리자	채권금액	비고	소멸여부
1	1996.01.23	소유권이전(매매)	김 성			
2	2008.10.09	근저당	우리금융저축은행	130,000,000원	말소기준등기	소멸
3	2009.03.03	압류	서인천세무서			소멸
4	2013.02.14	압류	인천광역시동구			소멸
5	2013.04.29	임의경매	우리금융저축은행	청구금액: 127,558,855원	2013타경37380	소멸
6	2013.05.07	압류	국민건강보험공단			소멸

내용을 보니 선순위 임차인이 있다. 1994년 12월에 전입된 사람이 있는데 확정일자를 안 받고 배당요구도 하지 않았다. 이 물건은 1996년 1월에 지금의 소유자가 구입해서 지금까지 살고 있다고 등기부등본이 말해주고 있다.

이 경우엔 소유자가 1996년 1월에 이 집을 매입한 후, 세입자가 지

1. 소유지분현황 (갑구)					
등기명의인	(주민)등록번호	최종지분	구 소		순위번호
김 '성 (소유자)	830711-1******	단독소유	인천 동구 송림동 228-1 삼익아파트 1동 1011호		1

2. 소유지분을 제외한 소유권에 관한 사항 (갑구)				
순위번호	등기목적	접수정보	주요등기사항	대상소유자
6	압류	2009년9월3일 제37890호	권리자 국	김 ○성
7	압류	2013년2월14일 제7168호	권리자 인천광역시동구	김 ○성
8	임의경매개시결정	2013년4월29일 제20246호	채권자 주식회사우리금융저축은행	김 ○성
9	압류	2013년5월7일 제21687호	권리자 국민건강보험공단	김 ○성

3. (근)저당권 및 전세권 등 (을구)				
순위번호	등기목적	접수정보	주요등기사항	대상소유자
6	근저당권설정	2008년10월9일 제46079호	채권최고액 금130,000,000원 근저당권자 주식회사솔로몬상호저축은행	김 ○성
6-2	근저당권이전	2013년4월24일 제19319호	근저당권자 주식회사우리금융저축은행	김 ○성

금까지 한 번도 이사를 하지 않았다. 그럼 전입되어 있는 사람은 누구일까? 이렇게만 봐서는 알 수가 없고 오직 방문해서 알아보는 수밖에 없다. 밤 9시 정도에 방문해서 점유자 이름을 말하며 누구냐고 물어보라.

세입자가 15년 이상 한 집에서 살 수 있을까? 절대 그럴 수 없다. 한 식구가 아니라면 친척이라 해도 그렇게 오래 살 수 없다. 이렇게 판단이 되면 바로 현장으로 달려가서 확인해야 한다. 확인이 되었다면 그 다음엔 입찰가를 정해보자. 확신이 들었다면 낙찰을 받아야 하지 않겠는가?

1) 고수들의 임장 비법

경매의 출발점은 물건검색이고 첫걸음은 임장이다. 임장 활동을 통해서 그 물건이 돈이 될지 안 될지 판단할 수 있기 때문이다. 많은 사람들이 정보지 정보만을 전부로 생각한다. 경매의 성공은 현장에서 흘리는 땀에 달려 있는데 말이다.

경매 고수들은 이런 현장 조사를 통해서 초보자들이 간과하는 문제점을 찾아내고 그 해결책을 강구해 큰 수익을 올린다. 즉, 현장에서 문제와 답을 모두 찾는 것이다. 그래서 임장은 투자 수익률과 직결되고 성공 경매의 기초가 되는 것이다.

임장을 한 다음, 꼭 임장 보고서를 써보는 습관을 기르자. 그래야 자신의 임장 활동에 대한 평가를 할 수 있기 때문이다.

이런 임장 보고서가 없다면 임장을 아무리 많이 해도 임장 수준이 발전하지 못한다.

필자의 경매 초보시절을 생각해보면 지금도 웃음이 나온다. 건물 외관이 깨끗하고 보기가 좋으면 마냥 좋은 줄 알았고, 반대로 오래되고 입지조건이 좋지 않으면 쉽게 포기해버렸다. 또 권리분석을 하다가 난관에 부딪히곤 했는데, 딱히 물어볼 곳이 마땅찮아 결국 포기하곤 했었다.

누군가 꼭지만 따주면 좋으련만 항상 2% 부족한 권리분석, 2% 부족한 입지분석과 미래가치에 대한 불확실성, 그리고 2% 부족한 입찰가 등이 발목을 잡았다.

필자는 권리분석을 단 3초만에 끝내는 물건에 입찰을 하라고 한다. 그 짧은 시간에 말소기준권리를 찾고 인수권리와 소멸기준, 그리고 점유자의 권리까지 분석하면 끝이다. 3초 안에 끝나지 않은 물건은 특수 물건으로 분류해야 하고 특수 물건은 대출이 안 되어 소액 투자자들에게는 어려운 투자 종목이다. 필자가 책 앞쪽에서 이야기한 것처럼 공부만 하는 투자자가 될 것인지 아니면 투자하는 투자자가 될 것인지는 권리분석을 붙들고 끙끙대는 모습에서 확인해볼 수 있다. 권리분석을 소홀히 하자는 이야기는 아니다. 권리분석 못지않게 중요한 것이 투자자의 방향 설정이다.

말이 나온 김에 권리분석에 대해서 간단히 언급하자면, 권리분석의 기본은

- 말소기준권리 찾기
- 인수권리 찾기
- 세입자분석

이다. 이것만 잘 분석하면 권리분석의 95%는 끝낸 것이다.

즉 권리분석에서 말소기준권리를 찾아 인수될 권리를 찾고 난 다음, 세입자분석을 통해서 입찰 가능성 여부를 판단하게 되며 수익도 가늠하게 된다.

일반적으로 초보자들은 안전한 권리, 인수가 되지 않은 권리, 명도가 쉬운 세입자가 있는 물건에 치중하기 때문에 수익률이 떨어지고 입찰가가 높아진다.

돈 되는 물건보다는 안전한 물건 위주로 입찰하다 보니 높은 수익을 기대하기가 어려운 것이다. 다시 말해 초보자들은 들러리 서기

위주의 물건에 입찰한다는 것이다.

또 초보자들은 매각 첫 기일에 감정가 100%에 대한 두려움 때문에 입찰을 못 하고 결국 다음 회차에 100%를 넘겨서 낙찰받곤 한다. 경험자들은 수익률만 담보된다면 매각 첫 기일에 100%를 살짝 넘겨서 낙찰받는데 말이다.

왜 그럴까?

초보자들은 단순히 눈앞의 수익에 목적을 두지만, 고수들은 미래 가치에 목적을 두기 때문이다.

경매 고수들은 먼저 수익이 괜찮은 것이라면 현장을 간다. 정말 수익이 좋을까? 지역은 어떨까? 매도 임대 등의 목적에 부합할까? 그리고 난 다음 권리관계를 따져본다.

과연 해결할 수 있을까? 겉으로 썩은 것처럼 보이는 저 사과가 속까지 섞였을까? 아니면 한 쪽만 도려내면 먹을 만할까?

먼저 현장에서 답을 찾고, 그 다음에 권리관계를 조사하면서 해결 방법을 찾는다. 이 부분이 하수와 고수의 차이다.

한 가지 예를 들어보겠다.

어느 지역에 급매물로 12평짜리 아파트가 매매가 2,200만 원으로 나와 있었다. 나는 이 물건에 몇 번이고 현장을 답사하고 지역을 조사하고 그랬다.

그런데 전세는 1,500만 원. 월세는 보증금 200만 원에 월 20만 원.

수익률에서 아주 좋다. 매입가격도 아주 우수하다. 그러나 현금

투입이 매입금액에 비해 크다. 이런 물건을 접하면 하수들은 현금투입이 크기에 그냥 패스한다.

그러나 고수들은 이 물건을 어떻게 할 것인가 고민한다. 즉 보증금을 500만 원으로 만들면 현금 투입이 확 줄어든다. 쉽지 않지만 그렇게 하려고 노력하는 사람들이 고수들이다. 그러기 위해서 고수들은 임장을 즐긴다. 그들이 즐겨하는 현장조사 노하우는 지역 종목 금액대별로 타켓 포인트를 만든다. 그리고 그 지역의 개발 호재에 따른 투자에 적당한 물건을 검색한다. 그 후 임장에 나서기 전에 인터넷 매물정보, 지역 부동산 중개업소, 기관 등 자료를 취합해서 중점 체크사항을 체크한다. 우리는 이것을 손품이라 말한다.

2) 보이지 않은 현장의 함정

현장으로 떠나기 전에 임장체크 리스트를 작성한다.

경험이 있는 사람들은 현장 응용 능력이 뛰어나서 그냥 하는 경우가 많지만 그렇지 않은 사람은 임장 체크리스트를 준비하는 습관을 가져보자.

체크리스트를 만들지 못하면 법원 현장조사서 혹은 감정평가서를 꼼꼼히 읽어보고 그중에 의문점이나 꼭 확인해봐야겠다고 생각하는 점을 중심으로 체크리스트를 만들면 된다.

그러나 가장 중요한 점은 공적 서류와 현황의 차이점이다.

등기부등본에 나타난 면적과 실제 면적이 다를 수 있고, 호수가 바뀐 경우도 간혹 있다.

필자가 천안의 상가를 임장한 일이 있었다. 정보지상에 나타난 사진과 똑같은데 호실이 달랐다. 이때 잘 알고 있는 감정평가사와 함께 임장을 했었는데 안주에 소주 한잔 하면서 가게 사장님과 이야기를 해봤다.

이 상가가 경매로 나왔다고 말하니 깜짝 놀라면서 개업한 지 1주일 밖에 안 되었다고 한다. 경매 정보지를 보여주니 그 가게가 아니고 옆 가게라고 알려주었다. 정보지상 내용과 실제 내용, 공적 장부의 내용을 확인해볼 필요가 있다.

이처럼 정보지상의 정보와 실제로 이용되는 건물의 차이점을 찾아내는 것이 임장 활동의 기초이다.

3) 뭘 체크해야 할까?

임장에서 또 빼 놓을 수 없는 사항이 세입자 현황이다.

- 명도 저항을 측정해야 한다.
- 명도가 어려울 것으로 예상되는 심신노약자, 장애인 등이 점유하고 있는지 파악해야 한다.
- 폐문부재 시 수도, 전기 관리비, 우편물, 가스 요금 등을 통해서 점유의 현황을 파악해봐야 한다.

4) 부동산 중개업소를 방문해서는

- 매매로 나온 물건은 몇 개가 있고 가격은 얼마인지?
- 전세물건은 몇 개가 있고 전세 가격은 얼마인지?
- 월세물건은 몇 개가 있고 언제 나왔으며 가격은 얼마인지?

이런 내용을 정확히 파악해야 한다. 그리고 부동산 중개업소는 적어도 세 곳 이상을 방문해서 확인해보라. 이미 손품을 통해서 확인했던 내용을 하나하나 체크하면서 임장을 해야 한다.

그리고 가장 중요한 점은 내가 방문한 공인중개사님이 그 지역에서 일을 똑 부러지게 잘하는지 판단해야 한다. 선수는 선수를 알아볼 수 있다. 아직 당신이 그것을 모른다면 부동산 중개업소 방문을 감이 올 때까지 더 해봐야 한다.

5) 목표로 정한 수익률이 가능할까?

현장조사가 끝났다면 수익률을 다시 계산해봐야 한다. 임장을 하기 전에 계산한 수익률과 임장을 마친 다음에 계산하는 수익률, 손품을 팔았던 가격과 현장에서 확인한 가격이 다를 수 있다.

우리 회원들이 임장을 다녀온 후에 개별 면담을 통해서 확인해보면 같은 물건임에도 불구하고 각자 다른 가격을 조사해오기도 한다.

호가 시세, 급매가와 최근 낙찰가, 매물의 적체 수, 이런 내용들을 파악해서 가격의 포인트를 잡아야 한다.

매물이 없고 전세자가 대기하고 있고 투자 예정지역 내에 개발 호재가 있어서 가격이 오르는 지역이라면, 감정가를 넘겨도 되는 경우가 있다.

6) 공인중개사는 그 지역 부동산 전문가다

현장답사 시 몇 군데를 들러 그 지역사정에 대해 자문을 구하는 과정을 거쳐야 한다.

필자는 중개업소를 들어가기 전에 중개업소 벽면에는 있는 벽보를 먼저 보고 들어간다. 그러면 내가 입찰하고자 하는 물건뿐만 아니라, 다른 아파트를 확인해볼 수 있기 때문이다.

그리고 벽에 걸려 있는 지도를 통해서 지역상황도 질문해 본다.

구역별 지가, 집값의 형성도, 거래가를 물어보고 최근의 부동산 수요와 거래동향 등 흐름을 탐문하면서 그 동네에서 '1등으로 선호하는 아파트, 2등으로 선호하는 아파트' 이런 식으로 분류를 해보고 그 이유가 무엇인지 자문을 구하면 그 지역의 트랜드를 파악할 수 있다. 또 해당지역 내 거래현황, 분양 실태 파악, 공실률 등 기본적인 통계를 파악해야 한다.

이때 가장 중요한 것은 새롭게 분양 입주하는 물량과 분양가격이다. 더불어 전세가격과 전세물량이다. 잘못하다가는 물량 폭탄을 맞을 수도 있기 때문이다.

부동산 중개업소에는 분양 또는 임대 팜플렛이 비치되어 있는 곳도 있고, 어떤 중개업소는 분양물건을 적극적으로 브리핑하는 경우가 있는데 이때 설명을 잘 듣고 그 지역의 흐름을 파악해볼 필요가 있다. 공인중개사님은 팜플렛에 나타난 단지의 분양가와 시설의 특성 프리미엄 형성에 대한 조언을 해주면서 적극적으로 권하기도 하지만, 이때 홍보에 흔들리지 말고 열심히 정보를 취합·분석해보자.

이런 이야기를 들으면서 전에 분양했던 물건과 지금 브리핑하는 물건을 비교해보면서 지금 분양하는 분양가가 높다면, 이 지역의 부동산 수요는 넉넉하다는 얘기일 수 있다.

경매 초보자들은 이런 부분에서 그냥 흘리고 지나간다.

그러나 다른 한편으로는 지역 공인중개사 말을 100% 신뢰하는 것도 피해야 한다. 그 중개업소 사장님의 이해관계와 이익이 결부된 브리핑일 수 있기 때문이다.

언젠가 어느 지역에 임장을 갔었다. 그런데 해당 물건에 대해서 그 지역 중개업소 사장님들이 모두 부정적으로 말하는 것이다. 알고 보니 이분들을 모두 해당 물건에 입찰하려고 부정적인 정보를 제공했고 입찰 당일 법원에서 만날 수 있었다. 이처럼 그 지역 중개업소 사장님도 경쟁자임을 인지할 필요도 있다.

그러나 반대로 물건 하나라도 중개하려고 호의적으로 말하는 경우도 있다.

또 투자자는 명심할 대목이 있다. 그 지역 부동산 사장님은 그 지역 부동산의 전문가임은 분명하다. 그러나 '그분이 투자자의 안목까지 있을지' 한 번 정도 스스로에게 반문해보자.

7) 지역의 미래가치를 파악하라

그 지역의 미래 가치를 얻으려면 해당 지역의 미래 도시 계획안을 살펴보는 것도 좋은 방법이다.

지자체에 들러 도시기본계획이나 군(구)정보고 통계연보 행정통계 자료 등 자료를 얻어두면 큰 도움이 된다. 주택과와 건축과(건축지도계 건축행정계)에서 자료를 얻을 수 있다. 신설도로 개통 예정지에 대한 정보는 국토교통부나 지자체에서 작성한 광역교통계획망이나 도로개설 계획을 얻는다면 유용한 투자자료가 된다.

초보자들은 이런 내용을 다 파악할 수는 없다. 그래서 경매에 경험이 있는 사람들과 인맥을 형성하고 직접적인 도움을 받을 수 없다고 해도 귀동냥이라도 얻어 들을 수 있는 기회를 만들어보라.

2. 아파트 임장

고양시 행신동의 햇빛마을 아파트가 경매로 나왔다면 그 단지를 들러보고 단지 앞에 있는 부동산 중개업소에 들어가 상담을 해야 한다. 그런데 말도 꺼내기도 전에 한소리 듣고 민망해서 자리를 뜬다. 이미 수많은 경매 투자자들이 이곳을 방문해서 중개업소 사장님은 방문자의 목적을 알기 있기 때문이다.

별로 거래도 없던 중개업소에 갑자기 어느 날부터 사람들이 부쩍 늘어난다. 중개업소 실장님은 처음에는 성실히 대답을 해주었지만 알고 보니 경매 때문에 온 사람들이었다. 이렇게 단지 안에 경매 물건이 나오면 전국에 있는 사람들이 전화와 방문을 통해서 이것저것 물어본다. 경우에 따라서는 매수자로, 어떤 사람은 매도자로, 어떤 사람은 투자자로, 어떤 사람은 경매 때문에.

이런 상황을 접한 부동산 중개업소 사장님들의 반응도 다양하다.

어떤 사람은 대꾸도 하지 않고, 어떤 사람은 급매물이 있으니 사라고 권하기도 하고, 어떤 사람은 성실히 대답을 해주기도 하고, 경우에 따라서는 틀린 정보를 제공하기도 한다.

경매로 나온 아파트의 정보를 알기 위해서는 단지 안에 있는 중개업소를 통해서 정보를 얻기가 가장 쉽다. 그런데 그 정보가 100% 정확하지 않을 수 있다.

그래서 정확한 정보를 알려면 경매로 공지가 되기 전인 예정 물건

때 임장을 해보라. 이때 임장을 하면 많은 정보를 얻을 수 있다.

만약 그렇게 못했다면 공고가 난 다음에 바로 임장을 해보라. 사람들이 경매로 나온지 모를 때 방문하면 이런 저런 정보를 쉽게 얻을 수 있다. 그렇지 않고 한번 유찰이 된 이후에 임장을 통해서 정보를 얻는다는 것은 결코 쉬운 일이 아니다. 더군다나 단지 안에 있는 부동산 중개업소에서는 더더욱 그렇다.

어떤 때 낙찰을 받고 부동산 중개업소를 찾아가면 다른 이야기를 한다. 차라리 경매 때문에 도움을 받고 싶다고 하면서 솔직하게 먼저 물어보라. 물론 음료수가 손에 들려 있다면 더욱 좋을 것이다.

그리고 너무 시간에 쫓겨서 질문하지 말고, 느긋이 앉아서 마음을 먼저 교환해보라. 그리고 낙찰이 된 다음에 임대까지 부탁드려보라.

많은 사람들이 임장을 가면서 매매시세, 전세, 월세만 파악하려고 한다. 그러나 그것은 손품을 팔면 얼마든지 가능하다.

우리가 임장을 통해서 현장에서 확인해야 되는 것은 매매시세, 전세시세, 월세시세를 확인하는 것도 좋지만, 이 물건에 숨어 있는 그 무엇인가를 찾는 것이 더 중요하다.

숨어 있는 그 무엇이란 두말할 것도 없이, 그 지역에 무슨 일이 있는지를 알아내는 것이다. 그것 중에 가장 중요한 것은 최근에 매매 계약서를 얼마에 썼는지, 전세 계약서를 얼마에 썼는지, 그리고 급매물 가격이 얼마인지 파악하는 것이다. 그냥은 안 알려준다.

1) 부동산 사장님을 통해서 얻을 수 있는 정보들

① 공급량과 평형대별 가격을 통한 경쟁력을 판단해보라

그 지역에 공급되는 평형대별 공급량을 파악하면서 지역 흐름을 가늠해보라. 그리고 평형대별 가격은 어떻게 되는지 확인해볼 필요가 있다. 또한 분양된 아파트가 입주된 이후에 어떤 현상이 벌어질 것인지를 부동산 사장님에게 확인해보자. 명답을 얻을 수는 없어도 지역에 흐르는 이런 저런 정보를 얻을 수 있다. 단순히 교통 흐름, 편의시설, 미납관리만 파악하는 것이 임장이 아니라 2년 후, 혹은 4년 후에 얼마를 받고 팔 수 있을까를 확인하는 것이 임장이다. 공급되는 같은 평형대의 가격과 지금 내가 입찰하고자 하는 가격의 차이가 얼마나 되는가가 중요하기 때문이다. 또한 그 지역에 공급되는 아파트가 내가 입찰하고자 하는 24평은 몇 세대나 분양되는지 확인해내야 한다.

② 이런 판단을 할 수 있는 조건들

학군

우리나라에서 아파트 가격을 견인하는 것은 학군이다. 따라서 그 지역이 초등학교 학군인지 중고등학교 학군인지 먼저 살펴보자. 중계동은 전형적인 학군 수요지역이지만, 은행사거리는 을지초등학교라는 초등학교 학군이다. 물론 크게 보면 학원이라는 학군이지만, 구체적인 학군을 보자는 것이다.

주거환경

주거환경 하면 대략적으로 큰 그림을 그리면서 학교, 은행, 대형마트, 영화관, 교통, 조깅할 수 있는 강, 산책할 수 있는 공원이나 둘레길을 생각하기 쉽다. 물론 이런 내용을 다 담아내면 좋겠지만, 일단 내가 입찰하고자 하는 평형대별 특징을 찾아봐야 한다. 즉 18평형 임대 목적 부동산이라면 젊은 사람들이 많이 거주할 것이다. 24평형 임대 목적 부동산이라면 초·중·고등학교 등 학교가 편리해야 할 것이다. 30평형대 시세차익형이나 실거주라면 생활편의와 더불어 주변 환경의 쾌적함이 우선시되어야 할 것이다.

교통

교통이 좋다는 것은 부동산에서 좋은 호재임은 분명하다. 그런데 지금의 교통의 편리함도 중요하지만, 미래에 내가 투자하고자 하는 곳에 어떤 교통수단이 들어올 것인가는 매우 중요하다. 지금은 교통이 불편하다 해도 미래에 지하철이 들어온다든지, 경전철이 들어온다든지, KTX가 들어온다면 가격 상승률이 있기 때문이다. 내가 지금 입찰에 들어갈 물건에 이런 호재가 있다면 필연적으로 인구유입과 더불어 산업시설 유입이 계획되어 있기 때문이다. 2016년 봄부터 경기도 광주가 소문 없이 조명받은 지역이었다. 그 이유는 판교에서 이천으로 가는 지하철이 개통될 예정이었으며 직장이 판교에 있는 젊은 사람들은 판교에 집을 살 수 없어서 출퇴근이 용이하고 지하철로 이동하기 때문에 시간이 많이 걸리지 않아서다. 또 신분당선 노선 중 소형 아파트가 있는 수지구청 역도 눈여겨볼 만한 지역 중 하나다. 이처럼 교통과 더불어 인구흐름을 파악한다면, 거시적인 부동산 안목을 보는 눈을 가졌다고 볼 수 있다.

③ 임장에서 어떤 것을 배울 수 있을까?

경매에 경험이 없는 사람들은 임장에 대한 두려움이 있다. 당장 점유자를 만날 때 어떤 대화를 해야 할 것인가 걱정부터 된다. 이것이 무서워서 망설이는 사람들이 많다. 그런데 임장 로드맵을 만들고 체크리스트를 작성해서 하나하나 확인해보면 임장 자체가 재미있어진다.

④ 호가에 속지 마라

경매로 나온 부동산은 법원에서 강제로 매각되는 부동산이기 때문에 물건 상태가 허술하고 불완전할 수 있다. 즉, 빚이 많은 부동산이라 집 주인이 알뜰하게 가꾸지 않을 수 있다. 반면 어떤 집은 사람이 살지 않아서 관리가 엉망일 수 있고 사업을 하던 분이 계셨던 집은 수리가 잘 됐을 수 있다.

같은 평형대의 아파트라 해도 물건에 따라 다양할 수 있기에 중요한 것은 해당 부동산의 정확한 가격이다. 많은 사람들은 감정 가격을 시세로 착각하는 경우가 많다.

또 해당 부동산 인근에 있는 중개사무소에서는 매도가격과 매수가격을 달리 말하는 경우도 있다. 또 동에 따라서, 향에 따라서, 층에 따라서, 가격이 다르다. 그래서 손품을 판 자료로 판단하면 안 되고, 부동산 중개업소에서 말하는 호가를 믿어서도 안 된다.

앞에서 말한 행신동의 경우, 같은 단지에 크기가 미묘한 차이가 있고 그 동네에서는 그냥 23평으로 칭하지만 어떤 아파트는 계단식이고 어떤 아파트는 복도식이다. 이런 차이는 손품으로만, 전화 임장으로만 해결이 안 될 때도 있다. 가격을 잘 파악하기 위해서는 3건 이상의 유사 매물을 비교 분석하고 최근에 거래된 가격을 찾아내야 한다.

2) 사고는 중수들이 낸다

　원래 초보 운전자들은 사고가 나 봤자 접촉사고다. 운전 경력 몇 년 된 사람들이 대형 사고를 친다. 몇 번 낙찰 경험이 있을 때, 가장 조심해야 한다. 경매를 한 싸이클 정도 돌려보니 만만하게 보기 때문이다. 그래서 임장도 안 가고 대강 감으로 지르는 경우가 있다. 특히 이곳저곳 다니면서 경매를 공부하고, 깊이 사귀지는 않았지만 경매 친구를 많이 사귄 사람들에게서 많이 나타난다. 필자는 이런 사람들을 '경매 유목민'이라 말하고 있다. 온 동네 다 돌아다니면서 유명한 강사들의 강의를 열심히 들어서 고급정보를 많이 아는 것 같으면서도 정작 본인 물건에 대해서 임장을 제대로 할 줄 모른다. 강의를 들으러 온 장안을 휩쓸고 다니고, 늦은 시간까지 이 카페, 저 카페 기웃거리면서 공부하는 것도 좋지만, 더 중요한 것은 현장에 잘 적응할 줄 알아야 한다. 들은 것은 많아 초보자들에게 말해주고 싶은 것은 많지만, 정작 자신의 물건 앞에 충실하지 않을 수 있기 때문이다. 경매 실력은 귀로 쌓는 것이 아니다.

02

임장의 기초

1. 물건 찾는 전제조건

1) 투자 종목을 먼저 생각하라

아파트가 좋을지, 오피스텔이 좋을지, 근린시설 혹은 상가가 좋을지 먼저 선택해야 한다. 필자는 초보자들에게는 주거용 부동산을 먼저 선택하라고 권하고 싶다.

2) 종잣돈에 어울리는 물건을 생각하라

가지고 있는 돈이 3,000만 원인데 물건은 3억 원짜리를 검색하고 권리분석을 한다면 자기 몸에 맞는 옷이 아닐 수 있다.

3억 원짜리 물건에 입찰 보증금 3,000만 원을 투자하고 나머지는 마이너스 대출과 경락잔금 대출을 통해서 해결할 수는 있지만, 한방에 모든 돈이 들어가서 종잣돈이 고갈될 수 있고 물건 하나 낙찰받고 경매를 졸업할 수 있다. 또 종잣돈이 얼마 없는데 수익이 크다는 이유로 특수 물건에 집중하는 것도 자기 몸에 맞지 않는 옷을 고르는 것과 다를 바 없다.

3) 명도 난이도를 측정해보라

초보자들의 특징은 많이 떨어진 물건을 좋아하는 특징이 있다. 그리고 책에서 이런 저런 사례를 보면서 해결할 수 있을 것 같은 특수 물건에 현혹되기도 한다

그러나 필자는 명도가 쉽고 전액 배당받는 세입자가 있는 물건을 권하고 싶다. 일단 경매 경험이 없으니 가벼운 물건부터 경험을 쌓아 보라는 것이다. 이런 물건에도 수익이 나기 때문이다.

4) 지역보다 그 물건의 특성을 살펴보라

경매를 한다고 하는 절대 대다수의 사람들의 관심사는 어떤 지역이냐는 것이다. 그렇지만 초보자들은 일단 지역보다는, 그 물건의 특성을 먼저 보길 권한다. 앞에서 언급한 것처럼 종잣돈을 생각해야 하고 명도 저항을 생각해야 하고 내 투자 스타일에 맞는 물건인지 먼저 살펴본 이후에 그 물건이 있는 지역의 특성을 살펴보자. 그 단

지의 최근 거래실적을 보면서 거래가 빈번하다면 일단 호감이 가는 단지일 것이다.

- 입찰하고자 하는 평형이 18평이나 24평이라면 초등학교를 확인해야 한다.
- 주위 환경을 조사해보자. 주위에 혐오시설(장례식장 등)이 아파트 단지와 붙어있는지 살펴봐야 한다.

5) 지역을 살펴보라

- 공급 계획 : 지자체 홈페이지 다양한 정보 취합(정확한 자료를 찾기가 쉽지 않음)
- 지역 개발 : 또 지역 호재가 무엇이 있는지 살펴보자. 서울시 도시계획 포털(http://urban.seoul.go.kr)과 같은 자료 참조

2. 물건 찾기

투자자들의 공통점이 무엇일까?

그것은 두말할 것도 없이 가격 상승에 대한 기대감일 것이다. 이것이 임장의 가장 주안점이 되어야 한다.

임장의 목적을 얼마를 벌 것인가에 초점을 맞춘다면 경매 목적에 가장 적합하다고 판단할 수 있지만, 필자가 보기에는 가장 어리석은 목적으로 경매를 시작한다고 말하고 싶다. 그 이유는 경매를 오래한

필자도 솔직히 얼마 남을 수 있을지 모르기 때문이다. 이렇게 말하니 참 무책임한 것 같지만 필자의 솔직한 마음이다.

다만 여러 가지 통계와 정황과 시장을 종합적으로 분석해서 판단해야 하지만 이것도 리스크가 존재한다. 오를지 안 오를지는 모르겠지만 지금까지 예측은 적중했고 앞으로도 이런 식으로 분석해나가면 좋은 결과를 가져올 수 있다고 생각한다.

정부가 바라고 있는 부동산의 방향은 어떤 것일까? 우리는 이것을 한번 읽어볼 필요가 있다. 정부에서 바라보는 부동산 정책의 방향을 읽어보자는 것이다.

2013년 8월 24일 전월세 대책이 나왔다. 그리고 취·등록세가 1%대로 완화되었고 LTV와 DTI가 완화되면서 부동산시장에 불을 지폈다. 한마디로 말하면 부동산 활성화 대책들이었다. 그 결과 2015년에 많은 국민들이 부동산에 대한 심리가 변화되었고 전국 70여만 호의 주택 건설이 신청되기도 했다.

2016년 8월에 대출심사를 까다롭게 하면서 10월에는 그 범위를 신협이나 새마을금고까지 확대하고, 집단대출의 경우 1인 2회까지만 허용하더니 문재인 정부가 들어서서 2번(6.19, 8.2)이나 대책이 발표되었다. 특히 8.2 대책에서는 다주택자들에게 집을 팔든지 아니면 주택임대사업자를 내라고 한다.

이런 정책이 가지고 올 변화를 미리 예측해보는 것이 투자의 한 방향이다.

그러나 이제 경매를 시작하는 많은 사람들은 이런 정책을 접하는 것도 그리고 해석해내는 것도 쉽지 않다.

따라서 기본적으로 정책에 대한 관심과 방향을 읽어내는 안목을 길러야 하고, 이런 기조하에 공급량을 따져봐야 한다. 부동산은 입지가 중요하기 때문이다.

3. 전입세대 열람

1) 전입세대를 열람하라

임장을 간다면 그 물건 해당 주민자치센터(전국 어디서든 가능)를 방문해서 전입세대를 열람하는 것을 습관들일 필요가 있다. 물론 요즘에는 사설정보지에서 이런 정보를 제공하고 있지만, 본인 스스로 전입세대를 열람해볼 필요가 있다.

물론 소유자가 살고 있다든지 아니면 배당요구를 한 세입자가 살고 있다면 큰 문제가 없을 수 있지만, 점유가 헷갈릴 경우 동거인 포함한 전입세대를 열람해봐야 한다. 특히나 배당요구를 하지 않은 선순위 전입자가 있다면 관할 주민센터에서 전입세대를 열람해야 하고, 이때 담당직원에게 전입되어 있는 사람이 가족관계인지 물어보는 센스(관할 주민센터가 아닐 경우 알 수 없음)가 필요하다.

전입세대 열람을 할 때 물건정보지를 한 장 출력해가야 한다.

물론 자신의 신분증과 열람비용이 필요하다.

2) 전입세대 열람 시 체크 사항

전입세대 열람 시 특히 주의해야 하는 사항은 해당 부동산에 대한 점유자(임차인)들의 전입일자를 정확히 확인해서 소유자, 채무자, 임차인을 구분한 뒤 대항력 유무, 세대합가, 특수주소 변경 등이 있는 경우에는 최초 전입일자 및 특수주소 변경 사유 등에 대해서 꼼꼼하게 체크해야 한다.

세대합가
최초의 세대원 전입일이 대항력 발생기준일이 된다는 점

특수주소 변경
원칙적으로 최초전입신고일자가 아닌 변경일자가 대항력 발생기준일이 됨. 예외적으로 공무원의 실수나 주소변경이 동일성을 유지하는 경우에는 변경일이 아닌 최초의 전입신고일이 대항력 발생기준일이 됨.

자료를 한번 보자.

임차인	점유부분	전입/확정/배당	보증금/차임	대항력	배당예상금액	기타
명·호	주거용	전 입 일: 2013.04.29 확 정 일: 미상 배당요구일: 없음	미상		배당금 없음	
윤·림	주거용 전부	전 입 일: 2012.06.29 확 정 일: 미상 배당요구일: 없음	보185,000,000원			

• 임차인현황 (말소기준권리 : 2012.09.28 / 배당요구종기일 : 2015.04.15)

점유자가 2명으로 나타나 있으며 한 사람은 임차보증금액이 나타나 있지만 한 사람은 나타나 있지 않다.

다음 등기부등본을 보면 두 사람 모두 근저당(말소기준권리)보다 먼저 전입이 되어 있다. 좀 더 자세히 보면 소유권이 이전되기 전에 이미 점유자가 전입신고를 한 것으로 나타나 있다.

• 등기부현황 (채권액합계 : 260,000,000원)

No	접수	권리종류	권리자	채권금액	비고	소멸여부
1(갑4)	2012.09.28	소유권이전(매매)	김·구		거래가액:275,000,000원	
2(을12)	2012.09.28	근저당	덕양새마을금고	260,000,000원	말소기준등기	소멸
3(갑5)	2013.11.08	소유권이전(매매)	이·이		거래가액:275,000,000	
4(갑8)	2014.07.01	임의경매	덕양새마을금고	청구금액: 204,614,660원	2014타경15033	소멸

그럼 전입세대 열람 내역을 한번 보자.

세대주와 최초전입자가 다르며 전입날짜도 다르게 나온다. 그런데 2명 모두 순위가 1번이다. 이렇게 같은 순번에 있게 되면 최초전입자와 세대주 이름이 다르더라도 이들은 같은 주민등록등본상에 나타난 것으로 이해하면 된다.

이런 경우 임차인의 대항력은 최초전입자의 전입일자 다음 날 0시다.

[판례]

[대법원 1989.1.17. 선고 88다카143 판결
[건물명도][집37(1)민,18;공1989.3.1.(843),295]제1조(목적)

이 법은 「임대주택법」 제2조 제7호의 부도 등이 발생한 공공건설 임대주택을 매입하여 공공주택 등으로 공급함으로써 임차인의 보호와 주거안정 지원을 목적으로 한다.

【판시사항】
가. 주택임차권의 대항력과 주민등록의 존속
나. 가족의 주민등록은 그대로 둔 채 임차인만 주민등록을 일시 다른 곳으로 옮긴 경우에 임대차의 대항력의 상실 여부(소극)

【판결요지】
가. 주택임차인이 그 임대차로서 제3자에게 대항하기 위한 요건

으로서의 주택임대차보호법 제3조 소정의 주민등록은 그 대
항력 취득 시 뿐만 아니라 그 대항력을 유지하기 위하여서도
계속 존속하고 있어야 한다.

나. 임차인이 그 가족과 함께 그 주택에 대한 점유를 계속하고 있
으면서 그 가족의 주민등록은 그대로 둔 채 임차인만 주민등
록을 일시 다른 곳으로 옮긴 경우라면 전체적으로나 종국적으
로 주민등록의 이탈이라고 볼 수 없는 만큼 임대차의 제3자에
대한 대항력을 상실하지 아니한다.

통상 세대주와 최초전입자가 같은 경우는 세대주의 전입날짜를 가
지고 분석하면 되나, 세대합가인 경우에는 최초전입자인 세대원의
전입일자가 중요하다.

3) 전입세대 열람 내역을 발급하면서 확인하는 요령

경매 정보지에 나와 있는 사람이 아닌 다른 사람이 등재되어 있다
면 또는 101호와 102호가 혼돈을 주는 경우에 주민자치센터 직원은
설명해주지 않는다. 이때 임장의 노하우가 절대적으로 필요하다.

"이 사람이 가족관계인가요?"

이렇게 물어보면 직원은 개인정보라 말할 수 없다고 말한다.

그렇다면 난감할 수밖에 없지만 알아낼 수 있는 방법이 전혀 없는

것은 아니다. 이런 것은 카페 오프라인 뒤풀이 때 가면 선배들이 노하우를 오픈한다.

경매나 공매에 참여할 때 전입세대 열람 내역을 발급받을 수 있는데, 이때 물건 정보가 실린 정보지를 출력해 주민자치센터를 방문해서 전입세대 열람 내역을 신청하면 된다.

또 부동산을 매수하려고 할 때 임대차 계약서를 지참하고 신청서를 제출하면 되고, 본인 소유의 부동산을 통해서 대출을 일으키려고 할 때 금융기관에서 전입세대 열람을 통해서 요구하기도 한다. 이때 해당 부동산의 등기부등본과 본인 신분증을 지참하면 전입세대 열람 내역을 발급받을 수 있다.

최근에 지번 주소와 도로명 주소가 혼용되어 사용하기 때문에 전입세대도 두 주소 모두 발급받아서 제출해야 한다. 경우에 따라서는 지번 주소에는 전입자가 있지만, 도로명 주소에는 전입자가 없는 경우가 있기 때문이다.

4. 해당 물건의 주위를 먼저 돌아보라

법원에 왔다며 카페 회원인 가브리엘님에게 전화가 왔다.

휴가 차 내려왔고 추천 물건에 임장을 다녀왔는데, 시간이 없어 임장보고서는 보내지 못했단다. 선순위가 있는 물건으로 추천물건이라 입찰을 하려고 한다며, 권리관계를 한번 살펴봐달라는 것이다. 가브리엘은 35세의 자녀가 4명인 젊은 아빠라서 필자가 퍽 아끼는 제자 중 한 명이다.

시간이 없는 관계로 필자가 바로 채권은행에 전화를 걸었다. 담당자가 휴가라 서류를 열람할 수 없다고 한다. 아직도 일을 이런 식으로 하나싶어 짜증이 밀려온다.

그렇지만 법원에서 내 전화를 기다리는 회원의 얼굴이 클로즈업되면서 어떻게든 사실관계를 확인하지 않으면 안 될 것 같아 은행 직원에게 기분 상하지 않게 물어보았다.

채무자가 사망했고 채권은행에 의해서 대위로 상속 등기를 한 후 경매를 진행하게 되었으며, 상속자들도 경매를 빨리 진행해달라는 요청이 있었고, 점유자는 가족이지만 이미 이사를 한 상태란 것까지 파악할 수 있었다.

이제 이런 정보를 가지고 퍼즐을 맞춰야 한다. 채권은행에서 이 사건에 대한 내용을 상세히 파악하고 있고, 이 내용을 가지고 임장할 때 체크된 내용과 믹스해보면 될 것이다.

법원에 있는 가브리엘님에게 전화를 했다. 그가 파악한 내용도 이와 비슷했다. 몇 개월 전에 이사를 했고, 밀린 관리비는 얼마이고, 전기 수도는 이미 끊어진 상태라고 했다. 도시가스에 전화했더니 도시가스도 중단했다는 이야기를 들었다고 한다. 녹음하고 사진 찍고 그것을 확인하는 습관이 몸에 배여 있지 않아 녹음을 해두진 않았다.

5. 해당 물건에 진입했을 때 점유자와 대화의 팁

해당 물건이 빌라라면, 또 오래 되었다면 아주 꼼꼼히 살펴볼 필요가 있다. 이때 반장님을 만나서 하자에 대한 이야기를 듣는 것도 한 가지 팁이다. 물론 쉽지는 않겠지만, 오래된 빌라라면 이 부분을 꼭 집고 넘어갈 필요가 있다.

또 계단에 전단지 등 청소 흔적이 별로 없다면 건물 관리가 잘 안 되고 있고 입주민들의 네트워크가 어려운 건물일 수 있다. 벽을 중심으로 금이 간 것이나, 혹시 보수한 흔적이 있는지도 살펴볼 필요가 있다.

빌라을 임장할 때는 그 건물을 관리하는 입주자 총무 등이 있으니 그분을 찾아보면 쉽게 답을 찾을 수 있다. 저녁에 음료수 한 박스 들고 방문해보라. 생각보다 많은 정보를 얻을 수 있다.

건물 외부를 살펴봤다면 내부를 봐야 한다.

오래된 아파트나 빌라의 경우 내부가 예상과는 다른 경우가 많다.

먼저 도면(정보지에 나와 있을 수 있고 부동산을 통해서 확인할 수도 있고, 관리실을 통해서 도면을 입수할 수도 있으나 쉽지는 않다. 특이사항이 없으면 그냥 패스할 것)을 보고 먼저 내용을 숙지할 필요가 있다.

내부를 볼 때 화장실 벽 쪽에 창문이 있는지도 아주 중요하다. 창문이 없으면 화장실 출입문을 항상 열어놓아야 하는 경우가 있기 때문이다.

또 주방에 창문이 있는 경우도 중요한 부분이다. 요즘은 가스 불을 켤 때 가스를 흡입한다고 해서 많은 집이 가스보다는 전기를 사용하는 집이 늘어나는 추세지만, 주방에 환풍기가 있다 해도 창문이 없으면 덥기도 하고 음식냄새가 집안으로 퍼지기 때문이다.

해당 부동산에 진입을 못 했다면 옆집, 아랫 집을 통해서 이 부분을 체크해야 한다. 또한 빌라의 경우 옆집 건물과 얼마나 떨어져 있는지도 중요하다.

다닥다닥 붙어 있다면 사생활 침해를 받기 때문이다. 이런 빌라의 경우 오래되기도 했지만 주거환경이 썩 좋지 않기 때문에, 이런 물건은 아주 저렴하게 낙찰받아야 한다.

운 좋게 집 내부에 진입한다면 명심할 것이 있다. 먼저 점유자에게 양해를 구하는 미안함과 집안에 대한 칭찬을 해보시기 바란다.

"집이 환하네요."

"인테리어가 다른 집과 다르네요. 직접 하셨나요?"

"어쩜 이렇게 깨끗이 사용하나요?"

이런 질문을 하면 점유자는 아주 많은 정보를 나에게 줄 것이다. 칭찬은 고래도 춤추게 한다고 하니까. 이런 것들 하나하나가 다 요령이고 중요한 팁이 될 수 있다.

그러면서 살짝 윗집에는 누가 살고 있는지 물어보자. 층간 소음을 체크해보는 것이다.

"윗집에 아이들이 있어서 불편하지 않나요" 하고 질문하는 것보다

"위에 누가 살고 있나요?" 하는 질문의 반응은 아주 다르기 때문이다.

6. 우편물을 통한 점유자 유형을 파악하라

우편함에 수북이 먼지가 쌓여 있고 우편물이 방치되어 있다면 빈집일 가능성이 많다. 우편함이 깨끗이 치워져 있다면 점유자는 깔끔한 타입일 수 있다.

우편함을 살펴볼 때 떨리고 누가 보고 있는 것 같기도 한다. 어떤 때는 경비아저씨가 왜 남 우편물을 뒤지냐고 하는 경우도 있다.

한번 해보자. 하다 보면 요령이 생긴다.

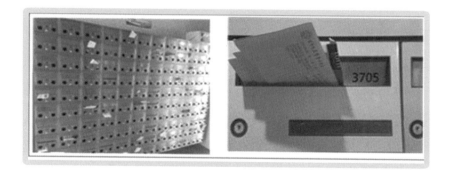

7. 전기 계량기

전기계량기의 바늘이 계속 돌아간다면 사람이 살고 있다는 증거다. 그런데 만약에 전기 계량기가 멈춰 있다면 이때 직접 전화해라. "몇 동 몇 호에 전기요금 밀린 것이 있나요?"

기지를 가지고 전화해보면 잘 알려준다. 그런데 초보자들에게는 이런 점도 쉽지가 않다. 그래서 일단 자신이 살고 있는 집을 상태로 한번 연습해보는 것도 한 방법이다.

그러나 전기요금은 사용자 부담의 원칙에 의해서 낙찰자가 인수하지 않아도 된다.

8. 수도 계량기

수도 계량기가 아무 문제가 없다면 정상적인 살림을 하는 집이다. 그런데 계량기 유리가 금이 갔거나 깨져 있다면, 지난겨울에 동파된 것으로 의심할 수 있다. 이때 숫자를 핸드폰으로 찍어놓고 나중에 한 번 더 확인해서 비교해보라.

그렇지만 수도 계량기가 없는 경우도 있다. 이때 관리실에 전화해서 재설치를 요구해보면 언제 철거되었는지, 미납관리비는 얼마인지 확인할 수 있다.

9. 임장의 핵심은 명도 저항을 측정하는 것이다

빌라를 임장할 때는 꼭 내부를 확인해봐야 한다. 누수가 있을 수 있고 수리 부분을 체크해야 낙찰받고 돈이 덜 들어간다.

낮에 방문하면 내부를 확인할 수 없는 경우가 많다. 이럴 때는 저녁 8시 정도 방문하면 내부를 못 볼 일은 거의 없다. 너무 늦은 시간이니까 손을 가볍게 하지 마라. 아파트도 내부를 보면 훨씬 좋다. 그럼 내부에 들어가서 뭘 볼까? 주거용 부동산에서 돈이 가장 많이 들어가는 부분이 화장실이다. 내부에 진입했다면 다른 것은 몰라도 꼭 화장실은 봐야 한다.

1980년대에서 1995년 정도에 지어진 주공아파트의 경우 화장실이 UBR 화장실이 많다. UBR 화장실은 수리비가 많이 든다.

그리고 베란다를 봐야 한다. 사이드가 아니라면 앞 베란다만 보면 되지만, 사이드인 경우 외부벽과 만나는 작은 방 앞 외부벽쪽은 가급적이면 신경을 써서 봐야 한다. 또 화장실이 외부 벽 쪽에 있다면 화장실 천정 쪽도 유심히 살펴봐야 한다. 간혹 이곳에 누수가 있는 경우가 있다.

그런데 가장 중요한 부분은 그 집에 명도가 어려운 사람이 있는가를 확인해야 한다. 공실인 경우 사람이 사망해 있을 수 있다. 또 심신이 허약한 분들이 있어서 강제집행이 어려울 수 있다. 앞집 옆집을 통해서 이런 상황은 체크할 수 있다. 임장할 때 이 부분은 꼭 체크해보라.

경매 넘어간 아파트에서 백골 상태 시신 발견

23일 오후 3시 44분께 부산 사하구의 한 아파트 A(57)씨의 집에서 A씨가 백골 상태로 숨져 있는 것을 집주인과 법원 집행관이 발견해 경찰에 신고했다. 집주인은 법원 경매로 낙찰받은 아파트에 대한 강제집행 예고를 하러 갔다가 A씨가 숨져 있는 것을 발견했다. 경찰 검안 결과 시신은 고도로 부패해 사인을 판단하기 힘든 것으로 전해졌다.

경찰은 A씨가 3년 전 이혼한 뒤 홀로 아파트에 살며 술을 많이 마셨다는 유족의 진술을 토대로 정확한 사망경위를 조사하는 한편 부검을 통해 사인을 밝힐 예정이다.

뉴시스 하경민 기자
ulnetphoto@newsis.com

03

세금에 대한
권리분석

1. 당해세의 권리분석

권리분석의 중요성은 아무리 강조해도 끝이 없다. 경매에서 권리분석의 원뜻을 알면 별 어려움이 없지만, 이것이 그리 만만치 않은 일이라 배우고 배워도 뒤돌아서면 잃어버리는 것이 다반사다.

다음 자료를 한번 보자.

경남 김해시에 있는 24평 아파트인데 감정가가 1억5,800만 원이다.

2015타경5○○○		• 창원지방법원 본원 • 매각기일 : 2015.09.11.(金) (10:00) • 경매 1계(전화:055-239-2111)							
소재지	경상남도 김해시 진영읍 진영리 ▇▇▇▇▇▇					도로명주소검색			
새 주 소	경상남도 김해시 진영읍 장등로 ▇▇▇▇▇▇▇▇▇								
물건종별	아파트	감 정 가		158,000,000원	오늘조회: 9 2주누적: 278 2주평균: 20 조회동향				
대 지 권	40.769㎡(12.333평)	최 저 가		(100%) 158,000,000원	구분	입찰기일		최저매각가격	결과
건물면적	59.977㎡(18.143평)	보 증 금		(10%) 15,800,000원	1차	2015-09-11		158,000,000원	

• 임차인현황 (말소기준권리 : 2012.06.27 / 배당요구종기일 : 2015.07.20)

임차인	점유부분	전입/확정/배당	보증금/차임	대항력	배당예상금액	기타
최 ˙남	주거용 전부	전 입 일 : 2011.03.22 확 정 일 : 2011.03.22 배당요구일 : 2015.05.20	보30,000,000원 월450,000원	있음	소액임차인	

임차인분석 ▶매수인에게 대항할 수 있는 임차인이 있으며, 보증금이 전액 변제되지 아니하면 잔액을 매수인이 인수함

• 등기부현황 (채권액합계 : 166,000,000원)

No	접수	권리종류	권리자	채권금액	비고	소멸여부
1(갑4)	2010.11.15	소유권이전(매매)	아 ˙영		거래가액:82,100,000	
2(을4)	2012.06.27	근저당	새창원새마을금고	96,000,000원	말소기준등기	소멸
3(을6)	2012.12.21	근저당	한국캐피탈(주)	50,000,000원		소멸
4(갑8)	2014.05.26	가압류	경남신용보증재단	20,000,000원	2014카단1447	소멸
5(갑11)	2014.11.26	압류	마산세무서			소멸
6(갑12)	2015.02.13	압류	국민건강보험공단			소멸
7(갑13)	2015.04.28	임의경매	새창원새마을금고	청구금액: 86,064,870원	2015타경5909 ○○	소멸

이 물건을 간단하게 권리분석을 해보면 말소기준권리가 2012년 06월 27일 새창원 새마을금고의 근저당이 된다. 그리고 등기부등본에 등기된 모든 권리는 낙찰로 인해 소멸된다. 그런데 세입자는 이집에 빚이 없을 때 이사를 왔고 배당요구종기일 안에 배당요구를 신청해서 세입자 문제도 별 어려움이 없을 것으로 보인다.

그런데 마산 세무서의 압류가 있기 때문에, 다시 한 번 살펴볼 필요가 있다. 만약 압류가 당해세라면 임차인의 보증금보다 먼저 배당이 되어서 자칫 선순위 임차인의 보증금을 인수할 수 있기 때문이다.

따라서 임차인의 보증금이 최우선변제금에 해당되는지를 살펴봐야 한다. 이 물건의 최우선변제금의 기준일은 12년06월 근저당이고 이때 경남지역의 최우선변제금액을 살펴봐야 한다.

2010. 7. 26 ~ 2013. 12. 31	서울특별시	7,500만원 이하	2,500만원 까지
	수도권정비계획법에 따른 과밀억제권역 (서울특별시는 제외한다)	6,500만원 이하	2,200만원 까지
	광역시(수도권정비계획법에 따른 과밀억제권역에 포함된 지역과 군지역은 제외한다), 안산시, 용인시, 김포시, 광주시	5,500만원 이하	1,900만원 까지
	기타지역	4,000만원 이하	1,400만원 까지

경남지역은 보증금 4,000만 원에 1,400만 원이 최우선변제금에 해당된다. 그렇다면 이 물건의 세입자는 1,400만 원을 우선 배당받게 되고, 그 다음에 마산세무서의 압류가 있는데, 이 압류가 당해세인지 아닌지를 먼저 파악해봐야 한다. 당해세라면 임차인의 보증금 중에 아직 못 받은 1,600만 원보다 우선해서 배당이 될 것이고 당해세가 아닌 일반조세라면 법정기일을 살펴봐야 한다. 만약 법정기일이 임차인의 대항력 취득일보다 앞선다면 우선 배당이 되기 때문이다.

이렇게 간단하게 이 물건에 대해서 살펴보았다.

등기부등본을 통한 권리분석은 인수 권리와 소멸권리만 찾으면 끝이다. 필자의 책《부동산 경매 필살기》를 살펴보면 이 부분에 대해 자세히 설명되어 있다.

2. 당해세란?

당해세란 해당 부동산 재산과 관련해서 부과하는 세금을 말한다. 당해세에서도 국세와 지방세가 있다. 또 당해 재산과 관련한 당해세와 당해세가 아닌 일반 조세로 나누기도 한다.

국세 중 당해세는 상속세, 증여세, 자산재평가세 등이 있다. 그러나 헌법재판소는 상속세와 증여세는 이를 무조건 당해세로 인정해 배당에서 우위를 인정한다면 담보물권의 본질적 내용을 침해할 우려가 있어 위헌의 소지가 있다는 주장을 제기한 이후 서울지방법원은 경매 실무에서 상속세와 증여세를 당해세로 인정하지 않고 있으며 대법원도 상속세법에 의해 부과된 증여세는 국세기본법상의 그 경락 재산 자체에 부과된 국세 가산금이라고 할 수 없다고 하면서 증여세에 대해 제한적으로 당해세로 보지 않고 있다(대법원 1996.3.12선고95다478315판결).

그러나 해당 부동산에 대해 근저당권 설정 이전에 이루어진 증여를 원인으로 해서 이루어진 증여세의 경우에는 근저당권 설정 당시 이미 등기부상 증여를 원인으로 한 소유권이전등기가 마쳐져 있기 때문에 근저당권자로써는 증여를 원인으로 장래 증여세가 부과될 것을 충분히 예측했을 것으로 보아 국세기본법 제35조 제1항 제3호에서 말하는 그 재산에 관해 부과된 국세 즉 이른바 당해세에 해당한다. (대법원2001.1.30선고 2000다47972호 판결)

지방세 중 당해세는 그 재산에 대해 부과된 지방세와 가산금을 의미하는데, 이에는 재산세, 자동차세, 종합토지세, 도시계획세, 공동시설세 등이 있다(헌재결1994.8.31. 선고91헌가1호 결정).

그리고 종합토지세는 그 과세표준에 따라 종합합산과세표준, 별도합산과세표준, 분리과세표준 등으로 나누어지는데 이 중 분리과세표준의 경우 당해 부동산에 관한 세금일 경우 경매 절차에서 우선변제되는 당해세로 인정된다.

그리고 도시계획세는 도시계획구역 안의 토지 또는 건축물을 과세대상으로 하는 것으로 경매 절차에서 우선 변제되는 당해세로 인정된다. 공동시설세 역시 그 재산에 부과된 지방세에 해당해 경매 절차에서 우선 변제되는 당해세로 인정된다.

당해세는 당해세 우선원칙에 의해 경매 배당절차에서 우선적으로 배당받게 된다. 그러나 주택임대차보호법상의 소액임차인의 최우선 변제금액과 근로자의 3개월치 월급과 3년치 퇴직금이 있을 경우에 먼저 배당받고 그 다음에 당해세가 배당된다.

대항력이 있는 임차인이 있는 부동산에 후순위로 압류(당해세)가 있을 경우, 매수인은 예기치 못하는 금액을 인수해야 하는 경우가 발생할 수 있으니 입찰 시 항상 주의해야 한다.

3. 일반조세란?

조세는 크게 경상세와 임시세, 보통세와 목적세, 직접세와 간접세 등으로 되어 있다.

1) 경상세와 임시세

세금이 해마다 규칙적이며 계속적으로 부과 징수되는 세금을 경상세라 하고 일정기간 동안 임시로 부과 징수되어 있는 세금을 임시세라 한다.

2) 보통세와 목적세

세금의 용도가 정해져 있지 않고 일반 경비로 쓰이는 것을 보통세라 말하며, 특정한 용도가 정해져 있는 것을 목적세라고 한다.

교육세와 교통세, 농어촌특별세, 도시계획세, 공동시설세, 등이 대표적인 목적세이며 이런 세금은 그 목적이 되면 본 예산에 흡수되며 따라서 종료시점을 못 박아 한시적으로 운용된다

3) 직접세와 간접세

조세를 부담하는 사람으로부터 직접 징수하는 세금이 직접세이고, 납세자 이외의 사람에게 전가되는 세금이 간접세로 구분한다.

간접세는 부가가치세, 특별소비세, 주세, 관세, 교육세, 교통세 등으로 구분해볼 수 있다.

4. 법정기일이란?

법정기일이란 세금의 존재를 확인할 수 있는 시점, 즉 세금이 공시된 것으로 볼 수 있는 시점을 말한다. 압류재산의 법정기일은 담보권 설정일자와 배분에서 우선순위를 정하는 기준이 되기 때문에 권리분석에서 이 점이 아주 중요하다. 특히 공매에서는 담보권보다 세금 체납에 의한 처분이 많기 때문에 세금의 법정기일과 세입자의 대항력 취득일의 우선순위, 우선변제권이 주어지는 확정일자가 아주 중요하다.

국세의 법정기일과 지방세의 법정기일을 정리해보자.

1) 국세의 법정기일

ⓐ 과세표준과 세액의 신고에 의해 납세의무가 확정되는 국세(중간예납하는 법인세와 예정신고 납부하는 부가가치세를 포함한다)에 있어서 신고한 당해 세액에 대해서는 그 신고일

ⓑ 과세표준과 세액을 정부가 결정 경정 또는 수시부과 결정하는 경우에 고지한 당해 세액에 관해서는 그 납세고지서의 발송일

ⓒ 원천징수의무자 또는 납세조합으로부터 징수하는 국세와 인지세에 있어서는 가목 및 나목의 규정에 불구하고 그 납세의무의 확정일

ⓓ 제2차 납세의무자(보증인을 포함한다)의 재산에서 국세를 징수

하는 경우에는 국세징수법 제12조의 규정에 의한 납부통지서의
발송일

ⓔ 양도담보재산에서 국세를 징수하는 경우에는 국세징수법 제13
조의 규정에 의한 납세통지서의 발송일

ⓕ 국세징수법 제24조 제2항의 규정에 의해 납세자의 재산을 압
류하는 경우에 그 압류와 관련해 확정된 세액에 대해서는 가목
내지 마목의 규정에 불구하고 그 압류등기일 또는 등록일

2) 지방세의 법정기일

ⓐ 과세표준과 세액의 신고에 의해 납세의무가 확정되는 지방세
(중간 예납하는 농지세를 포함한다)에 있어서 신고한 당해 세액에
대해서는 그 신고일(취득세 등록세 사업소득세)

ⓑ 과세표준과 세액을 지방자치단체가 결정 경정 또는 수시 부과
결정하는 경우에 고지한 당해 세액에 대해서는 그 납세고지서
의 발송일(주민세, 자동차세, 면허세, 재산세, 종합토지세, 도시계
획세, 공동시설세, 지역개발세)

ⓒ 특별징수의무자로부터 징수하는 지방세는 가목 및 나목의 규정
에 불구하고 그 납세의무의 확정일

ⓓ 지방세법 제36조 제1항의 규정에 의한 양도담보재산 또는 제2
차납세의무자(보증인을 포함한다)의 재산에서 지방세를 징수하
는 경우에 납부통지서의 발송일

ⓔ 지방세법 제28조 제2항 후단의 규정에 의해 납세자의 재산을 압류한 경우에 그 압류와 관련해 확정된 세액에 대해서는 가목 내지 라목의 규정에 불구하고 그 압류등기일 또는 등록일

무지 무지하게 복잡하다. 그래서 간단하게 이렇게 이해해보자. 즉 고지서가 발행되는 세금은 고지서 발행일이 법정기일이고 자진 납부하는 세금은 신고하는 날이 법정기일로 이해를 하면 좋을 듯하다.

이러한 이유로 당해세와 조세채권의 법정기일이 경매에서 아주 중요하다. 공매에서는 일반적으로 세금체납에 의한 처분행위이기 때문에 더더욱 중요하다.

5. 조세의 배당 순위

경매를 진행하는 과정에서 등기부등본에 나타난 압류나 기타 채권이 없어도 경매결정개시가 등기가 되면, 해당 경매계에는 이해관계인에게 모두 통보한다. 이때 등기부등본에 나타나지 않은 두 해당 물건의 관할 시, 군, 구(지방세)와 세무서(국세)에 해당 부동산이 경매가 진행되고 있으니 체납된 세금이 있으면 배당신청을 하라고 통보한다. 우리는 이것을 교부청구라 말한다.

즉, 국세나 지방세는 경매가 진행될 때 해당 부동산을 압류하지

않고도 체납 세금에 대해서 배당을 요구할 수 있다는 것이다. 이렇게 교부청구를 하는 기관을 교부권자라 하며 교부권자는 배당요구 종기일 안에 배당요구를 해야만 배당에 참여할 수 있다.

배당에 있어서 당해세는 근저당권보다 먼저 배당이 되고(우선배당권), 당해세 이외의 일반 조세는 법정기일과 근저당권의 설정 순위에 따라서 배당순위가 결정된다.

공매에서는 일반적으로 세금체납에 의한 처분행위이기 때문에 더더욱 중요하다. 그럼 배당 순서를 한번 보자.

경매를 하면서 이런 내용을 전부 외울 필요는 없다. 다만 2순위에서 4순위까지 그 개념을 확실히 정리해야 한다.

LAW

조세의 배당 순위

1순위 : 경매비용 임차인의 필요비와 유익비

2순위 : ① 임대차보호법상 소액임차인의 임차보증금 중 일부(지역
시기금액에 따라 다름 - 이 내용을 더 자세히 알려면 최우선변제

금에 대해서 별도의 공부가 필요함)

② 근로기준법에 의한 근로자의 3개월치의 임금과 3년치 퇴직금

① 번과 ②이 같이 존재하면 2가지의 채권은 안분배당됨.

3순위 : 당해세(당해세에는 국세와 지방세로 나눌 수 있음)

① 국세: 상속세, 증여세, 재평가세

② 지방세: 재산세, 자동차세, 도시계획세, 공동시설세

4순위 : ① 확정일자부임차인의 보증금

② 당해세이외의 조세(국세, 지방세)

③ 담보물권에 의한 채권(저당권근저당권담보가등기등)

5순위 : 일반임금채권

6순위 : 담보물권 보다 법정기일이 늦은 조세채권

7순위 : 의료보험료 등 5대보험료

8순위 : 일반채권 확정일자 없는 임차권

다음 예를 한번 살펴보자.

① 임차인의 전입+점유 : 2014년 07월 05일

② 근저당 설정일 : 2014년 08월 17일

③ 조세채권의 압류일 : 2015년 06월 01일

이때 배당 순위는 어떻게 될까?

임차인이 선순위로서 배당요구 종기일 안에 배당요구를 했다면 큰 문제가 없다고 권리분석을 할 수 있다.

그러나 이 예에서는 조세채권과 임차인의 배당 순위를 봐야 한다. 조세채권 압류일과 임차인의 대항력 발생일이 채 1년도 안 되었기 때문에 조세채권의 법정기일을 알아야 한다. 만약 임차인이 최우선 변제금에 해당되는 임차보증금이라면 당해세와 상관없이 우선 배당되지만 최우선변제금보다 많은 임차보증금이라면 배당까지 권리분석을 해야 한다.

또한 우리가 이 물건을 분석할 시점에서는 조세채권의 압류가 당해세인지, 일반 조세인지도 조사해봐야 한다. 만약 이 물건이 서울시 동작구에 있고 동작구청에서 압류했다면, 일단 당해세로 의심할 필요가 있다.

그런데 조세채권의 압류 당사자가 인천시 남동구라면 당해세가 아닌 일반 조세로 봐야 하고 이때는 법정기일만 확인하면 된다.

경매로 나온 물건이 서울시 서대문구에 위치해 있고 서대문구청과 서대문세무서의 압류가 있다고 가정한다면 우리는 이 물건에 당해세가 있을 수 있다는 것을 유념해야 한다.

그렇지만 서대문구청이나 서대문세무서에 연락해서 세금내역을 파악하려고 해도 해당 기관에서는 개인정보보호차원에서 법정기일 및 체납금액을 알려주지 않는다.

그럼 간단하게 한 가지 예를 들어 설명해보자.
① 임차인 전입+점유: 2007년 4월 12일(확정일자 받음). 보증금 : 2억 원
② 근저당권 설정 : 2008년 3월 10일: 5,000만 원
③ 노원세무서 압류 : 2008년 6월 01일
④ 천안시청 압류 : 2008년 7월 01일

위 물건은 서울시 노원구 상계동에 있는 감정가 3억 원. 최저가 2억 1,000만 원인 물건이 경매로 나왔다고 가정하고 한번 권리분석을 해보자.

우리는 이 물건에서 가장 중요한 내용을 파악해야 할 내용은
①번 세입자의 대항력 날짜와 확정일자날짜,
③번과 ④번의 법정기일을 따져야 한다.
그러나 그렇게 생각했다면 틀린 권리분석이다. 세입자는 이 집에 빚이 없을 때 이사를 왔다. 자신의 전세보증금을 안전하게 보장받을 수 있다는 생각을 했을 것이다. 그리고 경매에 입찰하는 우리는 말소기준권리보다 훨씬 앞선 대항력과 확정일자를 가졌고 배당요구를 배당요구종기일 안에 했기 때문에 안전하다고 생각하겠지만, 이렇게 권리분석을 하면 큰일 난다. 일단 임차인의 보증금이 최우선변제

금에 해당되지 않기 때문에 앞에서 설명한 세금에 대한 분석이 필요하다.

해당 부동산이 서울시 노원구에 있으니 일단 노원세무서의 압류를 당해세로 의심할 수 있고 당해세는 최우선변제금과 임금채권 이후에 배당을 받지만, 일단 임차인의 임차보증금이 2억 원이라서 최우선변제금에 해당되지 않고, 근로복지공단의 압류가 없고, 개인의 압류(개인의 가압류가 있을 시 임금채권으로 의심해볼 여지가 있음)도 없어서 2순위로 배당을 받아가는 권리자는 없는 것으로 파악된다.

따라서 이 물건은 1차적으로 노원세무서의 체납세금을 1차적으로 배당순위에 둘 필요가 있다. 두 번째로는 천안시 압류를 살펴볼 필요가 있는데, 비록 임차인의 대항력 날짜보다 후순위지만 법정기일을 따져봐야 한다.

만약 법정기일이 임차인의 대항력보다 앞선다면, 천안시의 압류가 두 번째로 배당이 되고 난 다음에 임차인의 임차보증금이 배당을 받을 수 있는데 이때 2억 원의 임차인의 보증금이 전액 배당받지 못한다면 낙찰자는 임차인의 임차보증금중 미배당되는 부분을 인수하게 된다.

물론 예에서 보면 근저당권자가 한 푼도 못 받아가기 때문에 무잉여가 되어 경매가 취하될 수 있지만, 그것을 논외로 하고 생각해본다면 비록 임차인이 선순위이며 배당요구를 했다 해도 세금의 압류가 있다면 한 번 정도 더 깊은 권리분석을 할 필요가 있는 것이다.

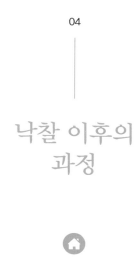

04

낙찰 이후의
과정

1. 명도란 이사시기를 조율하는 것이다

일반적으로 명도란 점유자를 내보내는 것이라 말하지만 필자는 그렇게 말하는 것보다 점유자의 이사 시기를 조율하는 것이라 말하고 싶다.

경매 공부를 하다 보면 이런 저런 명도 스킬이 많다. 그러나 명도란 사람과의 사이에서 일어난 일이기 때문에 케이스 별로 다양하다. 많은 사람들은 명도에서 대략 다음과 같은 스토리를 이야기한다.

① 내용증명을 보낸다.

② 찾아가서 점유자를 못 만나면 대문에 크게 낙찰되었으니 연락해달라고 붙인다.

③ 점잖게 메모나 쪽지로 낙찰자의 연락처를 남긴다.

이런 저런 내용이 많지만 필자는 이렇게 하고 있다. 가급적이면 어떻게 하든 점유자와 먼저 만나려고 한다. 피치 못하게 전화로 할 수도 있지만, 가급적 만나서 대화해야 한다.

명도에서는 첫 단추를 어떻게 꿰느냐가 가장 중요하다. 낙찰을 받고 해당 부동산을 방문하면 점유자의 여러 형태가 나타난다. "당신이 낙찰자란 것을 내가 어떻게 알겠느냐? 잔금은 냈느냐?" 이런 말이 나오면 낙찰자들은 이렇게 말할 것이다.

"내가 낙찰을 받지 않았다면 이 집을 어떻게 알고 왔겠느냐? 잔금은 다음 주에 낼 것이다. 지금 집을 비워달라고 말하는 것이 아니라 이사 갈 준비가 되어 있는지 확인하러 왔다." 이미 대화가 이 정도로 진행된다면 대화가 꼬여가고 있다는 반증이다. 따라서 상대가 먼저 감정을 노출하며 대화를 하기 전에 나를 먼저 드러내보라.

"집이 경매로 넘어가게 되어서 얼마나 힘이 드십니까? 제가 이 일을 많이 해봤지만 할 때마다 마음이 무겁습니다. 지금 뭘 협상하러 온 것이 아니라 지나는 길에 들려서 인사나 하려고 왔습니다. 아직 잔금을 납부하지 않았으니 너무 마음 졸이지 마시고 준비하시면 됩니다. 혹시 제가 도움을 드릴 일이 있으면 말씀하세요."

이렇게 마음으로 다가가 보길 바란다. 그리고 간단한 선물도 전해 줘보라. 가기 전에 사과 주스나 아니면 생활에 쓸 수 있는 물건을 낙찰자 이름으로 택배를 보내는 것도 한 가지 방법이다.

2. 점유자와 빠른 협상이 손실을 예방한다

제때에 명도를 완료하지 못하면 대출 이자도 있겠지만 임대시기를 놓쳐서 나타난 손해는 대출 이자 이상으로 손실을 가져온다. 이 책을 읽는 당신이 초보자라면 아직은 공실의 두려움이 무엇인지 모르는 때다.

낙찰자는 자신이 책정해놓은 명도 비용 수준에서 점유자를 빨리 내보내는 것이 가장 비용이 적게 들어간다고 볼 수 있다. 이 대목에서 낙찰자들이 꼼수를 부리지 말아야 한다. 입찰할 때는 이사비를 얼마 정도 책정했다가 낙찰받고 점유자와 이야기를 하면서 그 금액을 아까워한다. 충분히 이해를 하지만 점유자가 이사 나갈 명분을 제공해줘야 서로 피곤하지 않고 손실도 예방할 수 있다.

첫 대면에서 점유자들은 이제 집을 알아본다고 한다. 그러면서 이사비를 조심스럽게 꺼낸다. 이때 낙찰자들은 그 자리에서 OK하지 않고 일단 못 준다는 이야기로 대화를 마무리한다. 협상의 키를 이

쪽에서 가져오고 싶고 너무 쉽게 동의하면 선심 쓰고 욕먹을 것 같은 생각에 그렇게 말한다. 또 경매를 가르치는 많은 곳에서 이렇게 알려주기도 한다.

그러나 이런 것은 대화의 테크닉이지, 원칙은 아니다. 충분히 마음을 나눌 대화 속에서 나를 믿을 수 있도록 해야 한다. 협상에서 낙찰자들은 이런 저런 조언을 듣고(훈련이 된 상태) 협상장에 가지만 점유자들은 협상의 전술이 낙찰자들보다 약할 수 있다. 그래서 낙찰자들은 너무 쫄지 말고 담담하게 이야기를 이끌어야 한다.

이미 내가 책정해놓은 이사비 정도에서 협상을 리드해야 한다. 점유자들은 이제 이사할 집을 알아본다고 하지만 이미 8개월 전부터 마음의 준비를 한 사람들이니 그 이야기에 마음을 빼앗기면 안 된다. 그렇다고 해서 동정심에 흔들리면 안 된다.

2017년 2월에 새싹바 28기 연수님이 낙찰을 받은 집이 있는데 점유자가 집을 알아보니 이사갈 곳이 없다면서 다시 되팔라고 했다는 것이다.

그 집에 살고 계시는 분이 연로하신 할머니라 어떻게든 편의를 봐주려고 이런저런 궁리를 해보았지만 뾰쪽한 수가 없어서 제반 비용을 점유자 쪽에서 부담하는 수준에서 매매계약을 하자고 하니, 점유자쪽에서는 낙찰 금액에서 100만 원 정도만 더 주는 선을 제시해서 일이 성사가 안 되었고, 소유권을 이전하고 나니 터무니 없는 이사비용을 요구하더라는 것이다.

경매로 나온 집은 이미 8개월 전부터 점유자들은 이사에 대한 인식을 가지고 있음에도 불구하고, 막상 낙찰이 되어 찾아가면 이런저런 사정 이야기를 한다. 물론 그 집에 살고 있는 사람의 심정이야 충분히 이해가 가지만, 낙찰자가 어떻게 해 줄 수 있는 부분이 없다. 따라서 낙찰자는 점유자의 마음을 충분히 헤아려줄 필요가 있지만 마음까지 동요해버린다면 나라에서도 못 막는 일을 혼자 감당하게 된다는 점을 꼭 유념해야 한다. 낙찰받은 부동산의 점유를 이전받기 위해서는 가장 합리적인 방법이 협상이다.

그래서 낙찰자는 이런 대화를 통해 잔금 납부의 시기를 조절해 점유자의 편리를 좀 생각해줄 수 있다. 일반적으로 낙찰을 받고 난 이후 45일 정도 잔금납부 기간이 주어진다. 미납관리비, 이사 시기, 이사비를 이 기간 동안에 어느 정도 매듭을 지어야 한다. 그렇게 해야 추가 비용이 덜 들어가기 때문이다.

3. 명도 과정에 나타난 미납관리비

명도 과정에서 점유자와 씨름을 하는 것 중에 하나가 연체관리비와 공과금이다. 대법원 전원합의체 판결에 따라 체납관리비 부분은 매수인이 기존 입주자의 지위를 승계한 것으로 보아 관리비의 공용 부분에 대해서만 부담하게 돼 있다. 하지만 실제 경매 현장에서는 법과 동떨어져 있다. 관리사무소측은 기존 점유자가 전유부분을 납부하지 않고 이사할 경우 짐 반출을 고의적으로 방해해 결국 낙찰자가 전유부분 관리비까지 납부하도록 분위기를 유도하기도 한다.

이런 일이 있을 때 실전에서는 체납관리비 전체를 모두 납부하고 입주한 다음에 바로 관리사무소를 상대로 채무부존재확인소송이나 지급명령신청을 통해 납부한 전유부분의 체납관리비를 반환받을 수 있다.

도시가스의 경우 기존의 사용료에 대해서는 부담의무가 없고 소유권 이전 이후의 사용료만 납부하면 된다. 전기와 수도요금도 새로운 낙찰자로 바뀐 등기부등본을 한전과 시청 수도과에 제출하면 기존 연체금을 납부하지 않고 마무리 지을 수 있다.

언젠가 한 빌딩이 통째로 경매가 진행되었다. 그 물건에 전기세만 몇 천만 원이 밀려 있었다. 한전에서는 단전을 통보하고 여차하면 엘리베이터가 정지될 위기에 영업하고 있는 임차인들의 동요는 말할 수 없었다. 몇 사람들이 사정해보지만 한전에서 들려오는 대답의 결론은 빨리 밀린 전기요금을 납부하라는 것이다. 밀린 공과금에 대한 해결책을 각 담당 공사 등 기관에 문의해보면 십중팔구 낙찰자가 전액을 부담해야 한다는 답변이 돌아온다. 공사 체납 담당자는 책임을 새로운 낙찰자에게 떠넘겨 밀린 비용을 받으려 하기 때문이다. 이 사람들에게 우리가 나쁘다고 말할 수 있을까? 낙찰자가 미리 해결 방법을 알고 있다면 부담하지 않아도 되는 비용들이다.

4. 명도확인서를 먼저 주면 안 될까요?

보증금을 배당받는 임차인의 경우, 낙찰자로부터 명도확인서(인감도장 날인, 인감증명서 첨부)를 받아 법원에 제출해야 하기 때문에 명도가 수월할 수 있다. 낙찰자는 임차인에게 명도확인서를 교부해주면서 낙찰받은 부동산의 열쇠를 받아내는 방법으로 합의를 이끌어낼 수 있기 때문에 명도확인서는 먼저 주어서는 안 된다.

1) 소액임차인라 해도 안심할 수 없다

소액임차인의 경우에는 배당받은 임차보증금에 대해서 가압류를 할 수 없기 때문이며, 경우에 따라서는 가장임차인으로 의심이 되는 물건에서 채권자로부터 배당이의신청이 들어와 배당이 시일이 오래 걸릴 수 있다. 이런 물건에 입찰을 할 때 입찰자는 소액이고 전액 배당을 받기 때문에 별 문제가 없을 것으로 판단하고 편한 물건으로 생각했다면 어려움이 생길 수 있다.

배당배제신청이란?

배당을 받을 권리가 있는 이해관계인 2명이 있을 경우에 그중에 한 사람이 다른 이해관계인에게 저 사람은 배당받을 수 있는 권리가 없기 때문에 배당에서 제외해달라는 신청이다.

일반적으로 배당받을 채권자들이 가장임차인들에게 이런 배당이의를 제기하고 이들이 배당을 못 받으면 명도가 어려움에 처해질 수 있다.

왜 배당이의가 들어올까? 배당받을 권리자 중 자신의 순위가 뒤로 밀리거나 안분배당에서 내 권리금액 만큼을 충족해서 받지 못할 경우가 발생해 권리자들은 임차인의 권리가 가짜인 것을 안다면 임차인이 받아갈 금액을 못 받아가게 해서 자기의 채권을 온전히 보전받기 위해서 배당이의를 제기한다. 또 경매 사건을 맡고 있는 사법보좌관이나 판사가 명백히 권리자가 가짜라고 인정된다는 경우라면 직권으로 배당에서 배제시킬 수도 있다. 배당배제신청은 경매가 진행되는 중간에도 할 수 있고 배당 기일에 할 수 있다. 이때 판사가 이의를 인정하게 되면 7일 이내에 배당이의 소명을 해야 한다.

왜 가장임차인이 생길까?

빚을 많이 가지고 있는 집주인의 경우 경매가 진행될 것을 미리 짐작을 할 수 있다. 즉 자신의 채무를 더 이상 갚을 수 없다는 것을 본인이 잘 알기 때문이다.

채무자는 임차인이 없음에도 불구하고 임차인이 있는 것처럼 서류를 꾸며 임차인 보증금을 배당신청하는 경우를 들 수 있다.

어떤 경우에는 방 3개 있을 경우 모두 소액임차인이 서류를 꾸며 가장임차인 3명이 최우선변제금을 배당신청하는 경우가 있을 수 있다. 그래서 금융기관에서는 가장임차인이라고 생각되면 배당이의를 하게 되고 가장임차인임이 판명된다면 배당에서는 배제가 된다.

빌라가 많은 지역에 보면 전봇대에 '급전세'란 문구를 볼 수 있다. 상담해보면 다음과 같은 말을 들을 수 있다.

'조만간 경매로 넘어갈 집이다. 전세시세가 1억 5,000만 원인데 2,000만 원으로 살다가 전세로 넘어가면 최우선변제로 배당신청을 하면 보증금 2,000만 원 전액을 받을 수 있다. 따라서 이사하는 번거로움이 있기는 하지만 1년 혹은 1년 반을 공짜로 살 수 있다'

경매로 나온 빌라의 경우 빚이 많음에도 불구하고 세입자 임차보증금이 2,000만 원 정도에서 배당요구를 한 것을 볼 수 있다. 물론 모든 임차인이 가장임차인이라 말할 수는 없다.

빌라의 경우 감정가를 높이 책정해서 대출을 많이 받게 해주는 경우가 있으며, 이런 부동산에 최우선변제금을 받을 수 있는 세입자가 들어온다면 은행에서는 자신들이 배당받을 돈 중 최우선변제액을 뺀 금액만큼 배당을 덜 받게 되어서 손해를 보게 된다.

부동산에 거액의 근저당이나 가압류가 있다면 임대차 계약을 하기가 쉽지 않다. 그런데 주택임대차보호법의 최우선변제금 제도를 이용해 근저당권자나 가압류권자의 권리를 침해해서 손해를 입힌 계약은 채무자가 채권자의 권리를 침해한 사해행위에 해당되며 이는 원칙으로 계약은 무효가 되며 배당배제가 된다.

2) 사정하는 임차인

'아이 학교 때문에 4개월만 봐달라', '분양받은 집의 입주가 언제인데 그때까지 봐달라', '그때까지 사용료는 납부하겠다'라는 부탁을 받고 이에 응할 때 이 물건의 명도는 험난할 수 있다. 시간적 여유를 가진 점유자는 경매에 대해 학습을 할 수 있는 시간을 가지게 된다. 점유자의 이자에 해당하는 조금의 금원을 제공하는 것에 그만 마음을 빼앗길 수 있다.

필자도 11월에 낙찰받은 집이 있었는데 그 점유자는 내년 10월에 분양받을 집이 있으니 그때까지 거주하길 요구했다. 그렇지만 필자는 정중히 거절했다. 만약 그때까지 나가지 않으면 인도명령(인도명령의 유효기간은 6개월임)도 할 수 없고 명도소송을 해야 했기 때문이다.

또 9월에 낙찰받은 집이 있었는데 구정 지나고 이사를 한다며 부탁했다. 순간 생각할 때 구정 지나고 이사를 하면 임대가 수월할 것으로 생각할 수 있었지만, 정중히 이사하기를 요청했다. 이미 이분은 이 집이 경매로 넘어간 것을 몇 달 전부터 알고 있었는데, 낙찰자에게 이런 부탁을 한다는 것은 아니라는 생각을 했다.

그분은 12월 27일에 이사를 나갔다. 그분에게 사용료를 받고 그때까지 살도록 하는 것이 훨씬 이익이 될 수 있지만, 돈과 관련된 인심은 꼭 배반으로 돌아온다는 진리를 알기 때문에 작은 이익에 흔들리지 않았다. 처음에는 야속하게 생각할지 모르지만 길게 보면 이렇게 일을 처리하는 것이 훨씬 잘 한 일이 될 것이다.

어렵고 일이 꼬일 때 그 일을 풀기 위해서는 '순리대로' 정도를 걸어야 한다.

3) 배당을 전액 받지 못하는 점유자가 있을 때

만약 임차인이 보증금 일부를 배당받지 못했다는 등의 이유로 열쇠를 넘겨주지 않을 때는 낙찰자의 집에서 무단으로 거주하면서 월세 상당액의 부당이득을 보고 있는 것이다. 따라서 이 부당이득금을 근거로 배당 나온 보증금을 가압류하겠다고 통보하는 것도 합의를 이끌어낼 수 있는 또 다른 방법이다. 이런 상황에서 낙찰자는 인내를 가지고 대화를 해보지만 어쩔 수 없이 강제집행을 할 수밖에 없는 경우도 있다.

강제집행을 신청할 때는 접수 비용과 노무비를 포함해 약 100~300만 원(평당 6만 원~10만 원 정도) 정도의 비용이 소요된다. 또 짐을 보관해야 해서 보관비도 나온다.

이 비용의 범위에서 점유자들과 합의를 한다면 합의점을 쉽게 찾을 수 있다. 이때 합의가 될 듯 말 듯할 때는 제삼자를 내세워 합의를 이끌 수도 있다.

그런데 많은 낙찰자들은 '그 돈 들일 것 같으면 강제집행하지 뭐' 하고 협상을 포기하는 경우가 많다. 하지만 과도한 이사 비용이 아니라면 강제집행에 소요되는 비용 정도에서 협의를 보는 것이 현명한 방법일 수 있다.

4) 이행각서를 활용하라

명도확인서는 세입자가 집을 비워주지 않는 한 교부해주면 안 된다는 것이 원칙이다. 그런데 부득이하게 세입자가 배당을 받아야지 이사를 나갈 수 있는 때 명도확인서를 먼저 요구하는 경우가 있고, 낙찰자도 입장이 난처해진다. 이때는 무조건 원칙만 강조할 것이 아니라 세입자의 인감증명서가 첨부된 합의이행각서를 받은 후에 명도확인서를 써주는 방법을 선택할 수 있다.

이행각서의 내용을 한번 보자.

- 점유자는 목적부동산을 타인에게 이전하지도 않고 점유명의를 변경하지도 않는다.
- 이삿날을 명시하고 이사할 때 관리비 및 각종 공과금을 정산한다.
- 점유자는 건물에 부착된 시설물(전기, 가스, 수도 등)을 그대로 두고 이사한다.
- 점유자가 위의 조항을 성실히 이행할 경우 이삿날에 이주비용으로

금 000만 원을 점유자에게 주기로 한다.

- 점유자가 상기 약정일까지 약속 불이행 시 점유자는 민·형사상 모든 책임을 진다.
- 점유자가 상기 약정일까지 약속 불이행 시 점유자는 신소유자에게 손해배상금으로 1,000만 원을 지급한다.

이런 이행각서가 부당하다고 생각을 할 수 있지만 약속만 지킨다면, 그리고 이행각서가 상대방으로 하여금 꼭 약속을 지킬 수 있는 수단이 된다면, 나도 좋고 상대방에게도 아무런 피해가 가지 않은 수단이 된다.

5. 명도확인서를 주는 타이밍

회원 N씨는 낙찰을 받고 점유자(배당 받는 세입자)가 9월초까지만 거주하기로 서로 합의가 되었다. 이미 이사를 가기로 했고 새로운 집도 얻었다고 하며 명도확인서를 교부해주기로 한 것이다.

이사를 가기로 한 계약서를 보내달라고 해서 확인을 해보니 임차보증금이 50만 원이다. 보증금이 너무 적다. 다행히도 부동산 중개업소에서 작성된 계약서라 약간은 안심을 하며 확인을 해보기 위해 중개업소에 연락해보았지만 개인정보라 말할 수 없다는 것이다. 회원 N씨는 책에서나 나올 법한 전화 명도라고 좋아했지만, 필자의 생각은 달랐다. 명도 대상은 어떻게 하든 만나야 한다.

회원 P씨가 낙찰받은 아파트 점유자는 소유자다. 낙찰금으로 채무액을 다 변재하고도 돈이 남아서 소유자겸 채무자가 가져갈 수 있는 잉여금이 있다. 회원 P씨는 점유자에게 자신이 명도확인서를 줘야 그 돈을 받을 수 있다고 하니 점유자도 처음에는 이사비를 요구했다가 큰 무리 없이 점유를 풀었다.

명도확인서

배당을 받는 사람 중에 그 집을 점유하고 있으면서 배당요구를 한 사람은 낙찰자의 인감증명서가 첨부된 명도확인서가 필요하다. 명도확인서의 유효기간은 6개월이다. 6개월이 지나면 인도명령이 아니라 명소소송을 진행해야 한다.

명도확인서가 가지는 힘

명도확인서는 세입자가 배당금을 수령하기 위해 낙찰자에게 받아야 하는 서류다. 즉 명도확인서는 낙찰자가 세입자를 명도하기에 좋은 수단이 된다. 즉 집을 비워주지 않으면(명도를 하지 않으면) 세입자는 보증금을 수령할 수 없기 때문이다.

명도확인서가 없어도 배당받을 수 있는 방법

'배당을 받을 임차인 등이 낙찰에게 명도확인서를 제출받지 못했을 경우의 배당 관련해서는 점유자가 그 집을 비워줬다고 하는 공적인 확인서류만 있다면 실무적으로 판단해 배당금을 지급받을 수도 있다' 즉, 배당금을 받을 당사자가 그 집을 비웠다고 믿을 만한 서류를 법원에 제출하면 낙찰자의 인감증명서가 첨부된 명도확인서가 없어도 배당금을 수령할 수 있다.

그 서류로는

1. 불거주확인서
2. 새로 전입한 것이 나오는 주민등록 등초본
3. 퇴거확인서 혹은 이사 갔다는 확인서(아파트 관리사무소)
4. 이사짐센터 이사 확인서가 있다.

본 책의 내용에 대해 의견이나 질문이 있으면
전화 (02)3604-565, 이메일 dodreamedia@naver.com을 이용해주십시오.
의견을 적극 수렴하겠습니다.

부동산 경매로

365일 월세를 꿈꾸는 사람들

제1판 1쇄 인쇄 | 2017년 10월 18일
제1판 1쇄 발행 | 2017년 10월 25일

지은이 | 김종성
펴낸이 | 한경준
펴낸곳 | 한국경제신문 *i*
기획·편집 | (주)두드림미디어

주소 | 서울특별시 중구 청파로 463
기획출판팀 | 02-3604-565
영업마케팅팀 | 02-3604-595, 583 FAX | 02-3604-599
E-mail | dodreamedia@naver.com
등록 | 제 2-315(1967. 5. 15)

ISBN 978-89-475-4240-1 (03320)